牧野文化研究

牧野文物

银延林 周舟 秦欣欣——编著

李景旺／主编

李金玉 聂好春／副主编

中国社会科学出版社

图书在版编目（CIP）数据

牧野文物 / 银延林，周舟，秦欣欣编著 . — 北京：中国社会科学出版社，2021.3

（牧野文化研究）

ISBN 978-7-5203-7819-2

Ⅰ. ①牧…　Ⅱ. ①银… ②周… ③秦…　Ⅲ. ①文物—介绍—新乡　Ⅳ. ① K872.613

中国版本图书馆 CIP 数据核字（2021）第 020431 号

出 版 人　赵剑英
责任编辑　安　芳
责任校对　张爱华
责任印制　李寡寡

出　　版　中国社会科学出版社
社　　址　北京鼓楼西大街甲 158 号
邮　　编　100720
网　　址　http://www.csspw.cn
发 行 部　010-84083685
门 市 部　010-84029450
经　　销　新华书店及其他书店

印　　刷　北京明恒达印务有限公司
装　　订　廊坊市广阳区广增装订厂
版　　次　2021 年 3 月第 1 版
印　　次　2021 年 3 月第 1 次印刷

开　　本　710×1000　1/16
印　　张　17.25
字　　数　290千字
定　　价　98.00 元

新 乡 赋

——《牧野文化研究丛书》代序

王国钦

新乡，是中华文明发祥地之一，新石器时期就有先民在此活动。新乡古称鄘国，春秋隶卫，战国属魏，汉为获嘉，自隋文帝开皇六年（586）置县，至今已1400余年。1949年5月7日和平解放，1949年8月至1952年11月曾为平原省省会。其建制、区划屡更，现辖两市、四区、六县。近年来，荣获了全国文明城市、国家卫生城市、国家园林城市、国家森林城市、中国最佳平安城市、中国优秀旅游城市、中国竞争力百强城市、中国十佳和谐可持续发展城市、《福布斯》中国大陆最佳商业城市、中国金融生态城市等光荣称号。2011年，新乡成为中原经济区中原城市群核心城市之一，2016年5月，新乡成为国家自主创新示范区。

新乡者，古来兵家必争之乡也。战鸣条而伐无道，终夏桀而起商汤；征牧野而绾恶纣，盟诸侯而成周武——其故事众所皆知也。围魏救赵，孙膑大败庞涓于桂陵；决战官渡，曹操以少巧胜于袁绍。赵匡胤黄袍加身，大宋文化陈桥始；岳鹏举精忠报国，义军抗金十八营……新中国之初，新乡曾为平原省会，当下乃十五项国家荣誉获得者、国家二级交通枢纽、河南之省辖市、豫北经济之重镇也。其北邻安邑而南望郑汴，古都鼎立于外而内获新生。登巍巍太行乎居高而临下，瞰滔滔黄河兮达古而通今。更东鲁西晋壤接两省者，鼓双翼正翩翩奋飞也。

新乡者，中华姓氏主要发源之乡也。周武王赐林姓于比干之子；姜太公庇祖荫兮尊享双姓。传黄帝之师建都封父，始为封姓；有周公之子被赐胙地，胙姓见称。辉县原乃共城，姓衍共洪龚恭段；伯倏被封延津，国开曾立南北燕。叔郑封毛，后有毛遂勇于自荐；司寇捐躯，封丘长留牛父英灵。知否季亹食宁，始有宁氏双雄起；且看获嘉城外，长立蒙族五姓碑……史载六十七姓源出新乡，乃海外游子问祖中原之主要热土也。

新乡者，名人荟萃辈出之乡也。英雄治水，共工怒触不周山；剖心尽忠，国神复封忠烈公。直钩垂钓，吕尚得遇文王；名士遁世，孙登长啸苏门。辅国理政，原阳一十六相；同门三宰，人杰更显地灵。张苍精通历算，《九章算术》校正功千载；邵雍发愤苦读，《梅花组诗》预言九百年。解道闲愁，古今一场梅子雨；报国歌头，北宋唯有贺方回。孙奇逢躬耕百泉，位列三大名儒；李敏修宣讲新学，力倡教育救国。嵇文甫堪称学界巨子；徐世昌保持气节暮年……知否杨贵，十春秋奋战悬崖绝壁，创造出人工天河，高扬起一面精神旗帜……古往今来，新乡人能不油然而生自豪之情乎？

新乡者，文化积淀厚重之乡也。青铜器商代铸双璧，国之最圆鼎号子龙。汲冢竹书为纪年之祖；孟庄遗址乃文化之尊。登杏坛则忆圣人风采，品《木瓜》得赏《诗经》名篇。镏金兽头出土魏王墓；三晋贵族重现车马坑。祖辛提梁卣堪称国宝；战国铸铁窑陶范水平。竹林七贤、李白高适、苏轼岳飞、元好问、郭小川、刘知侠、刘震云等名流隐士、墨客文人，或生于斯或游于斯，皆留下千古佳话矣。成语如天作之合、脱颖而出、歃血为盟、善始善终、运筹帷幄、细柳屯兵，以及没心菜、孟姜女、相思树、香泉寺、柳毅传书、翟母进饭之传说等，亦典出新乡之地或新乡之人也。流连于仰韶文化遗址，吟咏于龙山文化遗存，可观原生之民歌民舞，可玩创新之民间剪纸，复可赏传统之民戏民居……八方来者，亦将因祥符调、二夹弦之美妙乐曲而陶然乐矣哉！

新乡者，文化名胜俊游之乡也。太公庙庇护牧野大地，君子尊崇；比干庙彰表谏臣极则，妈祖归根。武王伐纣盛会同盟山；张良椎秦名噪博浪锥。三善难尽蒲邑之美；奇兽见证潞王奢华。三石坊勒石两代；千佛塔雕佛千尊。魏长城宏伟当年，遗迹已存两千载；中药材百泉大会，海内交易六百秋。太极书院，理学渊薮成风景；关山地貌，雄深险峻叹奇观。彭了凡瓮葬饿夫墓；陈玉成铁骨傲英魂。破司马迷魂兮忆故城络丝，望鸿门夜月兮染五陵晓色；赏李台晚照兮思牧野春耕，观原庄夏景兮漾卫水金波。平原省委旧址，记录辉煌历史；文化步行新街，彰显古贤精神。天苍苍野茫茫，山顶草原跑马岭；林密密水淙淙，避暑胜境白云寺。大河安澜，六十载浩荡东流去；湿地隐秘，万只鸟栖息嬉客来。万仙山、八里沟，壮美太行秀色；七里营、京华园，韵飘人文风光……旅而游之者，能不因之而流连忘返乎？

新乡者，堪谓中原美食之乡也。农博会金奖双获，原阳米无愧第一；原产地认证独领，金银花绽放中原。封丘芹菜石榴，明清享用宫廷；辉县山楂香稻，今已惠及百姓。黄河鲤鱼跳龙门，双须赤尾；新乡熏枣益健康，色泽鲜明。肥而不腻乎罗锅酱肉；酥香软烂者新乡烧鸡。松酥起层，缠丝烧饼牛忠喜；长垣尚厨，中国烹饪第一乡。他如红焖羊肉、延津菠菜等，均亦远近闻名也……海内愿饱口腹之欲者，新乡岂非中州首选乎？

新乡者，创新更新鼎新之乡也。忆当年人民公社，曾领先时代，留几多思辨；看今日城乡统筹，再与时俱进，敢万里弄潮。刘庄群众感念史来贺，问其间几多历史传奇？无私奉献不忘郑永和，慨辉县精神敢为人先。让一段岁月流金，太行公仆碑树吴金印；造几多乡村都市，刘志华好个巾帼英雄……耿瑞先宏图大展领头雁，范海涛变废为宝担责任，裴春亮富而思源惠乡邻。电池回收换来新乡少污染，挂壁公路终使汽车进山来……尽为民服务兮感动中国，数风流人物兮还看新乡。仰先进群体兮群星灿烂，育英雄辈出兮雏凤高鸣。

新乡者，和谐奉献崇文常新之乡也。季候分明兮冬寒夏热，人民勤劳兮春早秋凉。矿藏丰富兮振兴经济，土地肥沃兮图画粮棉。人才战略兮持续强市，机械制造兮海内闻名。战略重组，产业升级，集群发展迈新步；铜管铜业，冰箱冰柜，金龙新飞两夺冠；白鹭化纤、华兰生物，产品崛起赖创新。能源汽车、生物医药，数十产品领先同行列前五；神九神十、蛟龙航母，核心部件与祖国同行，破茧催生新乡模式。让新乡常新，改革成就新乡精神。机遇和挑战并存兮，路漫漫其修远；牧野兼榴花火红兮，泪盈盈而沾襟。

原载 2009 年 4 月 20 日《光明日报》

2018 年 5 月 28 日修订于中州知时斋

目　录

前　言

新乡，大河环带、太行屏列，中土名区，历史悠久。从新石器时期开始，史前之共工所居，商之牧野，两周之鄘、卫，汉唐之族群辐辏，宋元明清之风流际会。文化遗存与传世文物灿若群星，辉映千古，谱写出绵绵不绝的中国古代文化发展史。同时，许多对中国历史发展产生重大影响的历史事件也发生在古老的新乡大地。牧野之战，商灭周兴；官渡之战，曹魏定鼎；黄桥兵变，大宋一统。这些重要的历史事件也留下一批可观的遗存、古迹，它们通过特有物语，不断唤起人们对新乡历史文明散落的记忆。

据目前掌握的资料，新乡市境内被国务院公布为全国重点文物保护单位的有 22 处，被河南省人民政府公布为省级文物保护单位的有 60 余处。这些文保单位中，包括了古建筑、古遗址、古墓葬、石刻、近现代史迹等。这些遗存中，有横跨裴李岗文化、仰韶文化、龙山文化、二里头文化、二里岗文化及商周时期的孟庄遗址；有西周晚期共国都城的遗址；在辉县与卫辉的山区，有距今 2300 年的战国长城等。值得一提的是，2014 年 6 月，大运河入选世界遗产名录。新乡市境内的大运河始于隋炀帝大业四年（608）兴修的隋唐大运河永济渠，北宋时更名为御河，明初又改称卫河并一直沿用至今。新乡市大运河主线长约 75 公里，为线性文化遗产，包含卫河、小丹河、百泉河河道、百泉、合河石桥、金龙四大王庙、卫辉古城等许多文物遗迹。除此以外，新乡还是明代潞简王的就藩地，潞简王墓和卫辉的望京楼也是新乡重要的文化遗存。

新乡市境内的各级文博机构以及国内其他著名博物馆还保存了大量出土的珍贵文物，与各类的文化遗存共同诉说着新乡的历史。其中，新乡市博物馆为本地区规模最大的文博机构，其前身是平原省博物馆，收藏着原平原省所辖华北平原南部五十多县市的出土、传世文物数万件（套），数量和质量都位于全省市级博物馆前列。藏品包括陶瓷、书画、铜铁、玉石、碑帖等种类，尤以商周青铜器、明清书画、历代碑帖拓片、甲骨刻辞著称。本书收录文物精品数百件套，分别收藏于新乡市博物馆、故宫博物院、河南博物院等国内博物馆，包括青铜器、陶瓷器、玉器、书画、造像、拓片、近代文物等。这些文物藏品，都具有较高的历史、科学和艺术价值。

作者

2019 年 8 月

第一章　新乡市博物馆馆藏的可移动文物

新乡市博物馆历史悠久，其前身是1949年成立的平原省博物馆。1949年8月平原省人民政府成立后，为加强对文物的保护和管理，成立平原省博物馆。平原省博物馆随即接收冀鲁豫行署和太行行署在战争时期收集的甲骨、陶瓷器、青铜器、书画碑帖等2000余件珍贵文物。为配合国家经济建设，平原省博物馆的考古人员，在辉县、聊城、安阳等地进行一系列的考古挖掘工作，出土大量珍贵的化石、青铜器和玉器。1952年11月平原省建制撤销，平原省博物馆也一同撤销。1958年，新乡市博物馆在原平原省博物馆基础上成立。新乡市博物馆成立后，在藏品种类和藏品数量方面得到长足发展。按照最近全国可移动文物普查，新乡市博物馆登记上账文物27287件（套），其中一级文物55件（套），二级文物857件（套），三级文物24900件（套），一般文物1475件（套）。

第一节　青铜器

青铜器是中国古代文化艺术品中的杰出代表和文化艺术瑰宝，它以深沉博大的独特风格显现出特有的艺术魅力。青铜器作为古代社会文明的重要标志，在中国先民的生活和精神体系中占据着举足轻重的地位。青铜器的使用流行于新石器时代晚期至秦汉时期，以商周时期的器物最为精美。商周时期，青铜作为贵重的“金”，主要被制成礼仪用器和兵器，多用在祭祀祖先、宴享宾朋、赏赐功臣、纪功颂德、打仗等重大场合。新乡商周时期古遗址众多，以琉璃阁商周墓地、山彪镇战国墓群为代表的新乡商周墓葬群出土大量青铜器。这些青铜器品种十分丰富，器形多种多样，浑厚凝重，并出现了铭文和繁缛富丽的花纹，是当时政治、经济、文化、科技面貌的真实写照。秦汉以后，随着生产力提高，瓷器、漆器、铁器大量生产，进入日常生活。铜制容器品种减少，装饰简单，多为素面，体积也更为轻薄，铜器走下神坛，成为人们日常生活的器具。

1.【三鸟铜尊】

商代器物，1952年新乡辉县褚邱出土，现藏于新乡市博物馆，为国家一级文物。通高16厘米，口径20厘米，腹径15.4厘米，底径12.5厘米，重量2470克。此尊敞口，肩宽，鼓腹，圈足。颈饰弦纹，肩部卧鸟三只，间饰夔龙纹，腹部饰饕餮纹，圈足饰夔龙纹并有三镂孔。这件三鸟铜尊因其造型独特，铸造工艺复杂，形象生动传神，并且充满着神秘之感，故而非常的珍贵。卧鸟与铜尊衔接紧密，过渡自然，完美融合，这也是商代鸟图腾文化的充分体现。

尊是商周时期中国的一种盛酒器，也是一种祭祀用的礼器，其形制有一定的共同点，如圈足，圆腹或方腹，长颈，敞口，口径较大。尊作为随葬礼器往往与卣或方彝相配，其盛行于商代至西周时期，春秋后期已经少见。较著名的青铜尊有收藏于国家博物馆的四羊方尊，收藏于河南博物院的鸮尊。

2.【“子庚”簋】

商代器物，1952年安阳出土，现藏于新乡市博物馆，为国家一级文物。通高12.5厘米，口径19.4厘米，腹径18.3厘米，底径13.9厘米，重2510克。此簋侈口，束颈，鼓腹，圈足。口沿下饰三角蝉纹，颈部饰

有夔龙纹并铸有对称的二兽首，腹饰饕餮纹。圈足饰夔龙纹，通体饰上下贯通的六条扉棱。因内底中央铸有“子庚”二字铭文，故称为“子庚”铜簋。“子某”之称常见于甲骨文和商周青铜器，亦见于商周典籍，甲骨文中用“子某”二字称呼别人的有一百多处。“子某”是殷人贵族的一种称谓方式，或是“王子”身份的宗法贵族，或是宗族之长子，或是卿士的宗法族长。他们与商王室有着血缘关系，或者有政治上抑或姻亲上的同盟关系。

关于簋的用途，许慎在《说文解字》中讲道：“簋，黍稷方器也。”① 簋是商周时期用于盛放煮熟饭食的器皿，是中国青铜器时代标志性青铜器具之一。从考古发掘资料看，簋除了作盛食器外，亦可作温食器。如1933年发掘的浚县辛村M29出土的一件簋，底部留有烟痕，郭宝钧指出，此簋似食器，也可兼作温饭之用。簋也是重要的礼器，主要用于祭祀时放置煮熟的饭食，一般与鼎相配合使用。周礼规定，天子用九鼎八簋，诸侯用七鼎六簋，卿大夫用五鼎四簋，士用三鼎二簋。鼎和簋作为礼器，它们也代表了奴隶主贵族的地位和身份。

3.【“车”簋】

商代器物，1950年安阳出土，现藏于新乡市博物馆，为国家二级文物。此器高14厘米，口径19.5厘米，腹径18.7厘米，底径14厘米，重1480克。此簋侈口，束颈，圈足，底近平。颈饰夔龙纹三组，间饰三兽首，腹部饰竖瓦棱纹，圈足饰带形夔龙纹，以扉棱间隔。其内底铸有“车

---

①（汉）许慎：《说文解字》，中华书局1978年版，第97页。

□”铭文，外底铸有雕人面纹。

4.【“子”觚】

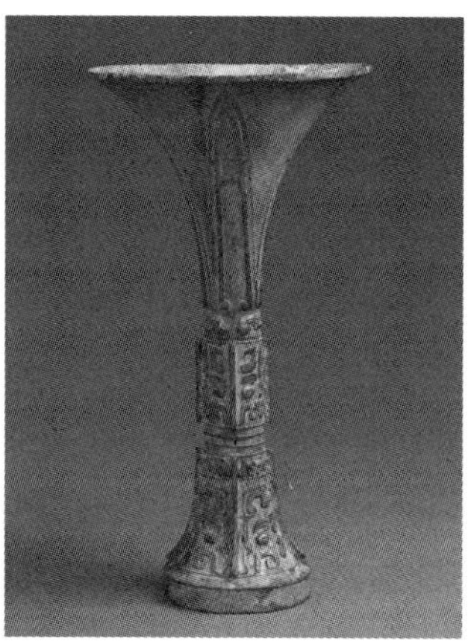

商代器物，1952年新乡辉县褚邱出土，现藏于新乡市博物馆，为国家一级文物。通高30厘米，口径17厘米，底径9厘米，重1370克。此觚敞口，长身，口部和底部均呈喇叭状。颈饰蕉叶纹，腹部饰兽面纹，间饰扉棱，圈足上部饰夔龙纹，下部饰兽面纹，圈足内壁铸有“子”。关于“子”的含义，历史学界和考古学界多有争议，大致有以下几种观点：一是指一种爵位；二是殷商时期的一种姓氏；三是指与殷王室同姓氏的族人；四是商王的王子、王孙；五是殷商时期对男子的一种美称。

觚是商周时期一种用于饮酒容器，也用作礼器，其形制大多为圈足，敞口，长身，口部和底部都呈现为喇叭状。觚初见于早商二里岗上层期，到西周中期已十分罕见，盛行于商代和西周早期。觚在墓葬中往往与铜爵同出，特别是到商代墓葬中，觚、爵等量配对而出，成为当时礼器组合形式的核心，这种情况同时亦表明觚、爵在实际用途上是相关联的。但到商后期时，觚大口极度外张，且器腹小而容量少，此种形制如仍用来饮酒，则酒很容易洒出来，所以不适合再盛液体了。因此，部分学者认为此种大口极度外张的觚乃专用以盛甜酒（醴），用匙舀取而食。

5.【“聑斐妇婥”爵】

商代器物，1952年在新乡辉县褚邱出土，此爵杯为“聑斐妇婥”组器的一件。当时共出土“聑斐妇婥”组器7件，鼎1件、簋1件、尊1件、卣1件、爵3件，这7件不同的文物都藏于新乡市博物馆。这组器物是商代贵族使用过的青铜礼器，其铸造之精、形制之美、纹饰之华丽，令人赞叹。在这7件青铜器上，装饰着同一时期的青铜纹样，并且铸刻有完全一样的铭文“聑斐妇婥”。

铭文中的“聑斐”应是族氏铭文，表示“妇婥”所适之族，“妇婥”之“婥”是该妇之私名。铭文所表达的意思是该组器物为“聑斐”族氏所有，为“妇婥”所用或所铸。同时，学界对此也有另一种解释，认为“妇”为女性的一种爵位，“婥”为国名或族名，但“妇某”之“某”的女旁确系后代所加，因而“妇婥”为卓国的女性贵族。由此来说，此组器物应该不是产自新乡，而是由女贵族“妇婥”由卓国带来。卓国贵族“妇婥”的器物之所以在新乡发现，很有可能是“妇婥”嫁于新乡，这些器物是其嫁妆，随“妇婥”死后一同埋于地下。

在这组器物中，爵杯为3件，按有盖或无盖类可分两类。此爵杯为有盖爵杯，也是3个爵杯中最大的一个，通高23.5厘米，流尾长17.6厘米，腹径7.8厘米，重1095克。此爵宽流，尾尖，底圆鼓，三棱锥足，有盖。盖端饰牛头，此爵亦叫“牛首爵”。盖顶饰夔龙纹并有半圆形环，腹饰饕餮纹。盖内铸“聑斐妇婥”四字，内铸“妇婥”二字。根据以往的考古发掘，一般爵都不带盖，带盖爵非常少见，此爵因而最为珍贵，为国家一级文物。

爵是一种用于饮酒的容器，等同于现代的酒杯，始见于二里头文化，是目前所知我国最早出现的酒器，通行至西周，西周中期后基本不见。“爵”的定名始于宋人，其形体主要特征是为有较深的筒状腹；口缘前有为倾倒液体用的长流口，简称为“流”；后有呈尖状的“尾”；流上近于口缘处或偏靠流一侧的口缘上立有两个“柱”；器腹一侧有把手，与连接流尾的轴线成直角，通称为“鋬”，腹底有三个尖而高的“足”，其中一足在鋬下。

6.【“止”铜斝】

商代器物，1952年安阳出土，现藏于新乡市博物馆，为国家一级文物。通高44.7厘米，口径20.7厘米，腹径15.4厘米，重6315克。此斝侈口，口沿上有对称铸造的伞状柱，底微鼓，三棱锥足。此斝柱顶饰涡纹和几何纹，颈饰蕉叶纹，腹部中间有一凹槽，上、下均为饕餮纹。内腹底部铸有铭文“止”字，故为“止”斝。

斝是商周时期的一种温酒器，也被用作礼器。斝之名称非铜器自名，亦是宋人所定，始见于《博古图录》。现通称为斝的青铜器形状有与爵相似处，有三足一鋬，敞口，口部亦多立有两柱。与爵不同处是斝无流、尾，且体形较一般的爵为大。铜斝由新石器时代陶斝发展而成，盛行于商晚期至西周中期。斝作为礼器，常与觚、爵等组合成套使用。

7.【“父己”方鼎】

商代器物，1950年安阳郊区出土，现藏于新乡市博物馆，为国家一级文物。通高21.5厘米，口径17厘米，底径14.5厘米。此鼎为长方体，

直口，折唇，立耳，直腹，上部微侈，四柱足。颈饰鸟纹，间饰扉棱，腹部饰乳钉纹和菱形云雷纹，两侧部和底部以带形乳丁纹组成宽“U”字形，器身四角有扉棱，足上部饰饕餮纹，器内壁一侧铸“父己”二字，表明做器者是为祭祀自己的父亲“父己”而做此器。该器造型端庄稳重，比例适中，纹饰吉祥，浮雕手法细腻。无论造型或纹饰均为商代晚期的精品之作。

许慎在《说文解字》中对“鼎”字的解释是：“鼎，三足，两耳，和五味之宝器也。”[①] 鼎是古代中国最重要的青铜器，是用以烹煮肉和盛贮肉类的器具，鼎有三足的圆鼎和四足的方鼎两类，又可分有盖的和无盖的两种。鼎是商周青铜器中数量最多、地位最重要的器类。除了作为炊器与盛食器外，鼎也是贵族进行宴飨、祭祀等礼制活动时最重要礼器之一。所谓“钟鸣鼎食”，即是把鼎与钟分别作为贵族所使用的礼乐器的代表。同时，鼎也被视为国家和权力的象征。传说夏禹曾收九牧之金铸九鼎于荆山之下，以象征九州，并在上面镌刻魑魅魍魉的图形，让人们警惕，防止被其伤害。自从有了禹铸九鼎的传说，鼎就从一般的炊器而发展为传国重器，国灭则鼎迁。夏朝灭，商朝兴，九鼎迁于商都亳京；商朝灭，周朝兴，九鼎又迁于周都镐京。历商至周，都把定都或建立王朝称为“定鼎”。有一种成组的鼎，形制由大到小，成为一列，称为列鼎，列鼎的数目在周朝时是代表着不同的身份等级的。周礼规定，天子用九鼎八簋，诸侯用七鼎六簋，卿大夫用五鼎四簋，士用三鼎二簋。“鼎”字也被赋予“显赫”“尊贵”“盛大”等引申意义，如：一言九鼎、大名鼎鼎、鼎盛时期等。较为著名的青铜鼎有安阳出土的“后母戊”大方鼎和新乡辉县出土的“子龙”铜鼎。

8.【饕餮纹方罍】

商代，1952年新乡辉县出土，现藏于新乡市博物馆，为国家一级文物。通高45厘米，口径13.5厘米，腹径24.5厘米，底径12.9厘米，重8990克。此罍方形，带盖，直口，广肩，下腹内收平底。盖为四阿式，有纽饰简化饕餮纹，颈部饰目雷纹，肩部对称龙形耳，另两面有对称兽首，腹上部饰圆涡纹和简化饕餮纹，下部饰蕉叶纹，其中一面有兽首穿耳。器腹下瘦，可穴地站立，使之稳定。

---

① （汉）许慎：《说文解字》，中华书局1978年版，第143页。

罍之名见于《诗经》,《小雅·蓼莪》记载:“缾之罄矣,维罍之耻。”[1]罍是中国古代大型盛酒器和礼器,体量略小于彝,有方形和圆形两种,主要用以储存酒水,有时也做水器。罍流行于商晚期至春秋中期,方形罍出现于商代晚期,而圆形罍在商代和周代初期都有。从商到周,罍的形式逐渐由瘦高转为矮粗,繁缛的图案渐少,变得素雅。

9.【三虎头铜瓿】

商代器物,1952 年安阳出土,现藏于新乡市博物馆,为国家二级文物。通高 27.5 厘米,口径 23.5 厘米,腹径 31.1 厘米,底径 22.5 厘米,重 6280 克。此瓿侈口,折沿,束颈,折肩,深腹内收,底近平,圈足上端铸三个形状不规则的大镂孔。颈饰两周凸弦纹,肩部有变形饕餮纹,上下连珠纹,间饰三扉棱和浮雕虎头,腹部饰目雷纹,下部饕餮纹,上下两连珠纹,间饰三扉棱,圈足饰目雷纹,上下连珠纹一周。

瓿为古代中国一种盛酒器,亦能盛水,流行于商代至战国。瓿的器型似尊,但较尊矮小。圆体,敛口,广肩,大腹,圈足,带盖,有带耳与不带耳两种,亦有方形瓿。器身常装饰饕餮、乳钉、云雷等纹饰,两耳多做成兽头状。

10.【“卫父己”觯】

商代器物,1952 年安阳出土,现藏于新乡市博物馆,为国家一级文

① 周振甫:《诗经译注》,中华书局 2002 年版,第 304 页。

物。通高17.4厘米，口径7.6厘米×9.3厘米，重980克。该觯侈口、束颈、鼓腹、圈足。盖顶置一菌状柱，盖面以柱为中心对称饰有两组兽面纹，盖内铸铭文“卫父己”三字，颈和足部饰有夔龙纹，腹部饰兽面纹。此觯器形风格十分粗犷厚重，造型庄重威严。

觯作为器名见于东周礼书，如《仪礼·乡饮酒礼》言：“主人实觯酬宾。”郑玄注：“酬，劝酒也。”《礼记·礼器》道：“宗庙之祭，尊者举觯，卑者举角。”[①]由此可见，觯是一种的饮酒器皿。觯多流行于商周时期，体形似尊，但比尊小，侈口，圆腹，圈足，多数有盖，西周时有作方柱形而四角圆的，春秋时演化成长身，形似觚。觯自商代中期开始，并未成为铜器组合中的主要成分。但至西周开始，觯成为铜器组合中重要的部分，有一爵者往往配以一觯，有二爵者则配以一觚一觯，表明有以觯取代觚的趋势。

11.【兽面纹穿带铜壶】

商代器物，现藏于新乡市博物馆，为国家一级文物。通高36厘米，口径18厘米，底径20.1厘米。该壶器形椭扁，颈部有兽面纹，通体饰云雷纹，两侧为羊首型贯穿耳，耳两侧夔龙纹。上下有对应扉棱，腹下垂而两侧鼓出，腹部有兽面纹饰，椭扁足有简化兽面纹，足上方有两孔，多处镶嵌绿松石。

从文献中可知壶主要用为盛酒器，《诗经·大雅·韩奕》说“清酒百壶”，说明了西周时壶的用途，东周文献《仪礼》《周礼》亦皆记以壶为盛酒器。从东周文献看，壶当时亦用作水器，《周礼·夏官·挈

① 参见朱凤瀚《中国青铜器综论》，上海古籍出版社2009年版，第250页。

壶氏》记载："掌挈壶以令军井。"[1] 此是言挚壶氏职掌悬挂水壶以指示军队有井水之处。据其形可将壶的形制特征概括作为长颈或较长颈，直口或微侈口，深鼓腹，下附圈足。其始见于殷代中期，流行于西周至汉代。

12.【兽面纹空锥足鼎】

商代器物，1952 年河南辉县出土，现藏于新乡市博物馆，为国家一级文物。此器高 18.8 厘米，口径 14.9 厘米。此件兽面纹鼎，折沿，立耳。深腹圜底，底部微鼓，空锥足，耳、足呈四点排列式。鼎腹部上饰一兽面纹带，纹带边缘上下以连珠纹为装饰。造型朴拙，胎壁较薄，纹饰呈单层带状，从造型到装饰皆显示出商早期鼎的风格特点，为此时期典型器。

13.【饕餮纹分裆铜鬲】

商代器物，现藏于新乡市博物馆，为国家一级文物。通高 15 厘米，口径 12.2 厘米。此鬲口缘上有立耳一对，微敛，束颈，分裆三袋状足，鬲颈部饰对角雷纹，三足均饰饕餮纹一周。鬲为煮饭用的炊器。早在新石器时代就已经出现，青铜鬲流行于商代至春秋时期。

鬲作为一种中国古代煮饭用的炊器，其用途和形状与鼎相似，所以

① 参见朱凤瀚《中国青铜器综论》，上海古籍出版社 2009 年版，第 224 页。

在《说文解字》中言鬲是“鼎属也”。同时，《尔雅·释器》载：“鼎款足者谓之鬲。”《汉书·郊祀志》载：“鼎空足曰鬲。”[①] 在典籍和史料中对鬲的记载，皆强调鬲空足是区别鬲和鼎的重要特征。鬲有陶制鬲和青铜鬲两种，青铜鬲最初是依照新石器时代已有的陶鬲制成的。青铜鬲流行于商代至春秋时期，其形状一般为侈口，口沿外倾，有三个中空的足，便于炊煮加热。

14.【绳纹提梁铜卣】

商代器物，新乡辉县出土，现藏于新乡市博物馆，为国家一级文物。通高 33.3 厘米，口径 11.5 厘米 ×14.4 厘米，腹颈 16.9 厘米 ×22.8 厘米。此卣体形扁圆，盖隆起，盖顶立一菌形扭，束颈、鼓腹、圈足，口沿两侧有对称的半环钮与提梁相连。盖顶饰圈带纹、方格点纹，盖侧面饰三角雷纹，颈饰圈带纹。卣作为器名常见于殷墟甲骨卜辞、西周金文及先秦文献，卣属于中国古代的酒器，当时用来装酒，盛行于商代至西周时期。卣的外观上大部分是圆形或椭圆形，底部有脚，周围雕刻精美的工艺图案。

15.【龙虎纹铜觥】

商代器物，现藏于新乡市博物馆，为国家二级文物。通高 13.5 厘米，

① 参见朱凤瀚《中国青铜器综论》，上海古籍出版社 2009 年版，第 112 页。

口最长处19厘米。觥为古代的一种饮酒器。此觥椭圆形，短流，兽首鋬，腹部微鼓，圈足。流下饰对称夔龙纹和两兽纹，口沿下饰象纹和夔龙纹，腹、圈足均饰夔龙纹。

觥是中国古代酒器，成语“觥筹交错”就是形容许多人聚会喝酒时的热闹场景。觥流行于商晚期至西周早期，其一般形制是椭圆形腹，圈足或四足，前有短流后有半环状鋬，皆有盖，盖作有角兽首形。

16.【饕餮纹觚】

商代器物，现藏于新乡市博物馆，为国家一级文物。通高5.8厘米，口径10.5厘米。此觚为高体束腰式，侈口，颈部素面，中部束腰饰凸弦纹和线形饕餮纹，圈足上有大十字孔，饰两道凸弦纹，圈足下端方形缺口。其造型庄重，曲线流畅，饕餮纹威严不失精美。觚体外表包浆古朴温润，是一件集历史价值、艺术价值为一体的青铜珍品。

饕餮纹为二里岗文化期至西周早期青铜器上最为常见的纹饰，常饰于器物的主要部位即腹、颈下，作为器物的主要花纹。饕餮是中国古代传说中的一种凶恶贪食的野兽，为上古四大凶兽之一。关于饕餮的记载，《左传·文公十八年》载：“缙云氏有不才子，贪于饮食，冒于货贿，侵欲崇侈，不可盈厌，聚敛积实，不知纪极。不分孤寡，不恤穷匮。天下之民，以比三凶，谓之饕餮。”[①] 饕餮纹一般以动物的面目形象出现，具有虫、鱼、鸟、兽等动物的特征，由目纹、鼻纹、眉纹、耳纹、口纹、角纹几个部分组成。饕餮纹面目结构较鲜明，凶猛庄严，结构严谨，制作精巧，境界神秘，代表了青铜器装饰图案的最高水平。

商周青铜器的饕餮纹饰反映了当时人们对自然神的崇拜，因而有着神秘而肃穆的气氛。商周统治者用饕餮纹饰的“狰狞恐怖”来表达王权的神秘，以表达其对政治权力、地位与财富的占有，让人望而生畏。奴隶主在

---

① 参见朱凤瀚《中国青铜器综论》，上海古籍出版社2009年版，第540页。

这些恐怖狰狞的纹饰中寄托了他们全部的威严、意志、荣贵、幻想和希望。

17.【“嫣”鼎】

又称夔龙纹铜鼎，商代晚期，河南辉县褚邱出土，现藏于新乡市博物馆，为国家二级文物。通高 20.6 厘米，口径 15.7 厘米，腹径 16 厘米。此鼎方唇、口微敛、立耳较高、柱足、圜底。颈饰三组带形夔龙纹，间以小扉棱相隔；腹部一周蝉纹，均以云雷纹衬底，口内壁铸有一字铭文“嫣”字。此器造型端庄稳重，比例适中，纹饰雕铸细腻，精美大方。夔龙纹是在商晚期和西周时期青铜器上的主要装饰之一，多饰于器物口下颈部，亦有的作为次要纹饰饰于圈足上。

18.【“子龙”铜戈】

商代器物，现藏于新乡市博物馆，为国家二级文物。长 23.5 厘米，宽 6 厘米，重 433 克。此戈属短銎无胡戈，援为长条三角形，援锋尖锐，中部起脊，銎部孔呈椭圆形，后端近方形，方内与銎略等宽，内上正面落有铭文，铭文为“子龙”二字，反面为兽面纹。

关于“子龙”二字的含义，新乡市博物馆对此进行了相关研究。在商周青铜器铭文中，还有“子龚”“龚子”二字，其中“龚”与“龙”字造型结构相似。现今新乡辉县属殷商时期的古“共”地，在文献中“共”又可与“龚”通假，龚与龙古音也相同，另有学者考证商时“龚”和“龙”是一个字，区别只在于构形繁简的不同。在甲骨文和青铜器中，“子”的含义，或是殷人贵族的一种称谓方式，或是“王子”身份的宗法贵族。如果考证无误，可以推断“子龙”可能为殷商“共”地的高级贵族。因此，“子龙”铜戈对研究商晚期新乡的人文和历史有着极高的参考价值。

19.【蚕纹鼎】

商代器物，现藏于新乡市博物馆，为国家三级文物。通高 28.4 厘米，口径 22.4 厘米。此鼎口外侈，上有立耳，颈部收束成弧形，饰有浮雕蚕纹，腹深且鼓，腹部一周装饰浮雕三角形蝉纹，柱足装饰平雕蝉纹。蚕纹鼎器型端庄，曲线流畅，纹饰雕刻精美，蚕和蝉的体形生动逼真，鼎表面的红斑绿锈鲜艳夺目，呈现出古色古香的历史美感。蚕纹是中国古代青铜器上的重要纹饰，盛行于商代初期，多用作器物口沿下或足部的装饰。蝉纹的共同特征为两只大目，体躯作长三角形，上部作圆角，腹部有条纹，可分为有足与无足两种。蝉纹亦可横置，组成带状饰于鼎或盘上及其他器物上作主纹饰。无足蝉纹亦多以垂叶三角纹为外框，蝉纹外围填以雷纹，附于饕餮纹下，构成纹饰带，多饰于鼎腹部。

20.【火焰纹平底铜斝】

商代器物，1952 年新乡辉县出土，现藏于新乡市博物馆，为国家一级文物。通高 27.8 厘米，腹围 14.5 厘米，口径 18.7 厘米，底径 15 厘米。此斝敞口，菌状柱，束颈，鼓腹，半环形扳，平底，三棱形空锥。柱顶饰圆涡纹，颈饰饕餮纹和夔龙纹，腹饰一周火焰纹。

21.【“己并父丁”铜爵】

商代器物，安阳出土，现藏于新乡市博物馆，为国家二级文物。通高 20.4 厘米，流尾长 16.5 厘米。此爵宽流，尖尾，菌状柱，深腹，圜底，半环型鋬。柱顶饰涡纹，流、尾下饰蕉叶纹，口沿下饰蝉纹，腹部饰兽面纹，鋬内铸“己并父丁”。根据新乡市博物馆的最新研究成果，新乡市博物馆馆藏 3 件商代“己并父丁”爵，“己并”二字与山东寿光出土的纪国“己并”青铜器上的“己并”表现一致，新乡市博物馆馆藏的“己并父丁”爵与寿光“己并”爵在制作工艺和表现手法上也有共同点，并且两者在时间上存在延续性。因此，新乡市博物馆馆藏的“己并父丁”爵可能属于殷商时期的纪国青铜器。

新乡市博物馆馆藏的 3 件“己并父丁”爵中的一件在《河南出土商周青铜器》一书中有明确记载，其出土于河南安阳。除此以外，有“己并”二字的殷代青铜器主要出土于山东寿光，在寿光县益都侯城遗址出土 15 件“己并青铜器”，共有鼎 5 件、爵 5 件、觚 3 件、尊 1 件、卣 1 件。“己”和“并”二字皆为族名，“己”“并”隶属于殷商管辖，必然会与商王朝存在政治、礼仪和经济上的往来。己氏早在殷商时期就已经立国，其首领在殷商晚期入王室，担任主管酒祭的酒正。因而，“己并父丁”爵出土于安阳也实为正常现象。关于“父丁”的解释，《金文人名汇编》中把商周人名铭文分为五类：亲属称谓加十干，如父乙、父丙、父丁；日加十干，日甲、日乙、日丁；十干加“公”，如甲公、工公、癸公；十干加排行，如己伯、己仲；十干加“考”，如甲考、乙考。

22.【兽面纹百乳雷纹簋】

商代器物，新乡辉县褚邱出土，现藏于新乡市博物馆，为国家二级文物。通高15.8厘米，口径25厘米。此簋侈口，直壁，深腹，无耳式，底部略圜，下为较高的圈足。颈部饰饕餮纹，铸四兽头作浮雕状牛首，簋身饰一周细直棱纹，上下有两道弦纹，下腹饰一周四排乳钉纹，圈足上饰四组兽面纹，中有脊棱。兽面由两条对称的屈身夔龙组成，单角高耸拱背卷尾。簋体纹饰华丽，但不繁缛，造型威严，庄重而又典雅大方，通身布满翠绿铜锈，堪称晚商铜器中之精品。

23.【涡纹圆铜罍】

商代器物，河南安阳出土，现藏于新乡市博物馆，为国家二级文物。通高35厘米，口径14.5厘米。该罍小口微侈、圆唇、宽肩、腹内收、小平底。颈部饰两道弦纹，肩部饰一周凸起的水涡纹，两个对称的小鋬分别对称龙首装饰，腹下部附饰水牛头穿耳。纹饰简单明朗。

涡纹其特征是圆形，内圈沿边饰有旋转状弧线，中间为一小圆圈，似代表水隆起状，圆形旁边有五条半圆形的曲线，似水涡激起状。有人认为，涡纹的形状似太阳之像，是天火，又称火纹，商代早期的涡纹是单个连续排列的，商代中晚期至春秋战国时期，一般与龙纹、目纹、鸟纹、虎纹、蝉纹等相间排列。涡纹多用于罍、鼎、斝、瓿的肩、腹部，它盛行于商周时代。

24.【牛首纹铜尊】

商代器物，现藏于新乡市博物馆，为国家二级文物。通高22厘米，口径22.6厘米。此尊敞口，宽折，肩式尊，口径与肩宽接近。颈部饰弦纹，肩宽而微鼓，折肩处突出三牛首，牛首两侧为夔纹，夔纹下饰双连珠纹。腹部上端为两条连珠纹和云雷纹组成的纹饰带，腹的中部兽面纹，衬为云雷纹，圈足饰弦纹。

25.【兽面纹铜铙】

商代器物，现藏于新乡市博物馆，为国家二级文物。通高14厘米，宽12.7厘米。此铙体小而短阔，形似铃而较大，击面两侧为兽面纹，有短柄中空，插入木柄后可执，以槌击之而鸣。铙作为一种乐器名，始见于《周礼》,《地官·鼓人》:“以金镯节鼓，以金铙止鼓。”《说文》记载：“铙，小钲也。军法，卒长执铙。”①可见，铙又称钲，铙形制似铃，是中国古代使用的青铜打击乐器之一，其最初的功能为军中传播号令之用，在军队中敲击之止鼓，以示退却。铙流行于商周时期，常和钹配合演奏。铙的形制似铃，横剖面亦呈叶形，但较大，多横宽，口部多内凹，少数为平口，有中空并与体腔相通的短柄。

---

① 参见朱凤瀚《中国青铜器综论》，上海古籍出版社2009年版，第333页。

26.【铜轭】

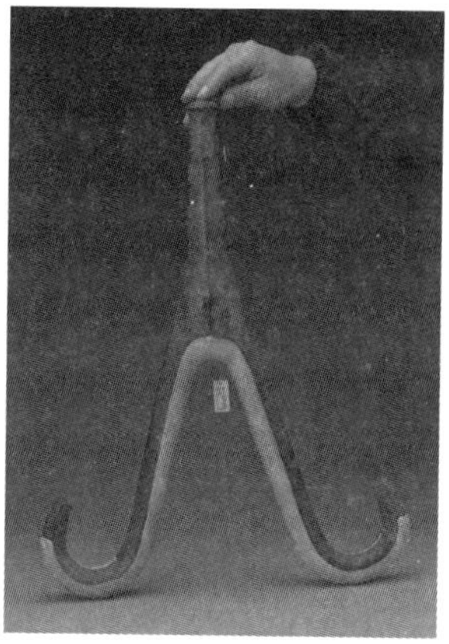

商代器物，现藏于新乡市博物馆，为国家三级文物。通高43厘米，宽39厘米。此轭一首两脚，作人字形分叉，脚末端微向上卷。轭是古代车上的铜部件，使用时，轭首缚在车衡上，轭肢夹在马的肩胛骨前面，与系在轭上的靷绳借助马的行走以牵引车辆。这种系驾法有利于马的行走、奔跑，从而使车驾驶自如，可达到相当高的速度。殷代轭上的铜部件有五种，即轭首、轭颈、轭箍、轭肢（指木质轭肢外所包半铜管）、轭脚，轭颈有时与轭首连铸。轭呈叉状，一首双脚，首系于车衡上，双脚轭于马颈上。在实际使用时，马颈受轭处有垫肩之类的保护物。轭肢一般是木质的，仅在向外的一面全部或局部裹以半管状（下部为管状）铜饰，其顶部向内一面削平，然后两平面相贴插入铜质轭首中。扼首中部有圆形穿孔，楔钉以固定扼脚。

27.【薄匕式镞】

商代器物，现藏于新乡市博物馆，为国家三级文物。长6.8厘米。此镞外形似匕首，呈双翼式，中部起脊，镞分左右两叶，叶外缘作刃状，前聚成锋并向后形成倒刺，中脊向下伸出，形成连接箭杆的铤。青铜镞在二里头文化时期即已出现，以后大量铸造，属最早出现的青铜兵器之一。镞身正中突起的部分称为脊，左右两边称为翼，亦称为叶。翼外缘锐利，称为刃，两刃向前聚成镞末，亦即前锋。双翼多后伸作倒刺状，亦称后锋，后锋与脊相连接处称作本。脊的下端挺出的圆棍称作铤。镞必附于箭杆始能远射，杆之基部扣弦处为括，括上占全杆五分之一处设羽，羽可以防止箭飞时的摆动。青铜镞形制复杂，除具体用途、年代等因素造成差异外，并因区域不同而有较强的地域风格。自二里头文化时期至战国，青铜镞在中原与关中地区主

要流行的有双翼、三翼与三棱三种。

28.【夔龙纹曲内铜戈】

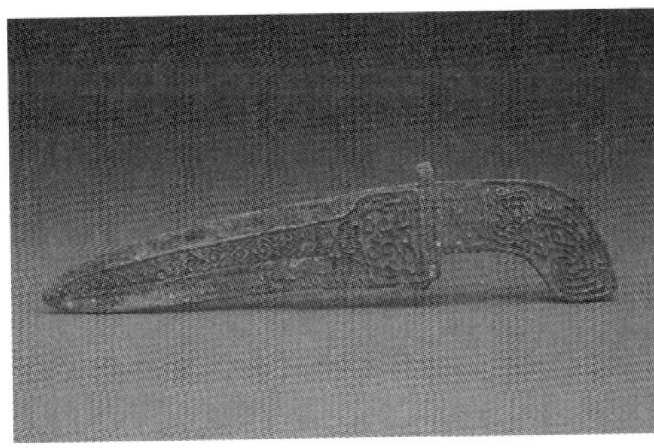

商代器物，现藏于新乡市博物馆，为国家二级文物。长 38.4 厘米，宽 8.3 厘米。此曲内戈虽然周身布满铜锈，但通体纹样清晰，两面纹饰一样，其夔龙纹、连索回纹十分美观。戈是古代兵器中的一种“勾兵”，用于钩杀，此戈应为礼仪用器。曲内铜戈为商周时期戈的一种，其援和内之间没有明显的分界，没有阑。此戈装上柄以后，容易脱落，商以后被淘汰，不过具有一定的美学价值。

29.【兽面纹直内铜戈】

商代器物，现藏于新乡市博物馆，为国家二级文物。长 23.5 厘米，宽 7.5 厘米。此戈造型简洁，保存完整，援部呈长条三角形，后端内部近方形，戈内饰有兽面纹，应为实用器。在商朝，青铜戈的使用已极普遍。为了使戈头和柲结合得更牢固，克服在战斗中易于脱落的缺点，出现了三种不同装柲方式的戈头，即銎内、曲内和直内的戈头。由于直内的戈头，援和内之间有阑，商末增加了胡，与柲结合得最牢固，因此得到发展，而另两种不如直内戈头牢靠，商朝以后被淘汰。

30.【銎内铜戈】

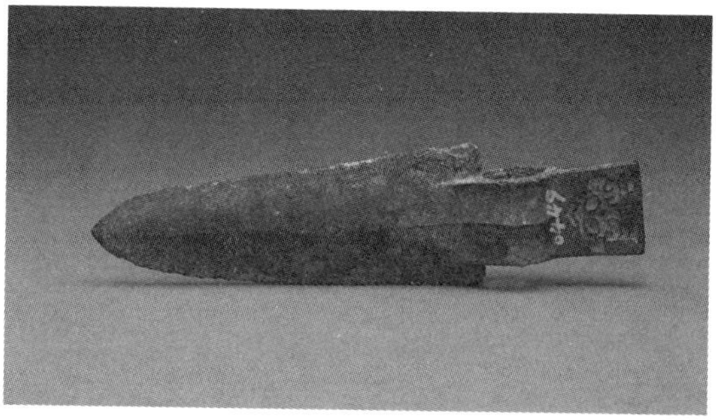

商代器物，现藏于新乡市博物馆，为国家二级文物。长 21.7 厘米，宽 5.7 厘米。此戈援部呈长条三角形，中部起脊，杏形銎，后端内部近方形，两面饰兽面纹。銎内戈的制造方法比曲内戈和直内戈复杂，是在“内”部铸成圆套，把柄装在銎内防止脱落。使用时安柄方便，直接把上端穿入銎中即可，此种安装方法可以避免戈头的松动和戈的援后陷，但在钩杀时，戈头还是容易从柄上脱落，因而在商代以后渐渐式微。

31.【“夨伯作旅彝”铜甗】

西周器物，现藏于新乡市博物馆，为国家二级文物。甗是中国先秦时期的蒸食用具，可分为两部分，下半部是鬲，用于煮水，上半部是甑，用来放置食物，甑下部有眼，可通蒸汽。此器通高 40 厘米，口径 25.8 厘米，腹深 16.5 厘米，重 5980 克。此甗侈口，立耳微外倾，深腹束腰，下腹如扁，柱形足。立耳饰三道凹弦纹，颈饰三组兽面纹，腹饰三大兽面纹。此甗通体布满土锈，裆与足部皆有烟炱，有过火痕迹，说明此甗是实用器。甗内壁口沿下铸铭文“夨伯作旅彝”五字，根据周代青铜器命名规则，此甗应为西周早期夨伯自作之器。因此，此甗是来自西周早期的夨国器物。

32.【夔龙纹扁足铜鼎】

西周器物，现藏于新乡市博物馆，为国家二级文物。此器高 16 厘米，口径 14.1 厘米，腹颈 12.8 厘米，圆形、立耳、方唇、口沿外折、浅腹、底微凸。腹下饰有三条夔龙纹形扁足，张口巨目，二角、一足、尾部上卷，腹饰三组以雷纹为地的夔龙纹，两两相对，间饰扉棱。

33.【铜軎辖】

西周器物，现藏于新乡市博物馆，为国家二级文物，軎辖为西周中期车上的重要部件。此器长 7.0 厘米，直径 7.5 厘米。此軎呈圆筒状，与毂相接的一端较粗，折沿。紧靠折沿处有对应的长方形穿，内装辖，辖枘作方键形，上端饰兽头，有一扁圆穿，下部有一长方形穿。軎外表由外向内依次饰重环纹、绹纹、重环纹、贝纹。从考古挖掘的古车中，我们都可以看到“軎”“辖”位于两个轮的外侧，用于固定车轮，将軎套于轴的最外端，防止轮子脱落。而辖是穿过軎与车轴的一个销子，将轴与軎销固定为一体，由此可见辖的重要性，若辖脱则軎脱，軎脱则轴脱。所以今天的“直辖市”“管辖权”“辖制”等词汇都表达了管束的原意，属车字旁，这就是辖字的来源。

34.【铜銮铃】

西周器物，现藏于新乡市博物馆，为国家二级文物。通高 17 厘米。此銮铃由上下两部分组成，上部为含有胆丸的铃，铃作扁圆形，宽边缘，饰六孔，铃上有辐射状的七个镂孔。下部为座，方形中空，有两两对称的四孔，用以穿钉。銮铃最早出现在西周早期，一直流行到战国时期，是插在车衡和马轭上的部件，车行则铃声动听。当如《礼经·经解》所言："行步则有环佩之声，升车则有鸾和之音。"郑玄注曰："升车则马动，马动则鸾鸣，鸾鸣则和应。"[①] 銮铃不但具有实用性，而且有较强的装饰性。

西周时期銮铃基本形制皆为通体分上下两部分，上部为一内含弹丸的扁球形体，正视多为圆形，侧视为椭圆形。铃球正面镂空，周围镶有较宽的环状外缘，外缘上有环绕铃球的镂孔。下部为接连扁球体的长梯形座，座上段有扁实颈，中下段中空形成梁口，断面为长方形，柄下部四面或两面有对称的钉孔。

35.【"子"铜锛】

西周器物，现藏于新乡市博物馆，为国家二级文物。通高 8.2 厘米，

① 参见朱凤瀚《中国青铜器综论》，上海古籍出版社 2009 年版，第 477 页。

宽 3.5 厘米。此锛梯形銎，边缘有凸起突边，双斜面弧形刃。斜面上部饰兽面纹和下垂三角纹，侧面饰斜三角雷纹和下垂三角纹，一斜面中部铸铭“子”字。锛是用以砍削木料，使木料表面平整的工具，出于此种用途，锛的刃部多作成偏刃。因此其形状是正面平齐，背面微拱。其柄的方向与刃部是垂直的。使用锛时，向下向内用力。为了便于向内用力，其柄部成曲形。锛在典籍中亦称为斤，甲骨文、金文中的斤字，均作曲柄形。锛的刃部一般作弧形，宽于或等于器宽，銎口作长方形、梯形。锛的长度在 8—13 厘米，较长者不超过 20 厘米。

36.【蟠螭纹铜鼎】

战国时期器物，1951 年新乡辉县出土，现藏于新乡市博物馆。通高 36.7 厘米，口径 30 厘米，腹径 32.2 厘米。此鼎呈圆形，子母口，盖饰三环，附耳，深腹圜底，底部有圆形铸痕，马蹄形高足。此鼎盖隆起，盖上纹饰由三环纽隔开分内外两组，纽内是蟠螭纹，纽外边缘饰连续的蟠虺纹带。通体均饰以云雷纹为地的蟠螭纹，耳饰雷纹，腹饰一组凸弦纹，分径、腹花纹为上下两部分。鼎有圆鼎、方鼎、异形鼎，带盖鼎出现在春秋中期以后，流行于春秋晚期及战国时期。

37.【铜豆】

战国时期器物，现藏于新乡市博物馆，为国家三级文物。通高 22.1 厘米，口径 18 厘米。豆是中国古代的一种盛食器，也是一种礼器，流行于春秋战国时期，开始时用于盛放黍、稷等谷物，后用于盛放腌菜、肉酱等调味品。此豆整器为瓜圆形造型，豆盖环饼型钮，朴素大方，便于提拿，反转置于桌案即为盘，一器多用。豆口沿处有对应圆环一对，既美观又便于执拿。此豆圆底，足上部收敛，如女子之瘦腰，美观大方。下底部外拓，沉稳牢靠，充分显示古代工匠的才智和审美观。其造型美观典雅，圆转灵巧，极具实用性和观赏性。

38.【贝纹铜敦】

战国时期器物，1954年新乡辉县出土，现藏于新乡市博物馆，为国家一级文物。通高18厘米，口径16.5厘米，重量2457克。此敦呈扁球体，口微敛，在盖上饰三兽纽，铺首衔环耳，三矮足。盖饰变形雷纹及菱形几何纹，口沿下饰绳索纹，腹部饰贝纹，绳索纹各一周。

敦是春秋战国时期在祭祀和宴会时放盛黍、稷、稻、粱等作物的青铜器。敦作为器名已见于《仪礼》等先秦文献，《礼记・内则》载“敦牟卮匜”，郑玄注“敦、牟黍稷器也”，[①]说明敦是一种盛黍稷用的食器。敦出现在春秋时期，后来逐渐演变出盖，到战国时多为盖形同体，常为三足，有时盖也能反过来使用。

39.【兽面云雷纹铜簋】

战国时期器物，现藏于新乡市博物馆，为国家二级文物。通高17厘米，口径12.6厘米。此簋器形为鼓腹双耳圈足式，有盖，盖顶部把手有

① 参见朱凤瀚《中国青铜器综论》，上海古籍出版社2009年版，第124页。

两方形孔，盖底饰兽面纹、云雷纹。子母口，腹上部饰兽面纹，腹部微微鼓起，兽首双耳，下有长方珥，圈足较矮且外撇。整体造型给人一种庄重、典雅之感。

40.【虎嘴三足铜匜】

战国时期器物，现藏于新乡市博物馆，为国家三级文物。通高 11.7 厘米，宽 21 厘米。匜是一种水器，匜最早出现于西周中后段，流行于西周晚期和春秋时期。其形制有点类似于现在的瓢，前有流，后有錾。匜也是一种礼器，《左传·僖公二十三年》有“奉匜沃盥”的记载，沃的意思是浇水，盥的意思是洗手洗脸，“奉匜沃盥”是中国古代在祭祀典礼之前的重要礼仪，也称为沃盥之礼。周人祭祀时，所有参加祭祀的人都要先洗手，也就是进行沃盥。西周时期，沃盥之礼所用水器由盘、盉组合变为盘、匜组合。该匜为兽首管流平腹三兽蹄足式，管流呈虎头形，流口缘较平，腹部近平，下具三条兽蹄足。足为前二后一，匜的尾部有环形錾。

41.【几何纹镶嵌铜壶】

战国时期器物，现藏于新乡市博物馆，为国家二级文物。通高 29.5 厘米，口径 9.7 厘米，腹径 21.3 厘米。此壶为圆体短颈球腹式，带盖，颈短，腹为球形，宽圈足，两肩铺首衔环。盖有小环形兽形钮，壶通体回旋几何纹，腹部三组弦纹。

42.【鹤龟顶铜博山炉】

西汉器物，新乡获嘉征集，现藏于新乡市博物馆，为国家二级文物。通高 19.5 厘米，底径 16.8 厘米。此炉由上下两部分组成，炉盖高耸，盖顶部有一圆形孔，盖身纹饰镂空；炉身字母口，一侧有把，一侧与罩相连接；底座为折沿圆盘，盘中央一匍匐之乌龟，龟首高昂，龟背上站立展翅欲飞的仙鹤，器身造型精美，匠心独运。熏炉是古代人们燃香时所使用的器具，战国时期就已经出现，两汉时比较流行，其中尤以博山炉最为优美精致，一般由炉盖、炉身、炉柄、承盘等部分组成。熏炉内放置可以燃烧的香草或香料，通过炉盖上的镂空散出阵阵香气，一可驱虫避害，二可净化身心，三可祷告神明，四可熏香熏衣等，彰显皇室贵族、地主官僚等社会上层的地位。

43.【铺首衔环铜钫】

西汉器物，现藏于新乡市博物馆，为国家二级文物。通高 42 厘米，口径 10.7 厘米 ×11 厘米。钫即为方形壶，战国以前没有专门的名字，直到汉代元始四年（4 年）有铜钫铭文称“铜钫容六升，重廿九斤”[①]，才有了钫这个名称。铜钫主要流行于战国至秦汉时期，用以盛酒浆或粮食，最大特征是钫上任何地方的横切面都呈方形。此钫口微外撇，颈高，鼓腹，有盖，瓶口与覆斗形方盖子母口相接，上饰四只凤鸟形钮。肩腹相接处两侧有对称的铺首衔环，平底下承方形圈足。整件器物器形规整，

① 国家文物局博物馆司、中国博物馆学会保管委员会：《博物馆藏品保管文集》，中华书局 2001 年版，第 228 页。

造型精美，保存完好。

44.【鸡头铜盉】

西汉器物，现藏于新乡市博物馆，为国家三级文物。通高 15.6 厘米，身径 11.5 厘米。青铜盉盛行于商周秦汉时期，主要用于盛水调和酒味浓淡，也作为温酒器。此盉鼓腹，顶有圆形盖，上有两环形捉手，盖一侧与器肩有栓连接，盖可以启合。器前有鸡头形流，腹中部有一长方形柄，微曲，柄内中空，下有三蹄足。器身造型独特，精巧别致。鸡对古代人而言是能够辟邪迎祥的祥瑞之物，认为鸡兼备文、武、勇、仁、信五德，是为“德禽”，因此经常出现在古代人们日常使用的器物上。

45.【铜弩机】

西汉器物，现藏于新乡市博物馆，为国家二级文物。弩机是弩上最重要的青铜组件，出现于战国，盛行于秦汉，是古代远射兵器中最早的青铜机械装置，包括外框部分的“郭”，钩住和放开弓弦的“牙”，作为扳机的“悬刀”及瞄准的“望山”。用这种弩射出的箭更准确，更具穿透力。此弩机，有郭，郭中有牙，上有望山，下有悬刀，前窄后宽，前端有三条沟槽，中间一条为主槽（即矢道），两边为短浅副槽，郭身前后有二个穿孔，分别装置圆柱形栓以固定悬刀和牙的位置，望山高出郭面 6.6 厘米，望山后侧有 10 道刻度，悬刀下部有一圆穿，机牙和机部皆锈蚀，已不能转动。此弩造型硕大，铸造精良，结构合理，足以看出汉代在制造兵器方面的先进的管理模式和精湛的制造工艺。

46.【铜鼎】

西汉器物，现藏于新乡市博物馆，为国家三级文物。通高 18 厘米，口径 15 厘米。此鼎为彩绘铜鼎，通体彩绘花纹。器形为覆盖附耳，鼓腹，圜底，长兽蹄足，盖上方有三个环形钮，呈三点式分布，附耳略曲，盖绘有三层花纹，中心为菱形花瓣纹，其外绘制单线连珠纹，盖边缘处弦纹和云雷纹组合。腹部彩绘似梅花状、柳叶状纹饰，彩绘青铜器通体施彩，明艳华美。用红、绿、白、黑四色描绘而成，彩绘青铜器的制作目的一开始就很明确，作为明器，不铸纹饰。由于明器放在墓葬不动，不与外界接触，不易掉色，所以在素面青铜器上用矿物颜料彩绘上需要表达逝者后代祈愿的内容即可。

47.【西汉铜鼓】

西汉器物，现藏于新乡市博物馆，为国家二级文物。通高 51.5 厘米，面径 88.5 厘米。该鼓面中心被敲击处有微微隆起的“光体”及向外辐射的“芒”，光体与芒合起来成为太阳纹。太阳纹由内向外有多弦区组成的“晕圈”，鼓的外沿塑有常见的青蛙造型六个。鼓胸与鼓腰之间嵌置有桥形鼓耳两对，铜鼓表面与器身纹饰丰富，在晕圈内饰有大量的几何纹、云

雷纹、金钱纹等，给人以神秘的感觉。铜鼓是一种流行于广西、广东、云南、贵州、四川、湖南等地区的特有打击乐器，常用于宴会、乐舞中，在古代也常用于战争中指挥军队进退。

48.【“昭明”铜镜】

西汉器物，现藏于新乡市博物馆，为国家二级文物。直径 10.4 厘米，厚 0.55 厘米。此镜圆形，面平，连峰式钮，圆形钮座，座外素带一周，外饰内向八连弧一周，间饰带座乳钉和云纹；外区铭文：“内清之以昭明，光之象而日月，心忽扬而忠，雍塞而泄。”内外均饰直线纹，外素平宽缘。此镜制作精良，形态美观，纹饰简朴，铭文清晰，具有典型汉代风格。昭明镜是汉宣帝至王莽前流行的一种铜镜，其中还有一种十分特别的铜镜，当光线照射镜面时，在墙上可以反射出与镜背铭文和纹饰相应的景象，称为“透光镜”，外国人称为“魔镜”，甚为珍贵。

49.【“长宜子孙”铜镜】

东汉器物，现藏于新乡市博物馆，为国家二级文物。直径 17.7 厘米，

厚 0.46 厘米。镜作圆形，正中心处为一圆形突钮，以钮为中心饰四片柿蒂纹，间以“长宜子孙”四字篆书铭，钮座外一周内向八连弧纹，外圈以直条短线纹圈和细条玄纹圈组成。此镜制作规整，纹饰浑朴，铭文简洁。“长宜子孙”四字铭文看起来简单，实则内涵丰富，不仅体现了汉代大家族的传统家训，希望子子孙孙人丁兴旺，家族长长久久，繁荣昌盛，也表现出当时汉人崇尚子嗣繁衍，祈求长寿的时代风气。

50.【十二地支规矩镜】

西汉器物，现藏于新乡市博物馆，为国家二级文物。直径 13.2 厘米，厚 0.55 厘米。此镜钮为半球形，圆座外方格内有十二乳钉及十二地支铭文“子丑寅卯辰巳午未申酉戌亥”，方格外有八乳钉及博局纹将镜背纹饰分四方八区，青龙、白虎、朱雀、玄武各位于亥、巳、申、寅一方，各占一区。青龙代表东方，白虎代表西方，朱雀代表南方，玄武代表北方，东方为木，西方为金，南方为火，北方为水，钮为土。向外一周为直线纹，宽平缘上饰锯齿纹及云水纹，镜面微凸。从此镜纹饰可看出制镜时采用了圆规技术进行机械制图，又按照意识形态的规矩，将传统文化中的四神、五行及十二地支进行了配置、定位和布局。此镜纹饰丰富，布局合理，纹饰巧妙地分布在各个区间，繁复有序，实为汉镜之佳品。规矩镜流行于西汉晚期与新莽时期，镜上精湛的纹饰反映了当时汉代人的宇宙观、祥瑞观以及神仙观。

51.【四乳四虺铜镜】

西汉器物，现藏于新乡市博物馆，为国家三级文物。直径 9.9 厘米，厚 0.58 厘米。此镜呈圆形，镜面微鼓，半球形钮，四叶纹座，间饰四短线，向外一周栉齿纹，宽凹弦纹外，两栉齿纹间饰四乳四虺纹相间环绕，四虺腹侧均饰一雀鸟，外宽平缘，边为斜面，镜面明亮，铸工精湛。四乳四虺镜流行于汉武帝时期至东汉前期。虺纹是龙纹雏形，被视为早期龙的形象，“虺五百年化为蛟，蛟修炼千年才为龙”[①]，虺纹一般与雀鸟纹一起出现在铜镜上，雀鸟在汉代人的意识中，被认为与日神相关，也有专家认为，虺纹与雀鸟纹的结合是后世龙凤纹饰的萌芽。

52.【“青盖”铜镜】

汉代器物，现藏于新乡市博物馆，为国家二级文物。直径 12.2 厘米，厚 1.0 厘米。镜圆形钮座，钮座外为高浮雕龙虎纹，一龙一虎左右相对，虎塌腰在下，龙跨身其上，龙口大张，利齿凸现；虎睛圆睁，毛发上扬，回首相戏。部分龙身和虎身压在钮座下，此外，还有鹿纹和鸟纹。外区有 35 字铭文圈带：“青盖作镜四夷服，多贺国家人民息，胡虏殄灭天下复，

---

① （宋）李昉：《太平御览》第 8 卷，河北教育出版社 1994 年版，第 497 页。

风雨时节五谷熟，长保二亲得天力。”边缘饰锯齿纹、水波纹带，中间以弦纹相隔。“青盖”镜的镜铭一般是“青盖作竞四夷服，多贺国家人民息。胡虏珍灭天下复，风雨时节五谷熟。长保二亲得天力，传告后世乐无极”。本馆所藏“青盖”铜镜铭文少了最后一句，两汉时期胡汉混战，镜铭中的祈祷“四夷服”“胡虏珍灭”体现了当时人渴望家国和平、生活安宁的美好愿景。

53.【“偏将军”印章】

东汉器物，现藏于新乡市博物馆，为国家三级文物。通高 2.1 厘米，印面每面边长 2.4 厘米，重 52.7 克。“偏将军印章”，铜质，方形，龟钮；龟头上扬，龟足立于四角，龟背上突；阴刻篆体“偏将军印章”五字；五字从左至右分三列排列，前两列分别为“偏将”“军印”，第三列单独一个“章”字，前两列四字大小基本一致；此印面虽有一定的磨损，但字迹能清楚辨认。

此印章出土于新乡西郊的冯石城遗址，冯石城为东汉中期获嘉侯冯石所筑。据当地方志记载，在此地自清代以来在地表发现诸多古铜箭镞。军印和兵器的发现，可以说明冯石城在东汉中后期应为新乡地区重要的屯兵场所。

偏将军一职起初为王莽为镇压农民起义设立的临时官职，属较低等级的将军。但到东汉末期，黄巾起义对东汉朝廷的统治产生了巨大的冲击，朝廷令各州郡自行募兵，方将民变基本平定，却导致地方豪强拥兵自重。军阀割据的局面形成，使偏将军这一军职在东汉末年广泛存在。

54.【“别部司马”印章】

东汉藏品，现藏于新乡市博物馆，为国家三级文物。通高 2.4 厘米，印面每边长 2.5 厘米，重 130 克。“别部司马”印，铜质，带孔半圆钮，方形，阴刻“别部司马”四字。四字从左至右分两列，两列分别为“别部”“司马”，四字大小基本一致。此印章同“偏将军”印章一样，出土于新乡西郊的冯石城遗址。

据《后汉书》记载，别部司马是大将军下属的军官。大将军营五部以外，有时会设有别营，别营为非常设编制，别营的长官即别部司马，别部司马的领兵数量不定，随时宜而定。但在东汉的实际军事活动中，别部司马不仅仅出现在大将军的军中，在许多将军及将军以下的军官也能领别营兵马。尤其是东汉末期，各地豪强往往以官方的名义建立武装，任命别部司马、设立别营也就成为他们扩充军队、笼络部属，增强己方实力的重要工具和手段。在东汉末年军阀混战中，别部司马、别营大多演变为各大军阀的私人部曲，成为他们争霸战争的一支重要力量。关羽、张飞、夏侯渊、曹仁、黄盖、韩当等人在任别部司马期间，各为其主，推动了魏、蜀、吴三国鼎立局面的形成。

55.【“军假司马”印章】

东汉藏品，现藏于新乡市博物馆，为国家三级文物。通高 1.95 厘米，印面每边长 2.4 厘米，重 51.2 克。“军假司马”印，铜质，带孔半圆钮，方形，阴刻“军假司马”四字。四字从左至右分两列，两列分别为“军假”“司马”，四字大小基本一致。

《后汉书 · 百官志》记载：“大将军营五部，部校尉一人，比二千石；军司马一人，比千石。”“其不置校尉部，但军司马一人。又有军假司马、假候，皆为副贰。”[①] 由此可见，军假司马为军司马的副职。东汉时期，著名人物班固出使西域时便担任军假司马一职。

56.【“秦王”镜】

唐代藏品，1986年新乡市北站区出土，现藏于新乡市博物馆，为国家二级文物。直径16.7厘米，厚0.5厘米，圆形，镜面微凸。半球形钮，钮外饰小连弧纹一圈，方形钮座。凸起的连弧纹和锯齿纹带分开内外两区，内区饰四只奔跑的瑞兽，由配置在四角的四规矩纹隔开。外区有20字铭：“赏得秦王镜，判不惜千金，非开欲照胆，特是自明心。”铭文首尾间以一枚乳钉相隔。镜缘饰双锯齿纹带。

关于铭文中的秦王是谁有两种说法。一种认为“秦王”指秦始皇，其根据是“秦王镜”的典故。此典故见于西汉刘歆《西京杂记》第三卷：“……有方镜，广四尺，高五尺九寸，表里有明，人直来照之，影则倒现。……秦始皇常以照宫人，胆张心动者则杀之。”[②] 另一种是指唐初封为“秦王”的唐太宗李世民，其对铜镜有偏爱，武德年间掌铸币大权，为其铸镜提供了极其便利的条件。

“秦王镜”典故在后世还演绎出多重含义：由于秦镜常放置在宫中台上，所以后世用“秦台镜”来概指宝镜；由能“见肠胃五脏”引申来表心怀坦荡等，如唐代诗人刘禹锡《历阳书事七十韵》中的“心托秦明镜，才非楚白珩”，与本镜“非开欲照胆，特是自明心”有异曲同工之处，均借镜抒情，表情怀，诉心意。

---

① （南朝）范晔：《后汉书》卷114《百官志一》，中华书局1973年版，第3564页。

② （晋）葛洪撰，周天游校注：《西京杂记》，三秦出版社2005年版，第141页。

57.【菱花形五岳花鸟纹铜镜】

唐代藏品，现藏于新乡市博物馆，为国家二级文物。直径 11.1 厘米，厚 0.65 厘米。该镜为八瓣菱花形，圆形钮，以镜钮为中心向外有三圈纹饰，内区为环绕镜钮，周围呈十字形对称分布的四座高山，山峰间有层层翻卷的水波纹，间饰有水禽、瑞兽纹等；中区环形饰有禽鸟、花卉、蜂蝶纹等；外区八瓣镜缘内花卉纹和云气纹相间环绕。此镜铸造精美，极富立体感，充满生机活力，体现了盛唐气象。铜镜中四座山峰围绕镜钮的纹饰造型称为“五岳图”，亦称“五岳真形图”，是道教的御符，可防御一切刀兵水火之祸和妖魔鬼怪。这种纹饰的铜镜被称为“五岳镜”，出现在唐代中期，与当时皇帝信奉道教关系甚重，唐镜中的很多纹饰都反映了道教文化对其的重要影响。

58.【鸟兽葡萄镜】

唐代藏品，现藏于新乡市博物馆，为国家二级文物。直径 15 厘米，厚 1.33 厘米。以高浮雕葡萄纹为主题纹饰，其构图方式分作内外两区，内区正中一只大伏兽钮，高浮雕六只在葡萄叶蔓之间攀援嬉戏的海兽，或追逐玩耍，或匍匐潜行，或仰面朝天，神态各异。外区饰有各样的鸟雀、蜻蜓等纹饰，飞翔于葡萄枝蔓之间，其间点缀着葡萄叶蔓和累累的果实，纹饰虽小，工艺精细。

由于葡萄及花草枝蔓由内围连于外圈，甚至延及外缘，亦称此种铜镜为“过梁葡萄纹镜”。葡萄经丝绸之路传入中国，它茂密的果实象征着“多子和富贵”。海兽葡萄的造型是唐代中期极为流行的一种铜镜纹饰，这种繁缛富丽、花团锦簇的装饰风格，充分展现了盛唐的富裕繁荣以及欧亚大陆文化的相互交融。

59.【双凤铜镜】

唐代，现藏于新乡市博物馆，为国家二级文物。直径 18.6 厘米，厚 0.6 厘米。该镜为八瓣葵花形，内切圆形，圆钮，钮两边各有一只凤鸟作振翅欲飞状，钮上方饰祥云纹，下方饰飞奔的天马，边缘饰花枝、流云和蜂蝶纹。此镜表皮颜色为“水银古”，制作规整，纹饰细腻，虽然镜体略有锈色，仍不失为唐代精品佳作。唐代铜镜在造型上突破了汉式镜，出现了葵花镜、菱花镜、方亚形镜等。凤鸟纹作为民族传统文化精髓，是古代青铜器纹饰之一，铸造在铜镜上的凤鸟纹图案也被古人视为吉祥和幸福的象征。

60.【覆钵体铜权】

元代藏品，现藏于新乡市博物馆，为国家三级文物。通高 10.9 厘米，径 5.5 厘米，重约 915 克。此权为圆形，从底部向上至体三分之一处为阶梯式逐层缩小，正中覆钵体，方环钮。双范合铸，实心，腹部铸十四字铭文，不清晰。铜权相当于现在的秤砣。权，即秤锤，又叫秤砣，与衡（秤杆）相佐，也就是称重量之用，名曰衡器。自人类出现了私有制，便有了权衡理念和雏形实物，成了最原始的实物交换工具。汉代称其为“累”，民间呼之“公道老儿”。《汉书》：“权者，铢、两、斤、钧、石也，所以称物平施，知轻重也。”[①]

61.【“福寿双全”铜镜】

明代藏品，现藏于新乡市博物馆，为国家三级文物，直径约45厘米。此镜圆形，圆钮，钮座为一圈兽纹，钮座的上、下、左、右各有一个凸起的大方格，框内嵌有四个大字铭文“福寿双全”；双线素凸圈缘，沿镜缘一圈均匀分布十二位姿态各异、衣饰不同的仙人，有的捧着贡品，有的驾着祥云；整个镜背密密麻麻地布满了花鸟、云纹等各种吉祥纹饰，这些纹饰都采用高浮雕的装饰手法，极为形象生动，栩栩如生，反映了明代铸镜工艺水平及审美趣味。

第二节　陶器

早在新石器时代，新乡地区就已初见简单粗糙的陶器。陶器是用黏土或陶土捏制成形后烧制而成的器具，是原始社会人们重要的生活用品。新石器时代的陶器具有鲜明的时代特色，红陶主要流行于仰韶文化；灰陶、黑陶则主要流行于龙山文化。商周时期，在新乡出土大量作为实用器具的陶制鬲、罐、甑、觚、簋、鼎、豆等，这些陶器虽不如青铜器出彩，但也具有一定的时代特色。在汉代，新乡出现大量彩绘陶器。这些彩绘陶器具有鲜明的时代和地域特征，主要见于礼器类的鼎、盒、壶、钫和生活用器的甑、釜、仓以及一些陶俑等墓葬明器中。纹饰主要以平面布局统合多组图案，或是单体图案为主，流畅的线条勾勒与丰富的色彩相结合，是研究汉代美术的珍贵资料。

① （汉）班固:《汉书》卷21上《律例志第一上》，中华书局1962年版，第969页。

1.【乳丁纹红陶缸】

新石器时代仰韶文化，潞王坟遗址出土，现藏于新乡市博物馆，为国家三级文物。通高 20 厘米，口径 18.5 厘米。此器红陶质地，整体为手工捏制，属炊食器，敞口，圆唇，弧腹，下腹渐收，小平底。器身上部有一圈乳钉纹。仰韶文化时期中原地区制陶工艺的发展，为后来制陶手工业的发展奠定了基础。原始社会时期的乳钉纹具有浓厚的崇拜色彩，是对生命的延续和丰富食物、养育的一种暗喻，陶缸是仰韶文化时期的典型器物。

2.【灰陶拍子】

新石器时代龙山文化，现藏于新乡市博物馆，为国家二级文物。长 16.2 厘米，宽 12.4 厘米，高 4.8 厘米，柄高 1.3 厘米，拍厚 3.5 厘米。此拍面近似素面三角形，其一角为对称凹边，宽带拱形鋬，陶质细腻坚硬。陶拍子是早期的制陶工具，用于当陶器坯未干时击打陶器表面，以加强陶胎的密度，有的陶拍上有纹饰，用它拍打陶器坯时可在陶器表面印上纹饰，增加美感。

3.【彩绘变形蛙纹陶壶】

新石器时代马家窑文化，现藏于新乡市博物馆，为国家二级文物。通高 31.5 厘米，口径 11 厘米，腹径 26.5 厘米，底径 10.4 厘米。此壶泥质红陶，口外侈微右斜，薄唇，短径，球形腹，腹部两侧对称环形小耳，小

平足。颈部至上腹部绘黑彩纹，腹部以黑彩描绘变形蛙纹。此壶胎质细腻，器表光滑，图案线条流畅，与造型协调一致。变形蛙纹是马家窑文化彩陶上常见的装饰纹样之一，蛙纹源于蛙神崇拜，远古人们认为青蛙生殖能力强，繁衍旺盛，还能呼风唤雨，保证粮食丰收，因此将蛙纹作为一种精神寄托体现在器物上。

4.【圈足灰陶盘】

二里头文化，现藏于新乡市博物馆，为国家三级文物。残高 11 厘米，直径 37.5 厘米。此盘泥质灰陶，敞口，浅盘，圈足平底，用于盛装食物。此盘在中原地区多有出土，流行于河南龙山文化晚期及二里头文化，这一时期正与历史上的夏王朝相当。夏王朝是中国历史上的第一个朝代，但是因为没有确切的纪年，夏商王朝是否存在一直广为争议，河南安阳殷墟甲骨文的发现证明了商朝历史的存在，而河南偃师二里头文化的重大发现也进一步向世人证明了夏朝的存在。

5.【绳纹折肩灰陶罐】

商代器物，现藏于新乡市博物馆，为国家二级文物。通高 22.5 厘米，口径 13.2 厘米，腹径 20.3 厘米，底径 9.5 厘米。此罐口外撇，短颈，折肩，腹以下渐收，平底圈足。

此罐造型古朴，装饰简练，器身饰绳纹。在不同的烧成气氛中，能使陶器呈现各种色泽，灰陶的形成是因为陶器在弱还原气氛中烧造，陶土中的氧化铁不能被充分氧化，因而呈现出氧化亚铁的颜色。

因此，控制还原气氛，是制作陶器中比较进步的工艺技术。灰陶一般在新石器时代晚期文化中才占主要地位，商代有较大发展，产量很大。折肩这种样式始于新时期时代，商代时期有了进一步的发展。绳纹是新石器时代至商周时期陶器上最常见的纹饰之一，在陶坯制好半干时，用缠有草藤之类绳子的陶拍拍打陶器坯体，遂拍印出绳纹，大多出现在器物的腹部。

6.【彩绘铺首弦纹盘口灰陶壶】

汉代器物，现藏于新乡市博物馆，为国家二级文物。通高 47.5 厘米，口径 17.5 厘米，腹径 34.3 厘米，底径 22.3 厘米。此壶盘口外撇，粗颈，圆腹，腹部对称塑贴铺首，高圈足。颈部饰有一周三角纹，三角纹内绘云纹。腹部绘有两周凸弦纹，弦纹中间绘有云纹。彩绘陶始于新石器时代晚期，战国、秦汉时期是彩绘陶的发展繁荣时期，无论南方和北方，墓葬中常陪葬彩绘陶壶、豆、盘、尊和鼎等，色彩丰富，纹饰复杂，充满着浪漫主义的艺术魅力。铺首的形象源自于先秦的饕餮纹，常见于陶器、青铜器，后来也用于画像石、墓门以及棺椁上，多为衔环状，传说铺首是龙的第九个儿子，性好静，警觉性极高，善于严把门户。古人认为铺首有驱邪避害之意，用于镇凶辟邪，祈求神灵保佑。

7.【绿釉铺首狩猎纹陶壶】

汉代器物，现藏于新乡市博物馆，为国家二级文物。通高 32.5 厘米，口径 12.5 厘米，腹径 24.2 厘米，底径 12.2 厘米。该壶口微侈，粗长颈，削肩，鼓腹，胫部渐收，平底。壶肩部对称位置饰对称双铺首。整体施绿釉，颜色略微泛黄，釉色匀净光亮，局部釉面呈“银釉”状。肩腹之间饰有浮雕狩猎纹，整体画面形象生动，以云气纹环绕一圈，穿插起伏，一

人骑马回首持弓射箭，山林中可见飞奔的飞禽走兽，有虎、鹿、马、羊、猴、鹰等，图案雕刻栩栩如生。此壶釉色及纹饰淳朴自然，为典型的汉代绿釉铺首狩猎纹陶壶。狩猎纹兴盛于春秋时期，反映封建贵族阶级六艺习“射”的真实面貌。汉唐承袭了这一传统，每年在固定时间举办大规模的狩猎活动，并将此体现在日常使用的器物上，反映当时社会上层的生活状态。

8.【彩绘茧形陶壶】

汉代器物，1965年新乡火电厂筹建施工时出土，现藏于新乡市博物馆，为国家二级文物。此器共出土两件，形制、大小相同，通高35.5厘米，口径13.7厘米，腹径41厘米，底径11.3厘米。此壶呈唇口、短颈、圈足，腹呈横向长椭圆状。泥质灰陶，胎质细腻，壶身为横置蚕茧形，颈部饰有两周凸起弦纹。壶周身以红、白颜色为主的彩绘花纹，给人以古朴、庄重、鲜丽之感。茧形壶又称“鸭蛋壶”，因器形似蚕茧，又若鸭蛋而得名。茧形壶又像渔翁身上背着的一只鱼篓，因此也称它为“鱼篓壶”。此壶最初为战国时期秦国所产，后来盛行于西汉，是秦汉时期一种形状独特的器物。

9.【灰陶博山炉】

汉代器物，现藏于新乡市博物馆，为国家二级文物。通高20.5厘米，

博山高9.3厘米，博山口径12.1厘米，炉高11.2厘米，底盘径19厘米，底径1.7厘米。此炉为灰色陶质，由盖、炉、盘三部分组成。炉盖为镂空的山峦形，其上雕刻着丛林及走兽。炉身豆形，盘为平折沿，浅折腹，底内凹，中心有一圆孔，与炉身的细柄套接。因炉盖呈山峦形，其间雕刻飞禽走兽，象征着汉代时盛传的海上仙山——博山，故此炉名为博山炉。博山炉是中国汉、晋时期民间常见的焚香所用器具，可用来熏衣、熏被、除臭、避秽。

10.【五孔灰陶埙】

汉代器物，现藏于新乡市博物馆，为国家二级文物。高6厘米，口径0.8厘米，底径3.5厘米。此埙为陶质，呈倒置的螺形，上锐下平，中空。埙顶开有1孔，为吹口。埙身开有5孔，为音孔。近底处一面有倒品字形3个音孔，另一面有左右对称的2个音孔，一大一小。陶制的埙是古代流行的乐器之一，属于吹奏鸣响乐器，早在新石器时代的红山文化时期，埙的演奏就很盛行，延续至今。

11.【弦纹三足灰陶仓】

汉代器物，现藏于新乡市博物馆，为国家二级文物。通高31厘米，口径7.5厘米，肩径22厘米，腹径19.3厘米。仓灰陶质，无盖。顶部小圆口，圆唇，溜肩，圆筒形腹，下腹微收。腹部自上而下饰有三组凸弦纹圈带，平底，下承以三兽首形矮足。汉代墓葬中发现了大量的随葬陶器，即随葬明器，此灰陶仓是其中一种。陶仓始见于战国、秦代墓葬出土物，汉武帝前后盛行，与灶、井、炉等配套使用。

12.【铺首三足灰陶樽】

汉代器物，现藏于新乡市博物馆，为国家二级文物。通高 20.3 厘米，口径 27 厘米，底径 26.9 厘米。此陶樽圆筒形，直壁，平底。器身有左右对称铺首，下承以兽形三足。酒器在古代祭祀礼仪中有着重要的作用，《周礼》中还提到有专门掌管酒器的官员，酒樽是一种大中型的盛酒器具，可以体现出身份尊卑、规格高下，最早见于战国，盛行于汉晋，上流社会常置于席、案，饮宴时先将贮藏在瓮、壶中的酒倒在樽里，再用勺酌入耳杯，然后奉客。

13.【灰陶灶】

汉代器物，现藏于新乡市博物馆，为国家二级文物。通长 30 厘米，通宽 19 厘米，通高 16 厘米。灶素面，灶身呈长方形，灶上置二釜，釜均为敛口，折肩，小平底。灶身前壁中下部有长方形灶门，灶门上有长方形高灶檐，灶台及灶身前壁上刻有鱼形纹，灶檐刻有三角纹。这些纹饰充满了浓郁的现实生活气息，生动地再现了一千八百年前汉代人们的饮食习俗。由于汉人相信人死后的生活会与在生时一样，为了让死者死后的生活能过得好一点，渐渐出现了模仿人生前所用的日常用品而制作的明器，明器只供丧葬，不能实用。陶灶就是汉代墓葬中主要的明器之一，常与陶井、陶仓等成组出现。

14.【灰陶猪圈】

东汉器物，现藏于新乡市博物馆，为国家三级文物。通高 14.5 厘米，口径 20 厘米。此猪圈呈圆形，四周围墙，围墙方形有檐，栏内有一肥猪。围墙一边处建有一间方形厕所，歇山式顶，檐伸出墙外。厕所口有一长方形路通向厕门，粪坑与猪圈相通。陶猪圈是汉魏时期流行的随葬模型器，猪圈与厕所合一，反映汉代人们的生活习俗，这种猪圈被称为“连茅圈”，盛行于华北地区，古时的猪圈积肥是农业肥的重要来源之一，对古代农业生产有着重要的作用。

15.【三彩壶】

唐代器物，现藏于新乡市博物馆，为国家二级文物。通高 18.5 厘米，口径 6 厘米，腹径 11.9 厘米，底径 7 厘米。此壶盘口外撇，短颈，溜肩，圆腹，圈足。壶口、颈及腹上部施白、黄、绿釉。唐三彩陶器是我国古代陶瓷史上的一枝奇葩，是在汉代低温铅釉陶的基础上进一步发展的成果，釉彩有黄、绿、白、褐、蓝、黑等色，而以黄、绿、白三色为主，所以人们习惯称之为“唐三彩”。

16.【三彩蜘蛛系圜底罐】

唐代器物，现藏于新乡市博物馆，为国家二级文物。通高 13 厘米，口径 13.5 厘米，腹径 17.5 厘米。该罐盖顶置塔顶型钮，盖弧度与罐身弧度相合几成一体，罐口有一周凹槽，供合盖使用。盖面以弦纹分隔三区，罐身圆鼓，左右对称置蜘蛛形执钮，底部下收呈圜底。此罐胎质灰白，盖及罐身施三彩釉，釉不到底，釉色自然流淌，色相分离，以黄、绿、赭、白为主，颜色自然交融幻化成网状。此罐是唐代三彩的典型器物之一，造型典雅大方，无论是在设计还是釉色制作上，都是唐代时期三彩器物中的精品代表。

17.【绿釉鸡冠壶】

辽代晚期器物，现藏于新乡市博物馆，为国家二级文物。通高 36.5 厘米，腹径 16.9 厘米，底径 11.6 厘米。此壶壶身上扁下圆，下腹微鼓，矮圈足稍外撇。直口管状流，提梁较高并有指捏纹，梁下及腹下部装饰有凸起线纹。壶身除底部外均施绿釉，釉色暗绿，造型规正。此壶具有典型的契丹式风格，适合于契丹游牧民族生活方式的特征，便于携带，非常适于骑马射猎生活需要。鸡冠壶方便逐水而居的契丹人取水，器身细长方便背着；壶口小，骑在马上不容易洒水；贮藏时，尖底易埋，还可保持器身平衡。

第三节　瓷器

瓷器从陶器发展而来，外表施有玻璃质釉或彩绘，最早见于郑州二里岗商代遗址，东汉出现青釉瓷器。新乡市博物馆现存有这一时期的青釉瓷器，正好印证了中国瓷器的发展历史。魏晋南北朝时期，瓷业快速发展，尤其是白瓷的出现，成为我国继青瓷、黑瓷以后一个新品种。入隋以后，"南青北白"形成各竞风流的局面，且有"釉下彩""花瓷"并出，掀起中国瓷业的第一次发展高峰。明清时期是我国瓷器发展史上的极盛时期，传统的制瓷工艺发展到了历史最高峰，器物造型多样，纹饰繁多而精美，彩瓷、青花、颜色釉瓷均得到巨大的发展。景德镇官窑瓷器依托华夏数千年文明的底蕴攀登上中国陶瓷史的高峰，在中国古代文明史上写下了辉煌的一页。明代瓷器产品以青花、五彩为主流，在元代基础上形成独特的艺术风格。清代除继承传统器型外，还创烧出大量新器型。在釉色方面，发扬并完善了明代传统的青花、五彩等品种，同时创烧出了粉彩、珐琅彩、古铜彩和多品种的单色釉。

1.【青釉亭塔人物瓷罐】

西晋器物，现藏于新乡市博物馆，为国家一级文物。通高 46.3 厘米，

腹围 14.5 厘米，底径 15 厘米。谷仓罐由上下两部分组成。上半部为两层楼阁加堆塑装饰。上层中间立一楼阁，四角各立一阙，四面各有两跪俑；下层四角亦各有一阙，两面各有一牌坊，牌坊左右两侧各有一跪俑，另两面各有三跪俑。下半部为一罐，腹部有八位侍仆各执不同的乐器，正聚精会神地演奏乐曲。通体施青釉，平底。谷仓罐流行于三国（吴）、西晋时期，有陶、瓷制品，是由东汉的五联罐演变而来，是当时的随葬用品。

其雕塑复杂，楼阁、飞禽、动物、乐舞杂技是其主要表现内容，着重表现豪门贵族生前居住的城堡式楼阁建筑以及奢华的生活场面，此器是用来随葬的明器，目的是祈望死者仍能保持生前的种种享受。

2.【青釉狮形尊】

东晋器物，出土于新乡市获嘉县，现藏于新乡市博物馆，为国家二级文物。长 16.5 厘米，高 12 厘米，宽 8.1 厘米。此狮形器短胫束腰，立状张口，上下有两排牙齿，昂首挺胸，双耳竖起，双眼凸圆，鼻孔朝天，嘴唇下有胡须，个头虽不大，却尽显威武雄壮之气。背部有一圆孔，臀部饰短尾，全器施青釉，在口耳鼻等部位加褐色釉点缀，这是东晋时期越窑产品的特征。青釉狮形器三国吴时期开始出现，至西晋时，越窑瓷器造型精美时尚，把许多器物做成动物的样子，如羊形、狮形烛台、熊灯、鸟杯和蛙盂等，青釉狮形器作为供照明用的烛台，是当时的流行器物之一，东晋也有出土。狮子常被人们美誉为“百兽之王”“佛之所乘”，据《后汉书》记载，汉通西域后，为西域月氏、安息所献。狮形最初传入中国时有着深深的宗教因素，后被华夏文明吸收融合，逐渐形成我国的狮文化。

3.【青釉双龙尊】

唐代器物，现藏于新乡市博物馆，为国家二级文物。高 36.8 厘米，腹径 19 厘米，口径 7.7 厘米，底径 9 厘米。此尊盘口，长束颈，卷边口，丰肩鼓腹，口沿与肩之间有两个对称的龙形执柄直立，曲线优美，龙头探进尊口，呈酣畅痛饮之状，造型生动。除底部外通体施青釉，是典型的唐代瓷器器形。繁荣昌盛的唐代，陶瓷艺术也有了新的发展，釉色更加丰富，造型推陈出新，双龙瓶就是这时期非常有特点的器物之一。此种器形出现于隋代，至唐代成熟。双龙瓶按釉色分主要有青釉、白釉和三彩等。此瓶造型奇特，有专家认为这种造型是从南北朝流行的龙柄鸡首壶演变而来，将单龙柄改为双龙柄，不仅融入了西域波斯陶瓷器的造型特色，还保留了龙作为中华传统文化所代表的尊贵气质，是唐代民族交融，文化交流的体现。

4.【青釉双鱼瓜棱执壶】

唐代器物，现藏于新乡市博物馆，为国家二级文物。通高 18 厘米，口径 5 厘米，腹径 11.8 厘米，底径 8.6 厘米。壶口微撇，直径，四瓣瓜棱形椭圆腹，浅圈足。颈部一侧置六棱短直流，流下方腹部饰有塑贴双鱼纹饰，另一侧颈、肩之间置曲柄。器身通体施青釉，釉色青中闪黄，晶莹透彻，造型圆润饱满，体现了唐代青瓷生产的时代水平。双鱼纹是古代传统的祥瑞纹饰之一，象征多子多福、富贵有余、金玉满堂的吉祥寓意，还用来隐喻夫妻恩爱。

5.【三彩划花元宝瓷枕】

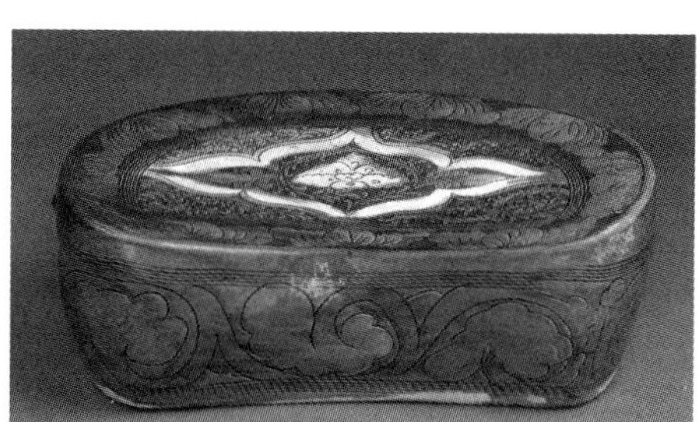

宋代器物，现藏于新乡市博物馆，为国家一级文物。长 33 厘米，宽 25 厘米，高 11 厘米。此枕呈腰圆形，前低后高，前壁内曲，后壁外凸，两侧成为圆弧形，枕背面有一圆形通气孔，素底。枕面中心以五条刻划线纹为间隔分为内外两区。枕中央有一花瓣形开光，开光内饰有白釉绿彩绘菱形卷草花纹组合，开光外饰有黄色与绿色卷枝纹。枕面边缘饰有九朵花卉纹，分布均匀。枕壁上下均饰有五条刻划线纹，中间饰刻划花叶纹。此枕体形较大，制作精美，纹饰清晰，设色柔和淡雅。宋代的瓷枕大多数以绿彩为基本，兼施黄、白等釉色，色彩明快，此枕施以绿、白、黄三彩，对比鲜明，均匀雅致，体现了宋三彩的着色特点。

6.【白地黑花人物瓷枕】

宋代器物，现藏于新乡市博物馆，为国家一级文物。长 32 厘米，高 13.5 厘米。此枕长方体，枕面前低后高，中心略凹。通体白地黑花装饰。枕面中心为开光山水人物纹，有一携琴老者衣袂飘飘行走于郊野，周围绘树木小景。开光外四角绘花卉。枕面四周随枕形画出边框。枕四壁绘有开光，侧面四开光内分别绘折枝花纹及荷花纹。底部素胎无釉，戳印“张家造”长方形款，下托莲花，上覆荷叶。此枕纹饰布局合理，疏密有致，具有较高的艺术观赏性。白底黑花瓷枕是磁州窑最富创造性和独具特色的器物，造型新颖，装饰内容取材广泛，写意性强，黑白对比强烈，富有浓郁的民间生活气息，反映了民众的生活情趣和审美习惯。

7.【白釉瓜棱瓷执壶】

宋代器物，现藏于新乡市博物馆，为国家二级文物。通高 22 厘米，口径 5.5 厘米，腹径 11.5 厘米，底径 8.3 厘米。壶口微撇，束颈修长，溜肩、弧腹均作瓜棱形，平底。颈部与肩腹部之间有曲柄，上部有一小环用于系绳，防止壶盖滑落，另一侧出细长流。器身造型优雅修长，古朴大方，通体施白釉，釉色柔和淡雅。瓜棱壶是宋瓷非常精彩的代表之作，在当时颇为流行，造型仿自金银器，其功用是一件酒具。

8.【白釉褐彩人物纹瓷罐】

元代器物，现藏于新乡市博物馆，为国家二级文物。高 20.2 厘米，口径 7.7 厘米，腹径 17.1 厘米，底径 10 厘米。此罐唇口，丰肩，腹以下渐收，平底圈足。通体为白釉褐彩纹饰，纹饰层次分明，口沿下一圈水波纹，肩部饰三朵缠枝花卉纹饰，腹部饰主题人物纹饰，近足处饰一周祥云纹饰，各层纹饰均以弦纹相隔。元代瓷器独具时代风格，元代磁州窑的白地与黑花，不如宋代黑白分明，而是白地泛淡黄，黑花并不黑，有的呈褐色或酱色，这种色彩我们称之为“白釉褐彩”。

9.【嘉靖款青花云龙纹碗】

明代嘉靖时期器物，现藏于新乡市博物馆，为国家二级文物。高 14.4 厘米，腹径 28 厘米，口径 32.5 厘米，底径 15 厘米。此碗敞口，圈足，通体青花纹样。口沿内外饰双圈。碗腹饰二条首尾相连的云龙纹，腹下部有一圈仰莲纹。碗内底部为一团形云龙纹，由两条龙组成，边沿饰双圈。

圈足内双圈款，青花楷书“大明嘉靖年制”二行六字。明代早期的龙纹以洪武、永乐、宣德时期为代表，阳刚矫健，凶猛威武；中期龙纹以成化、弘治时期为代表，温驯娇弱，慵懒俊美；晚期以万历、嘉靖时期为代表，明龙纹表情怪异，龙纹简化，用笔草率。这款“嘉靖款青花云龙纹碗”具有鲜明的明晚期龙纹特色。

10.【德化窑白釉观音坐像】

明代天启时期器物，此为新乡市博物馆镇馆之宝之一，为国家一级文物。通高 24.5 厘米，底径 13.2 厘米。此器物观音低首垂目，面形长圆，饱满丰润，神情慈祥，似在俯瞰尘世众生。其发髻高束，正中插如意形头饰，胸前璎珞珠佩亦作如意形。观音右手心向下置于右膝上，左手心向上叠于右手上，手指皆残断，一足半露，一足屈掩。其衣纹自然，透过垂拂流转的衣褶，隐露出观音的肢体形态。像通体施白釉，中空，圆形坐垫内壁刻有“天启年”款，釉质饱满滋润，透光度极佳，瓷质细致如玉，造型精美，比例匀称，构思巧妙，设计匠心独运，乃为珍品。明代德化瓷雕是中国陶瓷历史上的辉煌一页，观音则是其最主要的题材之一，在陶瓷史上获得了独特的赞誉。中国陶瓷观音造像的造型和装饰千差万别，常见的观音像有坐式、立式、送子、持卷、持莲、持如意等多种造型；常见题材有水月观音、送子观音、鱼篮观音、白衣观音、童子拜观音等。

11.【珐花小口梅瓶】

明代器物，现藏于新乡市博物馆，为国家二级文物。高 36 厘米，口径 6 厘米，腹径 21 厘米，底径 13 厘米。此瓶小口微外撇，短颈，丰肩，腹以下渐收，平底。通体珐花釉装饰。纹样的安排从上至下共四层，肩上部饰连环云纹，肩下部饰璎珞纹装饰，腹部绘两组神话故事图，近足处饰变形莲瓣纹。器身凸起的线条勾勒有致，形成凹、平、凸三层立体图案，使之既有工整的图案特色，又有传统的绘画效果。珐花器以明代的制品最精，其主要装饰图案为民间常见的人物、花鸟等。除堆塑外，还用刀刻装饰，这样就在器物表面形成立体图案。

12.【龙泉刻花大盘】

明代器物，现藏于新乡市博物馆，为国家二级文物。通高 6.3 厘米，口径 34.4 厘米，底径 20.7 厘米。盘敞口，浅弧腹，圈足平底，圈足露一圈红胎。内壁暗刻折纸花卉纹，盘心刻一朵莲花纹。通体施青釉，釉色恬静淡雅，釉质厚润，造型温润雅致，简洁美观。龙泉窑开创于三国两晋时期，结束于清代，明代时期所烧制的青瓷独具特色，它的特别之处不在于釉色，而在于以印花、堆贴、刻划花为主要装饰手法，使龙泉窑作品独具美感，深受皇室钟爱，被纳入官窑烧造系统，明太祖朱元璋还将龙泉窑与景德镇窑并称。

13.【黄釉暗云龙白里瓷碗】

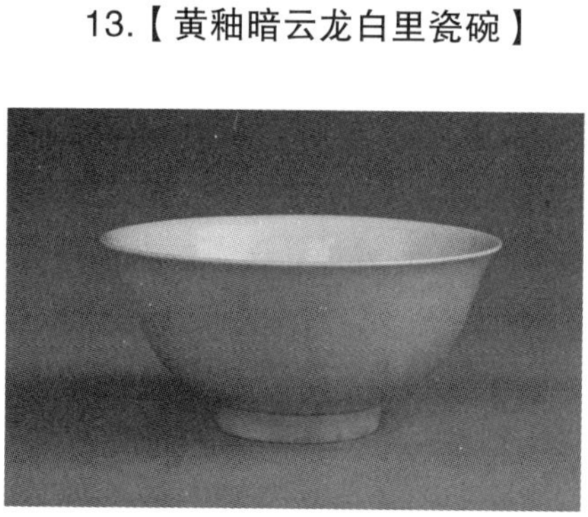

清代康熙时期器物，1980 年故宫博物院拨交于新乡市博物馆收藏，为国家二级文物。通高 6.9 厘米，腹径 12.5 厘米，口径 15.1 厘米，底径 6.3 厘米。此碗撇口、弧腹、圈足，器型规整，胎质洁白细滑，胎体轻薄，形制线条流畅。碗内里施白釉，外施黄釉，外壁暗刻云龙纹。底书“大清康熙年制”六字二行青花楷书款，双圈围，施白釉底。黄釉因“黄”与“皇”同音，成为皇家至尊之代表颜色，清宫内廷等级严森，以色泽明辨尊贵是皇家一向的风格，决不可僭越。据史料记载，明清时，全黄釉瓷只有皇帝、太后和皇后能用。往下数，皇贵妃用“白里黄釉瓷”，贵妃、妃用“黄地绿龙瓷”，嫔用“蓝地黄龙瓷”，地位再低级，就不能使用与“黄”有关的瓷器了，可见黄釉瓷的地位尊贵。

14.【黄釉绿彩龙凤纹瓷碗】

清代康熙时期器物，1980年故宫博物院拨交于新乡市博物馆收藏，为国家二级文物。高7.2厘米，口径14.2厘米，底径5.7厘米。该碗圆口外撇，深腹，圈足，造型规整，内外通体施黄釉。口外沿一周卷草纹，碗心于绿彩双圈内如意云头纹，碗外壁绘制绿色龙凤云纹，圈足上部绘一周莲瓣纹饰。碗底书“大清康熙年制”二行六字楷书款。“龙凤纹”，描绘龙与凤相对飞舞的画面，故名。龙和凤都是古代的祥瑞之物，龙代表真龙天子，象征着权威，而凤代表一国之母，象征美丽仁爱，龙凤结合则代表天下太平，盛世清明，高贵吉祥。在中国传统理念中，常将龙凤相配，寓意高贵吉祥，也多用在瓷器装饰上，通常称作“龙凤呈祥纹”。

15.【霁蓝釉瓷碗】

清代雍正时期器物，1980年故宫博物院拨交于新乡市博物馆收藏，为国家二级文物。高8.3厘米，腹径17厘米，口径18.3厘米，底径8厘米。此碗口外撇，弧壁，深腹，圈足。通体素面无纹饰，釉色纯正。杯内施白釉，外施霁蓝釉。足底青花双圈内书“大清雍正年制”二行六字楷书款。霁蓝釉又称“积蓝釉”“祭蓝釉”“霁青釉”。明、清蓝釉习称“霁蓝”，此种瓷器生坯施釉，1280℃—1300℃高温下一次烧成。釉色蓝如深海，釉面匀净，呈色稳定。永宣时期初创，清代自康熙一直有烧造。

16.【霁红釉瓷盘】

清代雍正时期器物，1980 年故宫博物院拨交于新乡市博物馆收藏，为国家二级文物。高 4.4 厘米，腹径 18.3 厘米，口径 20.5 厘米，底径 13.5 厘米。此盘撇口，浅腹，圈足。釉面均匀，釉色莹润。盘内外满施霁红釉，颜色均匀沉着，口沿留一线俗称“灯草边”之白釉，底施白釉，青花双圈纹内落“大清雍正年制”二行六字楷书款。霁红釉又称“鲜红釉”“宝石红釉”“醉红釉”等，是一种极为名贵的颜色釉。霁红创烧于明早期，因作为皇帝御用，并用于礼敬天地日月的名贵红釉瓷，故名“祭红”。明代永乐宣德时期，霁红达到艺术高峰，但在明末失传。清代康熙、雍正时期，在皇帝的支持和参与下曾倾尽良工复烧霁红。

17.【五彩山水纹琮式瓶】

清代乾隆时期器物，现藏于新乡市博物馆，为国家二级文物。高 27.6 厘米，腹径 11.4 厘米，口径 7.3 厘米，底径 9.4 厘米。此瓶唇口，短颈，平折肩，四方体长筒腹，圈足内收。颈部及足部处绘缠枝花卉纹，瓶身四面绘山水人物纹，其中一面上方提有五言绝句一首。瓶身所绘纹饰用色鲜明，用笔古拙，笔法健劲，色彩绚丽，深远中不失生活气息，尽显国画山水之笔情墨趣。琮式瓶始见于宋，系仿照新石器时代良渚文化的玉琮外形加以变化而成。清代时期琮式瓶的造型深受皇室喜爱，官窑大量烧制，乾隆皇帝还规定霁蓝釉的琮式瓶为祭祀的礼器之一。

18.【黄釉粉彩开光花鸟纹瓶】

清代乾隆时期器物，现藏于新乡市博物馆，为国家二级文物。高 31 厘米，口径 10.1 厘米，底径 10.5 厘米。此瓶侈口外撇，束径，筒形腹，圈足。外壁绘黄釉粉彩彩缠枝花卉纹，腹部开光内绘花卉鸟兽等吉祥寓意纹样。底书矾红篆书“大清乾隆年制”款。清代乾隆时期是粉彩瓷器的鼎盛期，在黄、绿、红、粉、蓝等色地上用极细的工具轧出缠枝忍冬或缠枝蔓草等延绵不断的纹饰，且多和开光一起使用，人称轧道开光，亦称“锦上添花”。

19.【青花“万寿无疆”八宝纹碗】

清代乾隆时期器物，现藏于新乡市博物馆，为国家二级文物。高 9.5 厘米，口径 18.2 厘米，底径 7.8 厘米。此碗敞口微撇，深弧腹，高圈足。外壁绘缠枝莲纹花绘，错落托绘八宝纹饰，四圆开光，开光内分别写“万”“寿”“无”“疆”四字。近足处绘蕉叶纹。碗心双蓝圈，内绘八宝团寿。底书“大清乾隆年制”六字青花篆书款。全器纹饰满布，青花色泽浓郁艳丽，纹饰绘画细腻精巧。万寿无疆是臣民向皇帝祝寿的吉祥语，乾隆皇帝六十、七十、八十大寿时都举行过隆重的庆祝活动，景德镇御窑特受圣旨要求烧制贺寿的瓷器，这种碗为精美的祝寿瓷之一。

20.【枣红釉五彩开光碗】

清代乾隆时期器物，1980年故宫博物院拨交于新乡市博物馆收藏，为国家二级文物。通高7.6厘米，腹径17.4厘米，口径17.8厘米，底径6.9厘米。此碗撇口，深弧壁，圈足。内施白釉，无纹饰，外壁施枣红釉，设四个圆形开光，开光内均绘山水纹。圈足内施白釉，外底书青花篆体“大清乾隆年制”六字方款。“开光”是我国传统陶瓷装饰上常见的一种形式，具有很好的图案装饰效果，在瓷器上构成圆形、长方形、菱形、扇面形等外框，然后在该空间里饰以山水、花纹、人物等，一般为白地开光。

21.【酱釉瓷碗】

清代乾隆时期器物，1980年故宫博物院拨交于新乡市博物馆收藏，为国家二级文物。高6厘米，口径12厘米，底径6.8厘米。碗直口，深腹，圈足。通体施酱釉，釉质细密醇厚，匀净内敛，酱中闪金，光鲜明丽，雅致可人。底施白釉，以青花书“大清乾隆年制”六字三行篆书款。酱釉又名“紫金釉”，是一种以铁为着色元素的高温釉，颜色与芝麻酱色接近。渊源可至宋代定窑的紫釉，明、清两代帝王出于好古之心令御窑厂仿制宋代酱釉作品，清代酱釉瓷器多为官窑之作，又因釉色似僧人的袈裟，而被称作“老僧衣”。

22.【青花“三多图”瓷碗】

清代乾隆时期器物，1980年故宫博物院拨交于新乡市博物馆收藏，为国家二级文物。高5.6厘米，口径15.3厘米，底径5.5厘米。此碗撇口，弧腹，圈足。内外青花装饰，口沿内外饰青花海水纹，外壁绘福寿三多纹，圈足外墙绘变形莲瓣纹，底落青花“大清乾隆年制”六字篆书款。此碗造型端庄，釉面莹亮，青花发色典雅。福寿三多纹是中国传统的吉祥图案，民间以佛手柑与福字谐音而寓意“福”，以桃子多寿而谐意“寿”，以石榴多子而谐意“多男子”，称为“福寿三多”“华封三祝”或“多福多寿多男子”，表现多福多寿多子的颂祷。

23.【黄釉绿彩云龙纹菊瓣口瓷盘】

清代乾隆时期器物，1980年故宫博物院拨交于新乡市博物馆收藏，为国家二级文物。通高3厘米，腹径10.8厘米，口径13.2厘米，底径7.9厘米。盘口呈菊瓣形，撇口，弧壁，圈足。口沿以青花料勾边，在黄釉下呈紫黑色。通体黄地绿彩装饰。盘心内绘正面龙戏珠纹，内绘双龙赶珠纹，辅以花草纹。外壁绘八朵青花纹。足圈内施白釉，中青花书“大清乾隆年制”六字篆书款。龙纹刻工娴熟流畅，所刻行龙苍健凶猛，气势恢宏，数寸之间，犹有排山倒海之势，难掩皇家气派。黄地绿彩创烧于明永乐时期，清代自康熙起，历朝官窑均有烧造。《国朝宫史》卷十七《经费》[①]规定：蓝底黄龙或黄地绿龙为贵妃和妃所用，可知本器多为宫中后宫嫔妃们的专用器，地位尊贵。

24.【豆青釉青花五福捧寿纹盘】

清代乾隆时期，现藏于新乡市博物馆，为国家二级文物。高 5.5 厘米，口径 29 厘米，底径 14.6 厘米。盘葵口，折沿，浅腹，圈足。盘通体施豆青釉。折沿处青花绘八只蝙蝠，盘心青花绘五福捧寿纹。底书“大清乾隆年制”六字青花篆书款。五福捧寿是我国古代汉族传统的吉祥纹样，始创于清康熙景德镇窑，以后历朝均有烧制，多以五只蝙蝠围着寿桃或寿字，寓意“多福多寿”，习称“五福捧寿”。

25.【茶叶沫釉瓷瓶】

清代乾隆时期，现藏于新乡市博物馆，为国家二级文物。高 18.8 厘米，口径 3.9 厘米，底径 7 厘米。瓶洗口，直颈，鼓腹，圈足外撇。满施茶叶末釉，偏黄的釉色中散布褐色小斑点，

① （清）鄂尔泰等：《国朝宫史》卷十七《经费》，北京出版社 2018 年版，第 390 页。

黄绿掺杂似茶叶细末，古朴清丽，整体釉面温润而爽目。足内一方框内刻“大清乾隆年制”六字三行篆书款。茶叶沫釉由高温还原焰烧制而成，釉面呈失透状，釉色黄绿掺杂好似茶叶细末，绿者称茶，黄者称末，颜色古朴清丽，极为雅致，雍正、乾隆两朝最为所重，成为宫廷秘釉，仅供皇室珍赏。

26.【窑变釉双耳瓷瓶】

清代乾隆时期器物，1980年故宫博物院拨交于新乡市博物馆收藏，为国家二级文物。高22.2厘米，口径4.6厘米，底径6.5厘米。瓶唇口，长颈，折肩，鼓腹下敛，圈足微外撇，两侧饰祥云形耳，肩下凸起弦纹一道，整体器形隽秀挺拔。内外通体施窑变釉，釉色斑斓无比，红紫交融，蓝白相掩，纵横变化，无有穷尽。足底为酱黄色釉，刻有“大清乾隆年制”六字三行篆书款。窑变釉是雍正时仿钧窑釉色所繁衍出来的一个新品种，又称“窑变花釉”。到乾隆时期创制了窑变双耳瓶，为清代典型官窑器。

27.【炉钧釉灯笼瓷尊】

清代乾隆时期器物，1980年故宫博物院拨交于新乡市博物馆收藏，为国家二级文物。高23.3厘米，口径7.8厘米，底径8.4厘米。此尊长圆形瓶腹，束颈较短，撇口，圈足。满施炉钧釉，釉质肥润，釉面晶莹，蓝、绿交织相融，造型标准，稳重敦实。腹部两侧堆贴瓶状双耳，瓶上加瓶，寓意“平上生平”。足内浅刻“大清乾隆年制”六字三行篆书款。炉钧釉灯笼尊是清代官窑的经典品种，始烧于雍正朝，以炉内低温仿钧釉而得名，流行于乾隆、嘉庆、道光三朝。

28.【冬青釉矾红团凤纹碗】

清代嘉庆时期器物，1980年故宫博物院拨交于新乡市博物馆收藏，为国家二级文物。通高6.9厘米，腹径12.6厘米，口径14.5厘米，底径6.3厘米。碗撇口，弧壁深腹，平底圈足。通体施冬青釉，釉色匀净淡雅。内底、外壁分绘一只和五只矾红彩团凤，团凤以圆形为界，舞动飞转，身姿优美，高贵华丽，极富动感。底书“大清嘉庆年制”六字青花篆书款。凤是神鸟、瑞鸟，百鸟之王，头似锦鸡，身如鸳鸯，翅如大鹏，腿如仙鹤，嘴如鹦鹉，尾如孔雀。团凤纹是凤纹构成的圆形纹样，为清代瓷器流行装饰纹样之一。

29.【粉彩八宝纹碗】

清代嘉庆时期器物，1980年故宫博物院拨交于新乡市博物馆收藏，为国家二级文物。高6.3厘米，腹径9厘米，口径10.9厘米，底径4.3厘米。碗敞口外撇，弧腹，圈足。胎质细腻洁白，釉面清亮莹润。以釉上粉彩装饰，外口沿及近足处各饰一圈红彩云雷纹和如意云头纹，外壁的主要花纹为吉祥八宝纹，以二宝为一组呈顺时针方向排列。底书“大清嘉庆年制”六字青花篆书款。八宝纹又称八吉祥，象征佛教威力的八种物象，是瓷器传统吉祥纹样之一，由法螺、法轮、宝伞、白盖、莲花、宝瓶、金鱼、盘长八种吉祥物组成，各有特定的象征意义。这种八吉祥图案在清代很流行，已经从佛教的专用图案更多地融入了世俗化的如意意愿。

30.【紫釉暗云龙纹瓷碗】

清代道光时期器物，1980年故宫博物院拨交于新乡市博物馆收藏，为国家二级文物。高6.5厘米，腹径12.2厘米，口径15.3厘米，底径5.6厘米。碗敞口外撇，弧壁深腹，平底圈足。内施白釉，外壁施紫釉。腹部暗刻云龙赶珠纹。圈足墙外暗刻回纹。圈足内施白釉。足内书“大清道光年制”六字三行篆书款。紫釉亦称“茄皮紫”，是一种高温颜色釉，创烧于明代中期，因其呈色类茄子皮色，故得名。

31.【黄釉绿彩折枝花卉纹瓷盘】

清代道光时期器物，1980年故宫博物院拨交于新乡市博物馆收藏，为国家二级文物。高5.4厘米，口径26.9厘米，底径17.8厘米。盘口外撇，弧壁浅腹，圈足。内外壁均施黄釉，内壁无纹饰，外壁绘绿彩折枝花卉纹十二朵。黄釉娇艳，绿彩明丽，两色相衬，和谐雅致。底为白釉，书“大清道光年制”六字青花篆书款。黄地绿彩始于明代永乐时期，其制作先于素胎上刻划纹饰，复施黄彩为地，绿彩勾绘纹饰，为明清官窑瓷器的名贵品类。此盘黄釉晶莹，绿彩润泽，为清代官窑典型器物之一。

32.【黄地粉彩梅鹊瓷碗】

清代同治时期器物，1980年故宫博物院拨交于新乡市博物馆收藏，为国家二级文物。通高9.5厘米，腹径16.7厘米，口径20.9厘米，底径8.3厘米。碗敞口，深腹，圈足。内施白釉，外通体施黄釉，口沿及圈足处以金彩作装饰，在黄釉上以粉彩绘出朵朵盛开的梅花，数只喜鹊飞舞其间。该器黄釉釉色纯正，粉彩雅致柔丽。器底有红彩“同治年制”四字楷书款。鹊梅是中国传统图案装饰纹样，梅花在古代又称“报春花”，代表着春天，喜鹊象征着好运与福气，喜鹊登梅寓意吉祥、喜庆、好运的到来。宋代王炎有诗句：“家书未到鹊先喜。”[①]喜鹊作为纹饰出现在瓷器上大致在宋代，清代时喜鹊纹饰广为流传，其中尤以喜鹊登梅纹较为常见。

33.【粉彩福寿瓷瓶】

清代光绪时期器物，现藏于新乡市博物馆，为国家二级文物。高39.1厘米，腹径23.7厘米，口径9.8厘米，腹径23.7厘米，底径12.7厘米。此瓶撇口，长颈，圆腹，圈足。瓶外壁通体以粉彩描金装饰。瓶口沿描双弦纹一周，口沿下装饰如意云头纹，近足处饰蕉叶寿字纹，颈部、腹部主题纹饰为云蝠纹，肩部两道金彩弦纹之间饰以粉彩花卉并间以四个金彩篆体“寿”字。器底红彩“大清光绪年制”六字二行矾红楷书款。此瓶

① 北京大学古文献研究所编：《全宋诗》第48册，北京大学出版社1995年版，第29720页。

形制端庄，笔法细腻，画工精湛，设色粉润，色彩浓淡相宜，极具质感。红色蝙蝠取其“洪福”谐音，遍布器身的蝙蝠更合“百福”之意，寓意吉祥喜庆。在中国汉族传统的装饰艺术中，蝙蝠的形象被当作幸福的象征，习俗运用“蝠”“福”字的谐音，并将蝙蝠的飞临，结合成“进福”的寓意，希望幸福会像蝙蝠那样自天而降。以此组吉祥图案，如一只蝙蝠飞在眼前，称为“福在眼前”，蝙蝠和马组成了“马上得福”，器物上部一圈红色的蝙蝠纹，也称“洪福齐天”。

34.【斗彩描金折枝莲花纹碗】

清代光绪时期器物，1980 年故宫博物院拨交于新乡市博物馆收藏，为国家二级文物。通高 7.2 厘米，腹径 17.7 厘米，口径 19.3 厘米，底径 8.5 厘米。碗敞口，弧壁深腹，低圈足。碗口沿内外绘双弦线。碗心青花双圈内饰以一朵斗彩西番莲。外壁主体纹饰为六朵西番莲缠枝花卉。近足处绘一周仰莲。底书“大清光绪年制”六字青花楷书款。“西番莲纹”在西方纹样中的地位相当于中国的牡丹，由明代传入，至清代盛行，因为其富贵吉祥的寓意和华丽对称的图案很快和谐地融合到传统的中国纹饰之中，得到了广泛的应用，成为中国古代艺术“洋为中用”的典范。

35.【黄釉粉彩描金“万寿无疆”粉彩盘】

清代光绪时期器物，1980 年故宫博物院拨交于新乡市博物馆收藏，为国家二级文物。通高 5.2 厘米，腹径 19.5 厘米，口径 21.8 厘米，底径 13.5 厘米。盘敞口外撇，弧腹，圈足。盘口沿处描金。内壁以黄釉为地，粉彩绘云头纹、云纹、“卍”字绶带纹，圆形开光内分别描金书“万寿无疆”四字。盘心描金团寿字，周围衬以绿彩海水纹。外壁绘三组折枝缠枝

花纹饰，布局规整，寓意吉祥。底书“大清光绪年制”六字二行红彩楷书款。“万寿无疆”用于祝福人健康长寿，此件万寿无疆盘特点突出“喜庆”主题，充满吉祥寓意，是光绪年间最具代表性的官窑佳品。据记载，光绪十年（1884）、二十年（1894）、三十年（1904）曾多次烧造此类器物，多用黄釉作地，为皇宫祝寿庆典之用。

36.【粉彩百花不露地盘】

清代光绪时期器物，现藏于新乡市博物馆，为国家二级文物。通高 2.5 厘米，腹径 13 厘米，口径 14.9 厘米，底径 7.6 厘米。盘敞口，浅腹，圈足。盘内绘饰百花图，花团锦簇，绚丽缤纷，以粉彩分别绘月季、牡丹、菊花、牵牛花、百合、荷花等各色花卉及花叶，千姿百态，象征着“百花献瑞”的吉祥之意。外壁对称绘两组粉彩缠枝花卉纹饰。底书“大清光绪年制”六字二行红彩楷书款。百花不露地是瓷器釉上彩的一种表现手法，直观解释就是画上许多花把底子都盖住，使其不露底，也叫作“万花锦”“万花堆”“万花献瑞图”等，这是清代工艺繁荣之世才出现的一种装饰纹样，含有“百花献瑞”的美意。据清宫档案记载，百花不露地者，是帝王专用赏花应景之瓷，工艺比其他官窑更为讲究。

37.【青花缠枝莲纹盘】

清代光绪时期器物，现藏于新乡市博物馆，为国家二级文物。通高3.3厘米，口径15.8厘米，底径9厘米。盘敞口，浅弧腹，圈足。通体白地青花装饰。盘心双圈内绘三朵青花缠枝莲纹。内壁口沿处及外壁各绘六朵青花缠枝莲纹。底青花书“大清光绪年制”双行六字楷书款。此盘造型规整，胎质洁白，釉质莹润，青料发色艳丽，主题纹饰优美生动，繁密有致，浓暗分明，婉约多姿，清爽透亮，结构连绵不断，蕴含着“生生不息”之意，是当时难得的佳品。缠枝莲纹饰是缠枝纹的一种，兴起在宋代，在元、明、清三代非常盛行，缠枝莲寓意美好，因谐音“清廉”，象征着人格风范，历来受到皇室和百姓们的喜爱。

38.【青花云龙纹盘】

清代光绪时期器物，现藏于新乡市博物馆，为国家二级文物。通高3.8厘米，口径16.8厘米，底径10厘米。盘敞口，弧腹，圈足，胎质洁白细腻，器形规整，纹饰饱满，绘制流畅，青花明丽。盘内绘青花五爪云龙戏珠纹，外壁绘两条同向戏珠龙纹，龙目凸瞪，龙身矫健凶猛，生动传神。底部以青花书“大清光绪年制”双行六字楷书款。云龙纹以龙纹为主，云纹为辅，寓意吉祥和瑞气，象征着皇权尊贵，始于唐宋五代时期，贯穿整个明代，一直延续到清代，是一种典型的官窑瓷器纹饰。

39.【粉彩八宝纹盘】

清代宣统时期器物，现藏于新乡市博物馆，为国家二级文物。通高5.4厘米，口径33.8厘米，底径22.2厘米。盘敞口，弧壁浅腹，矮圈足。盘心以描金双弦纹与盘内壁分开，中以淡绿彩绘宝相花。内壁粉彩绘八宝纹，八宝纹与花卉结合，构图规整，口沿处绘如意云头纹一周。外壁绘三组粉彩缠枝花卉纹。底落“大清宣统年制”二行六字矾红彩楷书款。八宝纹盘是清代晚期流行的瓷器品种，同治、光绪、宣统均有流传，形制大小不一，此件粉彩八宝纹盘属于大尺寸，是清末官窑瓷器的典型代表。宣统一朝只有三年，所以这个时期官窑器的生产极为有限，可见此件器物的珍贵性。

40.【五彩百鹿图兽耳尊】

清代藏品，现藏于新乡市博物馆，为国家二级文物。通高46厘米，腹径38.2厘米，口径18厘米，底径24.5厘米。此尊大口、兽耳、圆腹下垂，矮圈足。器身通景绘百鹿纹饰，整体画面以苍松山石为背景，姿态各异的小鹿在山石密林间奔跑、憩息、觅食，嬉戏于山间，饮水于清流，画意生动，栩栩如生，意趣盎然。画面中峰峦雄伟，松枝遒健，颇有松岩撑天之气势。相比之下，形态轻盈、细小可人的梅花鹿更衬托出景观之宏大。该尊双兽耳涂红彩，巨松苍翠欲滴，小鹿五彩斑斓，画面色彩丰富，极具装饰效果，构成一幅生动的大自然山水画。具有较高的历史、艺术、观赏价值。我国古代人民认为鹿是一种祥瑞之兽，代表长寿和繁荣昌盛。“百”图纹饰常用谐音谐意，寄托祝福、恭贺的美好愿望，“鹿”又与“禄”同音，寓意加官进禄、权力显赫，象征吉祥长寿和升官之意。这种纹饰多用在皇家瓷器装饰中，深受皇帝的喜爱，是宫廷特殊等级和身份的象征。

41.【青花夹紫带盖罐】

清代器物，现藏于新乡市博物馆，为国家二级文物。通高 43.9 厘米，腹径 27.5 厘米，口径 13.8 厘米，底径 17.5 厘米。此罐宝珠纽，折沿盖，短颈，丰肩鼓腹，腹以下渐收，圈足外撇，造型规整。器身绘山石、树木、八骏马，八骏马于平野或跃足奔跑，或颔首食草，或顾盼张望，或悠然漫步，各具姿态。八骏马图取材于传说周穆王曾骑八匹骏马历游天下之典故，据《穆天子传》卷一所载：“天子之骏，赤骥、盗骊、白义、逾轮、山子、渠黄、华骝、绿耳”[①]，八骏为天下无比神驹。青花加紫又称“青花釉里红”，是瓷器釉下彩的一种，在青花间用铜红加绘纹饰，以色彩绚美著称。

42.【粉彩蝠寿天球瓶】

清代器物，现藏于新乡市博物馆，为国家二级文物。高 58.4 厘米，腹径 38.2 厘米，口径 12.8 厘米，底径 21.5 厘米。此瓶直口微撇，直颈，腹部圆硕，圈足。白洁的外壁以粉彩绘饰果实累累的桃树和嬉戏穿梭的蝙蝠，桃树枝

① 王天海：《穆天子传全译》，贵州人民出版社 1997 年版，第 25 页。

叶繁盛，桃枝自瓶底沿腹部蜿蜒而上，硕大饱满的桃实压坠枝头，瓶底“大清乾隆年制”六字二行楷书款。造型硕大挺拔，彩绘技法娴熟，画面精细工整，纹饰画意生动，寓意吉祥，“蝠”与“福”同音，寓有“洪福齐天”之意。中国自古流传许多关于桃的神话传说，在道教神话中，主宰人寿命的南极仙翁经常手托仙桃，寓意幸福长寿。民谚中有“榴开百子福，桃献千年寿”之说，献“寿桃”祝寿是中国的传统民俗。

43.【茶叶末釉三嘴葫芦瓶】

清代器物，现藏于新乡市博物馆，为国家二级文物。通高 24.2 厘米，口径 1.8 厘米，底径 7.3 厘米。此瓶三直口，葫芦形，由三个口部独立、腹部相连、底足一体的葫芦瓣组成联体葫芦，底部呈三瓣花形，圈足露胎。通体施茶叶末釉，釉质肥腴纯厚，温润如玉。茶叶末釉起源于唐代，盛行于明清，由唐代的黑瓷演变而来，因其釉色纯朴典雅、雄浑厚重一直备受明清两代宫廷的宠爱和重视，多为官窑制作，如明代御器厂所生产的“鳝鱼黄”，康熙年间景德镇臧窑烧制的“蛇皮绿”，乾隆时期的“广官釉”等。

44.【墨地五彩开光镂空浮雕西厢记人物故事图方瓶】

清代器物，现藏于新乡市博物馆，为国家二级文物。通高 51.8 厘米，口径 13.3 厘米，底径 11.8 厘米 ×12 厘米。此瓶为仿“大清乾隆年制”方瓶。瓶口外撇，粗颈，瓶身为四方形，平底，底部刻“大清乾隆年制”篆书款。瓶造型较大，工艺烦琐，制作精美。瓶身纹饰采用镂空浮雕技法雕刻而成，颈部雕刻蝠寿及铜钱纹，开光内饰五彩西厢记人物故事图，共分两层，每层四幅，共八幅，各不相同，构思巧妙，故事感极强。《西厢记》人物故事图在有清一代备受喜爱，常常作为装饰纹样出现在各种造型的瓷器上，常见的有佛殿奇逢、墙角联吟、白马解围、莺莺听琴、乘夜逾墙、月下佳期、堂前巧辩、长亭送别、草桥惊梦等。

45.【豇豆红蒜头瓶】

清代，现藏于新乡市博物馆，为国家二级文物。通高 15.6 厘米，口径 3.2 厘米，底径 4.5 厘米。瓶口呈蒜头形，束颈，溜肩，鼓腹，圈足，底部有青花双圈。器形端庄秀气，通体施豇豆红釉，釉色温润柔和。豇豆红是清康熙时期创烧的一种名贵铜红釉品种，备受人们推崇。蒜头瓶是秦汉时期的典型器，青铜、陶器常见其造型，因瓶口似蒜头形而得名。瓷质蒜头瓶，在隋唐以前不多见，明清时期流行起来。宋人将其用作酒器，称为温壶。自元代始已由酒器演变为陈设器。到了清朝，成为专供各国政要用瓷，以昭大清盛世威仪。

46.【青花缠枝花卉纹葫芦瓶】

清代器物，现藏于新乡市博物馆，为国家二级文物。通高 61.9 厘米，口径 11 厘米，最大腹径 27.5 厘米，底径 17.7 厘米。瓶身呈三葫芦形，圆口，腹部上圆下方，中间束腰，圈足平底。通体青花装饰，青花沉稳青翠，瓶身主题纹饰为青花勾绘花卉纹和缠枝牡丹纹，辅以回形纹、弦纹及如意云头纹，瓶底部饰一圈蕉叶纹，纹饰繁复精美，层次清晰，优美生动。“葫芦”与“福禄”谐音，“瓶”与“平”同音，象征了福禄双全，平平安安，大吉大利，是中国传统文化中最富吉祥寓意的器形代表。

47.【青花缠枝花卉纹盘】

清代，现藏于新乡市博物馆，为国家二级文物。通高5.5厘米，口径35.4厘米，底径21.5厘米。盘敞口，浅弧腹，圈足，底部有双圈青花昆虫款。器身形制规整，清韵古朴，内壁通体青花装饰，口沿处有一圈描金。盘心及内壁均饰青花缠枝花卉纹，藤蔓缠绕，花朵娇娆，构图清晰有序，绘画流畅细腻。缠枝花卉纹婉转多姿，优美生动，因其结构连绵不断，具生生不息之意，寓意吉庆，为明清时期青花工艺最重要的装饰纹样之一。

48.【青釉青花夔龙纹象首耳瓶】

清代器物，现藏于新乡市博物馆，为国家二级文物。通高44.5厘米，口径18.2厘米，腹径27.5厘米，底径15.2厘米。瓶口外撇，束颈，溜肩，圆弧腹，圈足平底，颈部两侧各附一象首耳。通体施青釉，饰青花团夔龙纹，以如意云头纹为点缀。器身造型规整，釉色温润匀净，纹饰简洁精美，青花发色明快艳丽。象耳瓶是双耳瓶的一种，流行于元、明、清时期，花瓶左右两边的耳环取象的眼鼻，有“太平有象”之吉祥寓意。

49.【五彩人物纹带盖罐】

清代器物，现藏于新乡市博物馆，为国家二级文物。通高 44.2 厘米，口径 12.9 厘米，腹径 26.5 厘米，底径 19.6 厘米，盖高 10.5 厘米，盖径 9.8 厘米。罐圆唇直口，短直颈，丰肩鼓腹，平底外撇，有盖，盖为盔形，盖顶置宝珠形钮。器身造型高大挺拔，丰硕俊美，以五彩人物故事纹为饰，色彩丰富，人物形象生动自然，神态各异，栩栩如生。此类罐因外形酷似头戴战盔、挺胸凸肚的将军，故名将军罐。将军罐在明代嘉靖、万历时期开始始烧，至清顺治时基本定型，盛行于清康熙朝。将军罐最初为佛教寺院装殓僧、尼圆寂火化后所遗骨灰的专用骨灰罐，后由于其器型端庄挺拔、丰满俊朗，较宽敞的器物外壁又可用青花、五彩、粉彩等多种手法尽情地绘制各种题材纹饰，极富装饰意味，故逐渐被人们作为装饰家居的陈设器。

第四节　玉器

玉,《说文解字》释:“石之美者谓之玉。”[①] 中国早在八千多年前就有了玉器，并不间断地延续到现在。玉器自出现起，就是最高规格的器物，主要用作礼器和配饰。《周礼》载:“以玉作六器，礼天地四方。以苍璧礼天，以黄琮礼地，以青圭礼东方，以赤璋礼南方，以白琥礼西方，以玄璜礼北方。”[②] 古代人们佩玉，并不是作为简单的装饰。佩玉不仅表现外在的美，还表现人的精神世界和自我修养的程度，也就是表现德，同时还具有

① （汉）许慎:《说文解字》，中华书局 1978 年版，第 10 页。

② 徐正英、常佩雨译注:《周礼》(上册)，中华书局 2014 年版，第 478 页。

体现人的身份、感情、风度，以及语言交流的作用。古代君子必佩玉，即要求君子时刻用玉的品性要求自己，规范人的道德，用鸣玉之声限制人的行为动作。

1.【青玉鸮】

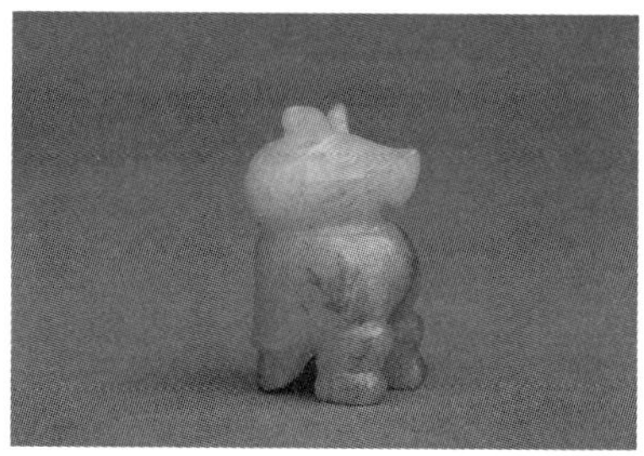

商代器物。通高 4.6 厘米，宽 3.3 厘米，厚 3.5 厘米，此为新乡市博物馆镇馆之宝之一，为国家一级文物。此玉鸮为和田青白玉料，油润压手，玉质极好，局部有老土红沁，深浅不一，层次分明。鸮呈站立状，勾喙，唇下垂，目字形大眼，眼珠稍突出，双立耳，小耳上竖，突胸，双翼并拢，短尾下垂。头顶饰一斜穿体呈圆形孔，胸饰羽毛纹，双翼、头背部皆饰云雷纹。古人把这件玉鸮刻画的昂首挺胸，宛如一名得胜的武士。

鸮，古时又叫鸱，是鸱鸮科各种类的通称，因其大多习惯于黄昏或夜间活动，民间又称猫头鹰，它夜间发出哀鸣般的叫声，常被人们视为不吉利的象征。周代以前，鸱鸮其实是受人尊敬的神鸟，被视为具有辟邪的作用，把祭器做成鸮的形状，就是期望借助鸮来通达神灵。在仰韶文化时期就有陶鸮尊，商代以鸮为主题的艺术造型更是达到了顶峰，突出表现在商代的青铜器和玉器上。许多青铜尊、青铜卣都是以鸮为造型，如妇好墓出土的青铜鸮尊。

商代玉器是在新石器时代晚期玉器基础上发展而来的，具有承上启下的作用，对西周时期玉器产生深远的影响。商代高度发达的奴隶制极大地促进了手工业技术的进步，在玉器制作上，器形和纹饰较前代更加复杂、精致，琢制工艺更加娴熟。青铜工具的出现大大提高了琢玉质量，许多作品的雕琢综合运用研磨削切、勾线阴刻、阳刻浮雕、钻孔、抛光等多种技法。这些综合在一起的琢制技术，大都达到很高的水平，曲直自然，流畅舒展，深浅浮雕柔润细腻。对一些质地坚硬的玉料，单使用青铜工具则无法在玉面上刻出线纹，据此推测商朝可能已经出现了利用轮子来带动蘸着研磨砂的圆形工具来琢制玉料的技术。商代玉器主要出土于中原地区，特别是商代晚期的河南安阳殷墟一带。这件玉鸮为传世品，国家一级文物，新乡距安阳100多公里，因此推断这件珍贵文物很有可能出自安阳殷墟。

2.【黄玉觽】

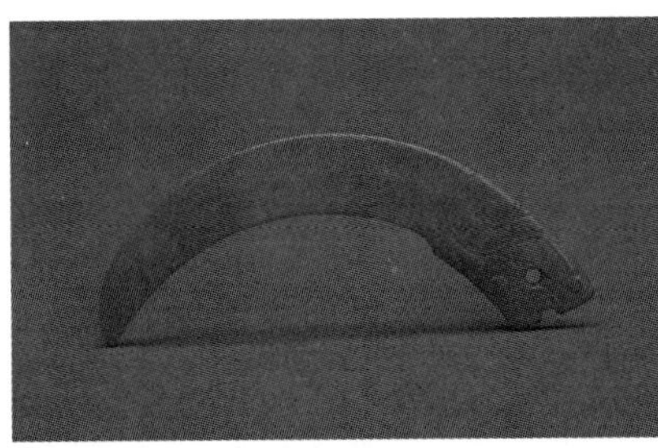

商代器物，现藏于新乡市博物馆，为国家一级文物。长4.9厘米。此玉觽玉料呈黄色，形似“冲牙”，器身弯曲，鼓鼻、突睛，口微张，尖尾，尾上翘。器表以双沟线雕龙纹，两面花纹相同，口部饰一圆孔，以便佩戴。此器下端尖锐，与冲牙的钝角有所不同，其功能当用以解结，故其名为觽。觽为玉器的一种造型，其首如龙而尾尖，有扁身和圆身两种，扁身造型如半玉璧，圆身造型如象牙，为祭祀和祈福时之礼器，东汉后渐渐消失。觽是古代的一种解绳工具，后来演变成佩戴在身上的实用物。而到了春秋战国时期，用玉做成的觽，已失去了原来的实用价值，纯粹成了一种较为常见的佩饰物。它不但可以单独使用，而且还是成组佩饰中的重要饰物之一，并大多穿系在最下端。因此行走时用它来冲击其他玉器，而发出清脆的响声，故又名冲牙。一般于觽多成对发现，而且大小一致，纹饰相同。古人在腰间系有玉佩之后，只要脚步一动，冲牙和玉佩就会相撞，从而发出响声。按古代礼仪，正常的声音当缓急有度，轻度的当，如果节奏杂乱，则被认为是失礼。

3.【卷尾匍卧玉虎】

商代器物，新乡辉县褚邱出土，现藏于新乡市博物馆，为国家一级

文物。此玉虎为黄白色，长 8.3 厘米，虎作行走状，昂首，目字行眼，大耳，体肥硕，腹外突，尾上卷，足四爪。腹、尾部饰云纹，嘴部和尾部各有一圆孔。

4.【两孔玉弯鱼】

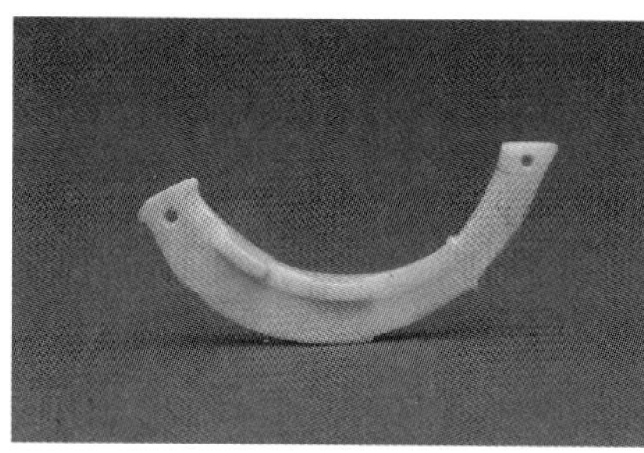

商代器物，1952 年新乡辉县褚邱出土，现藏于新乡市博物馆，为国家一级文物。长 7.6 厘米，宽 1.2 厘米。此玉为和田白玉，油脂光泽，其造型呈半圆状，鱼嘴部凸起，背、腹部饰有四个鳍，嘴部和尾部各饰有一圆孔，为单面钻孔。

5.【夔龙纹铜内玉援戈】

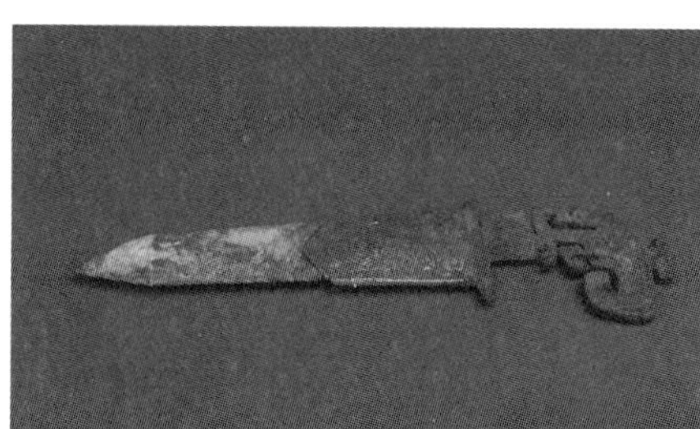

商代器物，现藏于新乡市博物馆，为国家二级文物，长26厘米，宽9.3厘米。此戈由铜内和玉援两部分组成。玉援呈黄灰二色，素面，中部起脊。铜内为直内双穿，两面铸夔龙纹。到了商代，绝大多数玉兵器和玉工具已经失去了实用价值，而成为一种身份地位的标志和礼仪的象征。

6.【青玉璜】

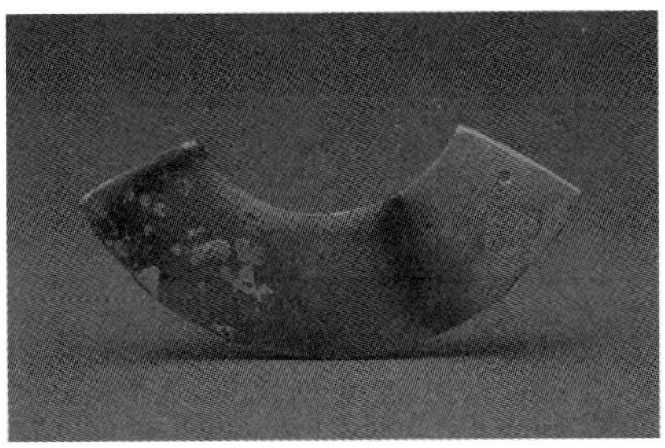

商代器物，现藏于新乡市博物馆，为国家二级文物。长11.8厘米，宽3.3厘米，重52.5克。璜是一种弧形片状玉器，在新石器时代玉璜一般是佩戴于胸颈部的装饰品，具有象征身份地位的作用。商周时期，璜成为重要的礼器，《周礼》："以玉作六器，以礼天地四方。以苍璧礼天，以黄琮礼地，以青圭礼东方，以赤璋礼南方，以白琥礼西方，以玄璜礼北方。"[①] 玉璜与玉琮、玉璧、玉圭、玉璋、玉琥等总称为"六瑞"。此璜材质为青玉料，两端各饰一马蹄形孔。该璜玉质细腻，光泽润莹。

7.【匍卧玉鸟饰】

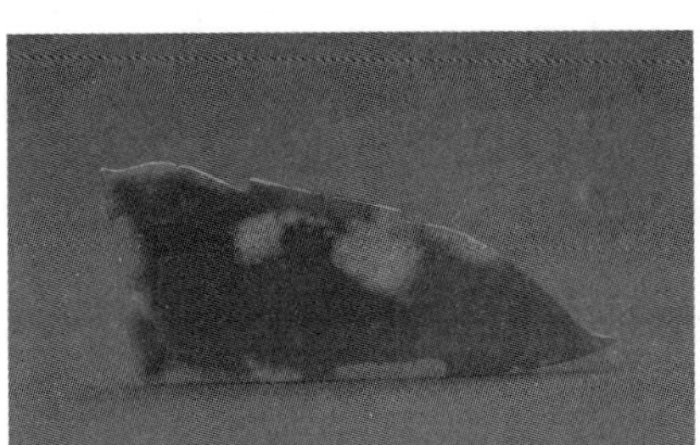

① 徐正英、常佩雨译注：《周礼》（上册），中华书局2014年版，第478页。

商代器物，现藏于新乡市博物馆，为国家二级文物。通长 8.9 厘米，宽 3 厘米。该玉饰为和阗黄白玉，有土沁，局部石化，片状，浅浮雕。呈回首匍卧状，双面皆为单阴线雕刻，眼部阴刻圆眼，嘴有一圆孔以供穿缀。

8.【白玉鱼形坠】

元代器物，现藏于新乡市博物馆，为国家二级文物。此玉坠长 10.5 厘米，呈黄白色，双面雕刻，泛有油脂光泽，扁平状，造型呈跳跃式，头尾俱向上。鱼嘴上翘，厚唇，鱼眼凸刻，背鳍高凸，嘴与头之间有阴线相隔，腮部以粗阴线勾出，背脊上有两个圆形孔，鱼尾呈半圆形，鱼鳞用交叉阴刻线刻成菱形。

9.【白玉龙带钩】

清代器物，现藏于新乡市博物馆，为国家三级文物。此玉带钩为和阗玉，长 10.8 厘米，宽 3.1 厘米，质洁白细腻，造型生动。此器钩首圆雕一灵芝状，上镶嵌一颗心形红宝石，下突雕圆钮，其上镂空立雕一只小螭虎爬行状，发向后飘拂，但须却在颌下撑起螭虎头，面对灵芝。

10.【透雕凤凰牡丹翠牌】

清代器物，现藏于新乡市博物馆，为国家二级文物。长 5.2 厘米，宽 3.7 厘米。此翠牌为上等翠质，细润光滑，色泽鲜艳。透雕一只凤凰落在一枝透雕的牡丹花上，凤凰呈回首状，尾下垂至底部，头顶透雕一枝牡丹花和多片花叶，牌上有丝带绳，串有半圆形粉色芙蓉石，上有十个圆球形小珍珠。

11.【三镶玉如意】

清代器物，现藏于新乡市博物馆，为国家三级文物，长 51 厘米。“如意”又称“握君”“执友”或“谈柄”，由古代的笏和搔杖演变而来。器身呈弯曲回头之状，有“回头即如意”的吉祥寓意。明清时期，如意从实用器物逐渐演化为陈设珍玩，故坊间有“椒戚都趋珠宝市，一时如意价连城”的说法。此件三镶如意柄由紫檀木雕刻而成，光素无纹饰，背面打洼，正面隆起，修长柔婉。首部木座内镶嵌的为圆形白玉，雕刻有一只蝙蝠和两仙桃；中部木托内镶嵌的为椭圆形白玉，雕刻有佛手；尾端木座内镶嵌的为圆形白玉，雕刻的是石榴。整件如意材质精良，雕琢考究，纹饰华美，承载着祈福禳安的美好愿望。

12.【清透雕云龙玉带】

清代器物，现藏于新乡市博物馆，为国家二级文物。长 164 厘米，宽 4.5 厘米。玉带，通常指用玉装饰的皮革制的腰带即革带。而这种装饰革带用的玉制品，称为“带銙”，俗称玉带板。隋唐时期玉带被定制为官服

专用，唐宋时期玉带就已经盛行。新乡市博物馆藏清透雕云龙玉带为旧藏，三台、挞尾、辅弼、七个排方、六个圆桃组成。玉板上透雕飞龙翻腾于云海之中，威严高贵。古代人看重的玉带及玉带饰，与古代冠帽一样，既有礼仪之饰，又是统治阶级用以表示职位高低尊卑的礼仪用具。

第五节　书画

中国书画艺术是根植于中华文明沃土之中的艺术之花，是中华民族文化中的瑰宝。新乡市博物馆馆藏诸多明、清、民国各时期的名家大作，这些作品代表着这一时期的书画艺术成就。同时，郭淲、畅中抡、史春筌、邢汝霖等一批新乡籍的书画家，也为这一时期的书画艺术发展做出贡献。

明代书法，在承接元代的基础上又有所发展。此时期书法家们大都取法高远，以晋、唐碑版墨迹为学习对象，并有新的个人面目，到明末更是到了个性化的高峰。如董其昌、张瑞图、王觉斯等人书法样式，极为后世推崇，影响深远，也为清代书法的繁荣发展奠定了基础。

中国清代书法在近300年的发展历史上，经历了一场艰难的蜕变，它突破了宋、元、明以来帖学的樊笼，开创了碑学，特别是在篆书、隶书和北魏碑体书法方面的成就，可以与唐代楷书、宋代行书、明代草书相媲美，形成了雄浑渊懿的书风。

明代画风迭变，画派繁兴。在绘画的门类题材方面，传统的人物画、山水画、花鸟画盛行，文人墨戏画的梅、兰、竹及杂画等也相当发达。在艺术流派方面，涌现出众多以地区为中心，或以风格相区别的绘画派系。在画法方面，水墨山水和写意花鸟勃兴，成就显著，人物画也出现了变形人物、墨骨敷彩肖像等独特的新面貌。清代绘画，在当时政治、经济、思想、文化等方面的影响下，呈现出特定的时代风貌。卷轴画延续元、明以来的趋势，文人画风靡，山水画勃兴，水墨写意画法盛行。文人画呈现出崇古和创新两种趋向。在题材内容、思想情趣、笔墨技巧等方面各有不同的追求，并形成纷繁的风格和流派。

1.【赵孟頫行书条轴】

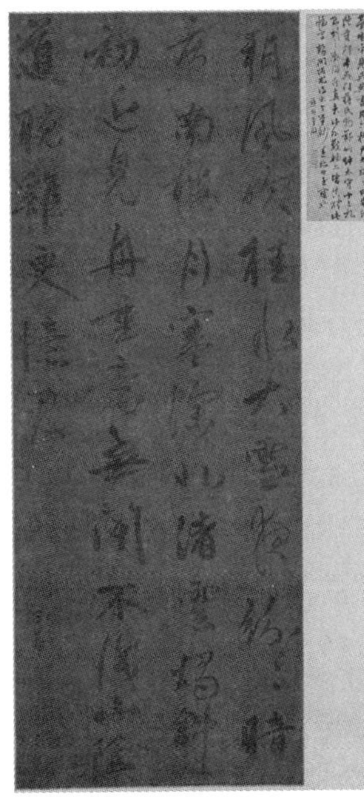

元代藏品，现藏于新乡市博物馆，为国家一级文物。纵 129 厘米，横 48 厘米，绢地。赵孟頫（1254—1322），字子昂，号松雪道人、水精宫道人等，浙江吴兴（今浙江湖州）人，元代著名书画家。赵孟頫书法诸体皆精，绘画山水、人物、花卉俱佳，其作品为世人所重。赵孟頫书风结体严整、笔法圆熟，创“赵体”书，与欧阳询、颜真卿、柳公权并称“楷书四大家”。关于赵孟頫的书法成就，《元史 · 赵孟頫传》记载：“篆、籀、分、隶、真、行、草书，无不冠绝古今，遂以书名天下。天竺有僧，数万里来求其书归，国中宝之。”[①] 他的书法既有广博而深邃的传统基础，又有鲜明的时代特色和个人风貌，艺术成就突出地表现在行、楷书方面，以遒丽的书风享有很高的声誉，不仅左右了有元一代的书风，而且对明清两代也具有深远影响。

此行书条轴内容为杜甫五言诗：“朔风吹桂水，朔雪夜纷纷。暗度南楼月，寒深北渚云。烛斜初近见，舟重竟无闻。不识山阴道，听鸡更忆君。”该作品气势贯通，笔法娴熟，遒劲有力。此轴书法风格一反赵孟頫在书作中的中锋到底、秀媚妍美之气象，而是有感而发，一气呵成。中侧锋并用，提按分明，下一点如高山坠石，作一撇如力士拉弩弓。力透绢素，个个珠玑，非有过人之笔力难以达到此境界。此诗轴为赵孟頫现存大

---

① 《元史》卷 172《赵孟頫传》，中华书局 1976 年版，第 4023 页。

字精品代表，书风流美遒劲，风格独特，为赵孟頫代表作之一。

2.【董其昌行书卷】

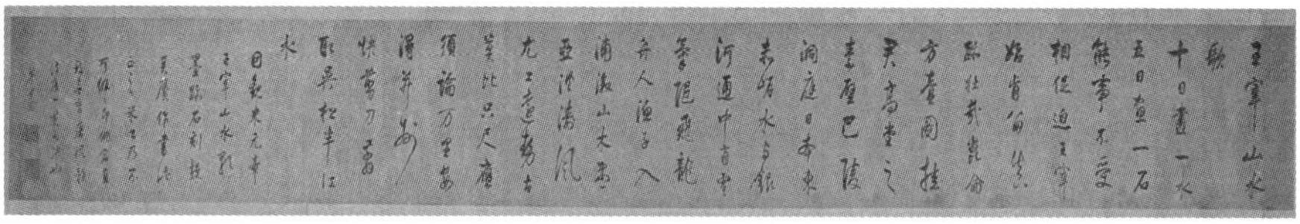

明代藏品，现藏于新乡市博物馆，为国家一级文物。纵 26 厘米，横 235 厘米，绢地。董其昌（1555—1636），字玄宰，号思白，南直隶华亭（今上海松江）人，明代著名书画家、书画理论家，“华亭派”的主要代表。他的书法以行草书造诣最高，行书以“二王”为宗，又得力于颜真卿、米芾等诸家，赵孟頫的书风也或多或少影响到他的创作，董其昌书法绘画名重当时，对后代书法绘画实践及理论上有深刻的影响。《明史・文苑列传》评董其昌的书法：“超越诸家，始以宋米芾为宗。后自成一家，名闻外国。”又赞董其昌：“以善书名者，临邑刑侗、顺天米万钟、晋江张瑞图，时人谓刑、张、米、董，又曰南董、北米。然三人者，不逮其昌远甚。”①

新乡市博物馆藏有两幅董其昌的行书长卷，一幅为董其昌手书唐代杜甫所作的《戏题王宰画山水图歌》：“十日画一水，五日画一石。能事不受相促，王宰始肯留真迹。壮哉昆仑方壶，挂君高堂之素壁。巴陵洞庭日本东，赤岸水与银河通，中有云气随飞龙。舟人渔子入浦溆，山木尽亚洪涛风。尤工远势古莫比，咫尺应须论万里。焉得并州快剪刀，剪取吴淞半江水。”另一幅为董其昌书宋代苏轼的《记承天寺夜游》：“元丰六年十月十二日夜，解衣欲睡，月色入户，欣然起行。念无与为乐者，遂至承天寺寻张怀民。怀民亦未寝，相与步于中庭。庭下如积水空明，水中藻、荇交横，盖竹柏影也。何夜无月？何处无竹柏？但少闲人如吾两人者耳。”这两幅作品书风秀雅多姿，笔法多变，彰显董书的飘逸天真，俊秀而不流俗格。

3.【张瑞图草书条轴】

明代藏品，现藏于新乡市博物馆，为国家二级文物。纵 340 厘米，横

---

①《明史》卷 288《文苑列传》，中华书局 1974 年版，第 7396—7397 页。

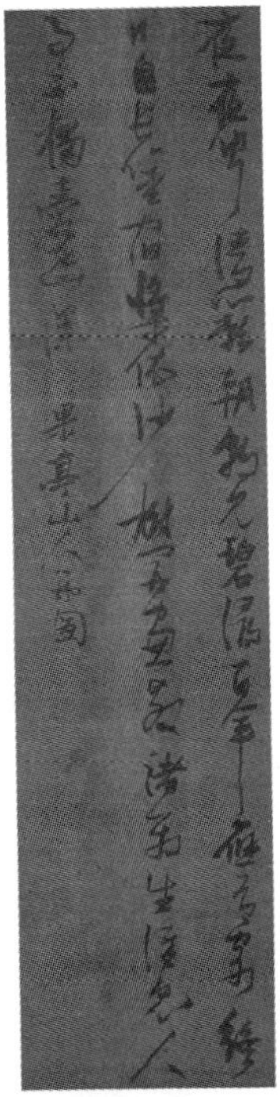

77厘米。张瑞图（1570—1644），字长公、无画，号二水、果亭山人等，福建晋江人，明代官员、书画家，明万历三十五年（1607）进士，殿试第三，为明代四大书法家之一，与董其昌、邢侗、米万钟齐名，有“南张北董”之号。在宗唐宗晋的明代书坛，张瑞图敢于在赵孟頫书风的笼罩下，以直率自然的挥运，不拘常规的用笔，力矫颓靡的时弊，这对书法艺术的发展是有很大贡献的。他所开创的奇逸书风，是自帖学以来从未有过的。从来帖学无论千变万化，终不出“二王”正道，而他的另辟蹊径则具有晚明浪漫主义狂飙所掀起的时代精神，是明末书坛变革中反叛传统的一个实例。在他的影响下，其后的黄道周、倪元璐、王铎、傅山等人亦为一时风气所趋，开启了晚明书坛改革鼎新的先河。

此作品内容：“夜夜闻清籁，朝朝见碧浔。百年应有寄，终日自长吟。宿桨依沙树，开窗散渚禽。生涯众人事，不独爱幽深。”此草书条轴为张瑞图存世草书精品之一，其行草恣肆纵横、奇崛荡逸、张扬凌厉，笔墨随兴而运，结体不求平衡，左低右高，大小参差，中宫紧缩，四围开张，纵横交错，欹侧多变。章法上字与字密不透风，行与行宽可走马，不但增加了上下的气韵连贯，使整体纵向的紧密与横向的舒朗形成强烈的对比，还呈现出气势酣畅淋漓的韵律与跌宕腾挪的节奏感，博得了历代书家的高度评价。

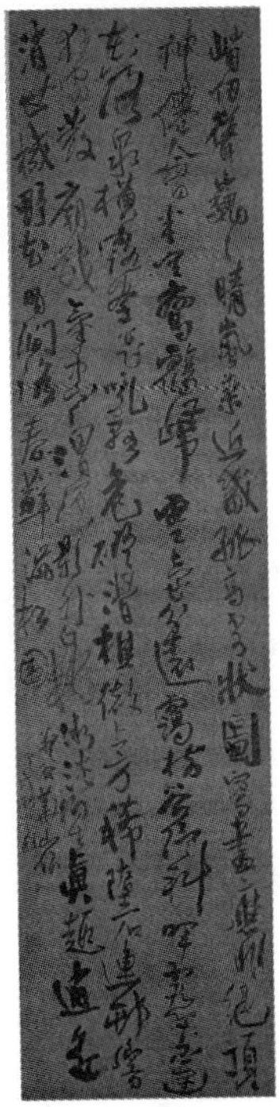

4.【王铎草书条轴】

明末清初藏品，现藏于新乡市博物馆，为国家一级文物。纵275厘米，横65厘米，绢地。王铎（1368—1644），字觉斯，号嵩樵、十樵、石樵、痴庵等，河南孟津人，明末清初著名书法家，世称“王孟津”。王铎工诗文、善书画，以行草称著于世。书法风格雄浑遒劲，气势磅礴，远追“二王”，其书风被现今书坛追崇高仰。

此作品为王铎书唐代郑谷所作的五言诗《华山》：“峭仞耸巍巍，晴岚染近畿。孤高不可状，图写尽应非。绝顶神仙会，半空鸾鹤归。云台分远霭，树谷隐斜晖。坠石连村响，狂雷发庙威。气中寒渭阔，影外白楼微。”此作品采取纵有行、横无列的纵式章法布局，气贯神完，笔法娴熟，提按分明，使转自如，气势雄浑，张弛有度，墨色枯润互见，王铎大气磅礴之书风立显眼前，为王铎代表之作。

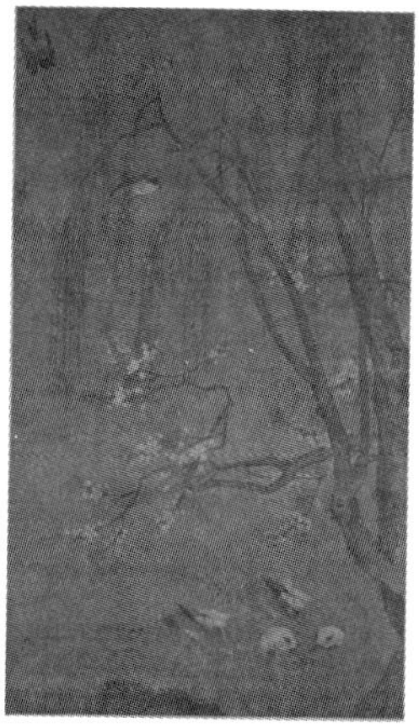

5.【吕纪着色花鸟图轴】

明代藏品，现藏于新乡市博物馆，为国家一级文物。纵131厘米，横76厘米，绢地。吕纪（1477—？），字廷振，号乐愚，浙江鄞（今浙江宁波）人，明代著名画家。吕纪善翎毛、花卉，能工能写，为一代名家。此作品兼工带写，设色浓艳，物态造型准确生动，不落窠臼，为我们描绘了一幅红鸭戏碧水，紫燕弄桃柳，欣欣向荣的春景。此作品现藏于新乡市博物馆。

6.【张路秋林归牧图轴】

明代藏品，现藏于新乡市博物馆，为国家二级文物。纵160厘米，横81厘米，绢地。张路（1464—1538），字天驰，号平山，仅以字行于世，祥符（今河南开封）人，少年聪慧，临摹吴道子、戴进所画人物，颇得其神，以画成名，多绘神仙、士子、渔夫，形象质朴，神态清朗，景致简略，笔墨遒劲，风格豪放，然少秀逸和蕴藉之致，是明代追随戴进、吴伟的重要浙派画家。

7.【傅山草书条轴】

明末清初藏品，现藏于新乡市博物馆，为国家二级文物。纵180厘米，横50厘米，纸地。傅山（1606—1684），原名鼎臣，初字青竹，后改

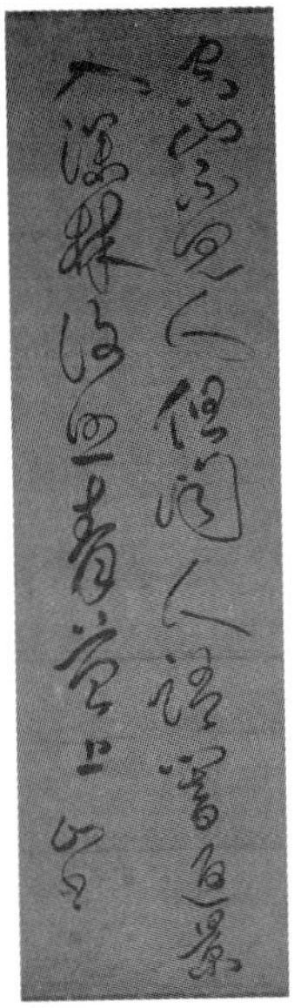

名山，字青主，山西阳曲（一说太原）人，篆、隶、真、行、草无所不精，其中以草书最富特色。处于董其昌、赵孟頫书风笼罩书坛之际的傅山，也曾学过赵孟頫，但后来对赵字贬斥得很厉害。“予不极喜赵子昂，薄其人而遂恶其书，近细视之，亦未可厚非，熟媚绰约自是贱态，润秀圆转尚属正脉，盖自《兰亭》内稍变而至此与时高下亦由气运，不独文章然也。”[1] 他力倡正拙、贬巧媚，以自然天倪为尚，他以做人和正本为书学正宗的艺术主张，堪为后人效法。

此条轴内容为唐王维五言诗：“空山不见人，但闻人语响。返景入深林，复照青苔上。”此草书气势恢宏，宕逸浑脱，笔力雄奇恣肆，追求生拙直率的艺术境界，是当时书坛大家之作。

8.【项奎水墨山水四条屏】

① （清）傅山：《霜红龛集》卷 25《字训》，山西人民出版社 1985 年版，第 679 页。

明末清初藏品，现收藏于新乡市博物馆，为国家二级文物。纵 222 厘米，横 44 厘米，绢地。项奎（1623—1702），字天武，号子聚，又号东井，自称墙东居士、水墨处士，浙江秀水（今浙江嘉兴）人，工诗，山水好用秃笔，兼长兰竹，笔墨秀雅。此水墨四条屏为项奎传世水墨精品之作，林壑幽深，长松茂林，峰高岭峭，笔墨豪纵，体现了画者“山水喜用秃笔，秀雅枯淡，颇得元人枯淡之趣”的风格。

9.【陆远青绿山水图轴】

清代藏品，现收藏于新乡市博物馆，为国家一级文物。纵 225 厘米，横 102 厘米，绢地。陆远，生卒不详，清代早期画家，工诗文，善绘事，尤精山水，极具功力，所绘金碧山水、大青绿山水，颇得宋人旨趣。其画作笔精墨佳，于秀润中见气势，工整中见功力，为有清一代北派山水画之巨擘。

此作品以“之”字形构图，画面远山近水，远景山峰依石而立；中景楼宇、人物、舟车、松柏、溪水，有动有静；近景林木枯荣互见，鸟鸣枝头，桃花初放。此画画幅宏大，开合有度，气势恢宏，设色厚重而不呆板，亮丽而不落俗格，丘壑繁杂，笔法精密，细致入微，每个局部亦能单独构成一幅景观，具有明代硬功的笔法、宋人繁杂的丘壑、唐人青绿重彩的效果，是作者代表佳作。

10.【周璕墨龙条轴】

清代藏品，现收藏于新乡市博物馆，为国家一级文物。纵 196 厘米，横 98 厘米，绢地。周璕（1649—1729），字昆来，号嵩山，河南商丘人，善画人物、花卉、龙马，以绘龙画马闻名当时，其绘画风格重写实，善渲染，造型准确。《国朝画征录》评价周璕所画的墨龙：“其画龙烘染云雾，几至百遍，深浅远近，蒸蒸霭霭，殊足悦目。”《国朝画征录》还记载一段周璕画龙的故事：“以所画龙张于黄鹤楼，标曰：‘价银一百两’，有臬司

某者登楼见之，赏玩不已曰：‘诚须一百两。’琽即卷赠之曰：‘琽非必得百金也，聊以觇世眼耳，公能识之，是琽知己也，当为知己赠，琽非必得百金也。’由是遂知名，然惟达官称之。”[①] 此作绘一条巨龙在云海中飞腾，龙首、龙身、龙爪隐现有致，构图奇幻，用墨如飞，匠心独运。墨龙神情毕现，藏露有度，龙的威严神秘之气跃然纸上，大有呼之欲出之感，为周琽得意之作。

11.【郑板桥水墨竹石兰图轴】

清代藏品，现收藏于新乡市博物馆，为国家一级文物。纵 141 厘米，横 70 厘米，纸地。郑燮（1693—1765），字克柔，号板桥、板桥道人，江苏兴化人，清代著名书画家，“扬州八怪”之一，其诗、书、画世称“三绝”。郑燮作画最善兰竹，“以草书中竖长撇法为兰叶”，笔力劲峭。郑板桥以诗文佳、书画精、墨竹绝享誉画坛，其画作往往借物咏志，有着深刻鲜明的思想个性、耐人寻味的笔墨情趣和清新狂放的艺术风格。作为文人画的代表，郑板桥画作注重诗书画三者的有机结合，用诗文点题，他的作品被赋予了强烈的主观感情色彩。郑板桥的题画诗已摆脱传统单纯的以诗就画或以画就诗的窠臼，他每画必题以诗，有题必佳，达到“诗发难画之意”，诗画映照，无限拓展画面的广度，郑板桥的题画诗是关注现实生活的，有着深刻的思想内容。正如他在《兰竹石图》中云：“要有掀天揭地之文，震电惊雷之字，呵神骂鬼之谈，无古无今之画，固不在寻常蹊径中也。”

此作绘墨竹、兰、石，挺劲洒脱，有清新秀逸之风韵。构图得体，墨色精到，浓淡适宜，笔力遒劲，枝枝着意，叶叶含情。右上角题七言

---

① （清）张庚、刘瑗撰，祁晨越点校：《国朝画徵录》，浙江人民美术出版社 2011 年版，第 95 页。

诗一首："君是兰花我竹枝，山中相对免相思。世人只作红尘梦，那晓清风皓月时。"诗书画相结合，以竹写人，以诗言志，抒发了作者为官不能报效国家，志不得展，不被理解的苦闷心境。笔墨精妙，意境深远，是一幅难得的佳作。

12.【邹喆设色山水图轴】

清代藏品，现收藏于新乡市博物馆，为国家一级文物。纵 88 厘米，横 46 厘米，绢地。邹喆，生卒不详，字方鲁，江苏吴县人，清代画家。他的画山水工稳而有古气，富简淡清逸的情趣。兼长水墨花卉，"金陵八家"之一。此图轴以平远法取景，勾勒了金陵一带的山川地貌，远山、近树层次分明，画面极富简淡清逸的情趣，工稳而有古气。

13.【李鱓设色三猿寿桃横轴】

清代藏品，现收藏于新乡市博物馆，为国家三级文物。纵 134 厘米，横 290 厘米。纸地。李鱓（1686—1762），清代书画家，"扬州八怪"之一，字宗扬，号复堂，又号懊道人、墨磨人、木头老子等，江苏兴化人。早年画法工致，进而崇尚写意，后从石涛的笔法中得到启发，遂以破笔泼墨作画，风格为之大变，形成自己任意挥洒，"水墨融成奇趣"的独特风格。李鱓作画时喜欢在画幅上长题满跋，有时甚至把参差错落的题字，写满画面，使整幅画面气韵更加生动。

此画桃树虬曲多枝，斜插于画面，枝上结满果实，几只猿猴或攀爬于树枝之上，或手持桃子坐于树下，一派生机勃勃的气象。此作笔墨酣畅淋漓，墨色浓淡相宜且虚实有度，率意中见纯真，实乃李鱓之大尺幅佳作。同时，此画还寓意吉祥，“猴”与“侯”同音，有“加官封侯”之意，“猿”又谐音“元”，象征状元功名。桃为五木之精，增寿瑞果，寓意长寿。猴喜食桃，有“猴桃瑞寿”之说，“抱桃猴”被视为贺寿之神。三猿献寿，更有“连中三元”之意。加之百年老树，根深叶茂，枝壮果硕，虽仅以桃猴入画，却蕴含了加官封侯、金榜题名、增福添寿、家族兴旺之美好寓意。

同时，画卷右上有诗：“桃华影澹通，猿鸣迥入风，隔簾还啸侣，临潭自嚮空。挂籐疑欲饮，吟枝似避弓，别有三声泪，霑裳竟不穷。”此画虽为祝寿题材，但题画诗中最后两句“别有三声泪，霑裳竟不穷”，也流露出作者当时些许凄婉的心态，符合他晚年仕途失意不得不鬻画为生的悲凉境遇。

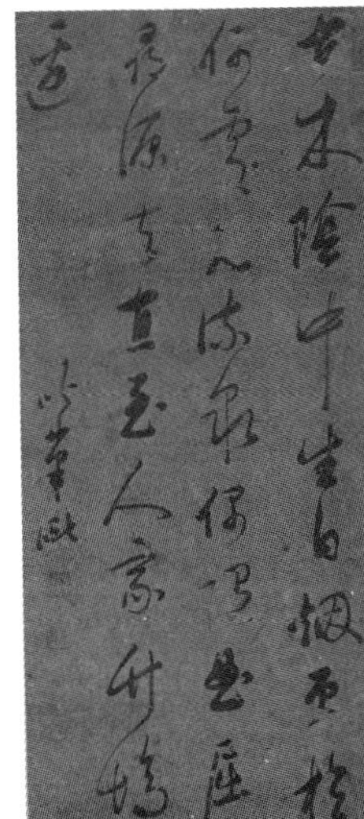

14.【梁巘七言草书诗轴】

清代藏品，现收藏于新乡市博物馆，为国家二级文物。纵 107 厘米，横 47 厘米，纸地。梁巘（1710—？），字闻山、文山，号松斋，又号断砚斋主人，安徽亳州人，清代著名书法家，以工李北海书名于世。真书、行书皆长，尤擅草书。此草书诗轴内容为七言绝句一首：“古木阴中生白烟，更于何处见流泉。偶随曲屈寻源去，直至人家竹坞边。”名款下白、朱文方印两枚。整轴行云流水，气势贯通。

15.【邹一桂、郎世宁设色花鸟四条屏】

清代藏品，现收藏于新乡市博物馆，为国家三级文物。纵 211 厘米，横 77 厘米，纸地。邹一桂（1686—1772），字原褒，号小山，晚号二知老人，江苏无锡人，清代官员，画家。雍正五年（1727）二甲第一名进士，授翰林院编修。历官云南道监察御史、大理寺卿、礼部侍郎、内阁学士等职。擅画花卉，学恽寿平画法，风格清秀。郎世宁（1688—1766），意大

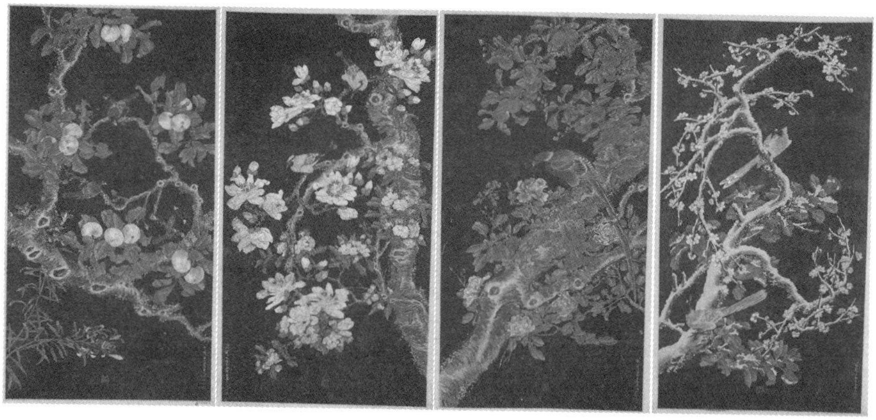

利人，原名朱塞佩·伽斯底里奥内，生于意大利米兰，清康熙帝五十四年（1715）作为天主教耶稣会的修道士来中国传教，随即入宫进入如意馆，为清代宫廷十大画家之一。历经康、雍、乾三朝，在中国从事绘画50多年，并参加了圆明园西洋楼的设计工作，极大地影响了康熙之后的清代宫廷绘画和审美趣味。主要作品有《十骏犬图》《百骏图》《乾隆大阅图》《百子图》等。此画作为设色，颜色艳丽，清新脱俗，突显宫廷画作的雍容华贵。

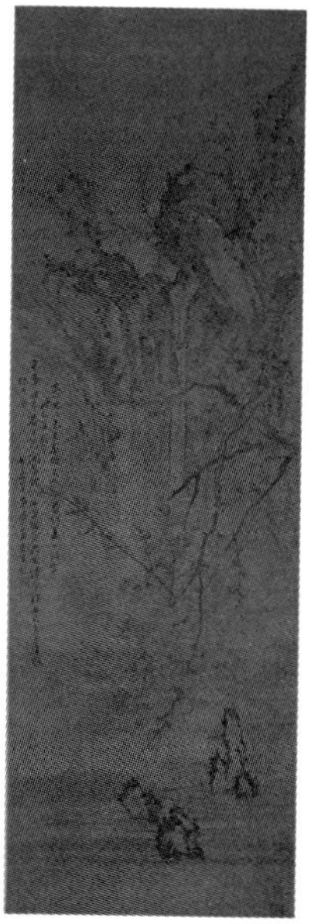

16.【郭滮桃花潭水图轴】

清代藏品，现藏于新乡市博物馆，为国家二级文物。纵170厘米，横50厘米，绢地。郭滮（1728—1815），清代书画家，字灵波，号百川，一号伯川，大川，别号小痴、晚号河上老人，河南新乡人。诗文以外，专精画学，与殷元福、畅中抡合称“清代新乡三绝”。山水宗河阳画派，雅洁萧疏、笔墨兼尽。花鸟禽鱼，自得青藤老人雄秀之气，扑人眉宇。

此幅作品，构图得当，笔法娴熟，所绘远景山峦迷远，中景崖壑间泉水如白练，飞流而下泄落碧潭，水雾腾升，恰如仙境，近景一树桃花斜出，既点明了时令，又增加了画面层次感，观之如观真山水，令人赏心悦目，心旷神怡。此作桃花潭水图轴可谓是郭滮的精品之作。

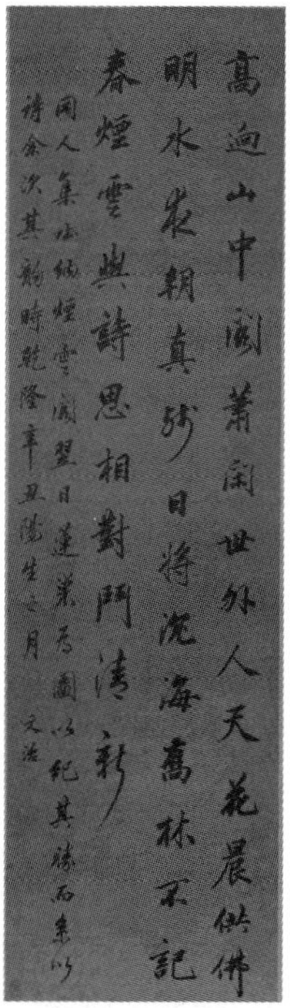

17.【王文治行书条轴】

清代藏品，现藏于新乡市博物馆，为国家三级文物。纵 236 厘米，横 64 厘米。王文治（1730—1802），字禹卿，号梦楼，江苏丹徒（今江苏镇江）人。王文治十二岁便吟诗作书，诗有唐人风范，书学米芾、董其昌，后法二王，喜用淡墨。乾隆三十五年（1770）探花，时称“淡墨探花”“淡墨翰林”，与喜用浓墨的刘墉成鲜明对照，其书名与刘墉齐。《清稗类钞》记载：“王梦楼太守文治，书名绝大，闻于海外，朝鲜人尝以饼金易其字。”[①]此书清新淡雅，干净整洁，内容为：“高迴山中阁，萧闲世外人。天花晨供佛，明水夜朝真。残日将沉海，荞林不记春。烟云与诗思，相对斗清新。”

18.【刘墉行书条轴】

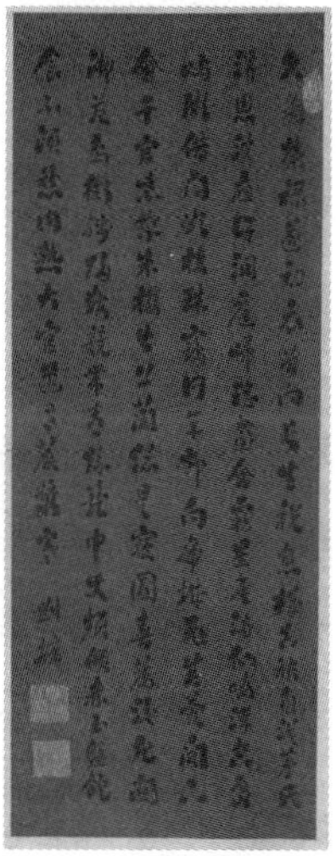

清代藏品，现藏于新乡市博物馆，为国家二级文物。纵 65 厘米，横 220 厘米，纸地。刘墉（1719—1804），字崇如，号石庵，山东诸城人，清代政治家、书法家。他诞于书香门第，长于显宦之家。父亲刘统勋是雍正二年（1724）进士，官至东阁大学士。刘墉于乾隆十六年（1751）中进士，官至体仁阁大学士加太子太保，谥文清，人亦称刘文清。刘墉是清朝乾嘉时期重要的政治人物，有“浓墨宰相”之美称。刘墉书法与同时期翁方纲、成亲王、铁保合称“翁”“刘”“成”“铁”四家。《清稗类钞》记载：“诸城刘文清书法，论者譬之以黄钟、大吕之音，清庙、明堂之器，推为一代书家之冠。盖以其融会历代诸大家书法而自成一家，所谓金声玉振，集群圣之大成也。泗州杨文敬公士骧

---

① （清）徐珂：《清稗类钞》第 8 册《文学类》，中华书局 2003 年版，第 3927 页。

所藏文清真迹甚多。盖其自入词馆以迄登台阁，体格屡变，神妙莫测。其少年时为赵体，珠圆玉润，如美女簪花。中年以后，笔力雄健，局势堂皇。迨入台阁，则绚烂归于平淡，而臻炉火纯青之境矣。世之谈书法者，辄谓其肉多骨少，不知其书之佳妙，正在精华蕴蓄，劲气内敛，殆如浑然太极，包罗万有，人莫测其高深耳。”①

此条轴为两首唐诗，一首为李白的《送贺监归四明应制》：“久辞荣禄遂初衣，曾向长生说息机。真诀自从茅氏得，恩波宁阻洞庭归。瑶台含雾星辰满，仙峤浮空岛屿微。借问欲栖珠树鹤，何年却向帝城飞。”另一首为王维的《敕赐百官樱桃》：“芙蓉阙下会千官，紫禁朱樱出上阑。才是寝园春荐后，非关御苑鸟衔残。归鞍竞带青丝笼，中使频倾赤玉盘。饱食不须愁内热，大官还有蔗浆寒。”

19.【翁方纲行书条轴】

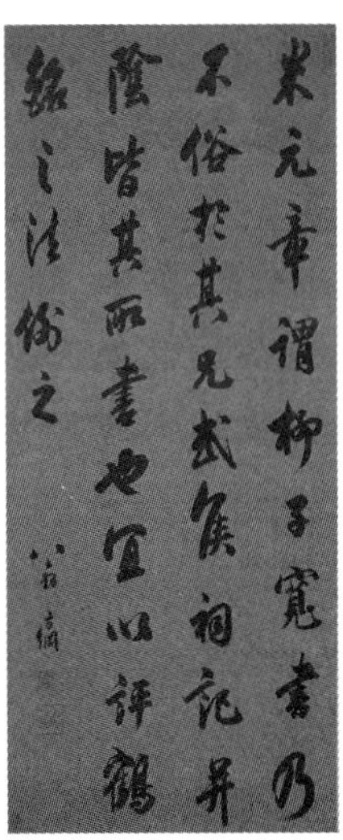

清代藏品，现藏于新乡市博物馆，为国家二级文物。纵 125 厘米，横 54 厘米，纸地。翁方纲（1733—1818），清代书法家、文学家、金石学家，字正三，一字忠叙，号覃溪，晚号苏斋，直隶大兴（今北京大兴）人，精通金石、谱录、书画、词章之学，又是清代“肌理说”诗论的倡始人。书学欧、虞，谨守法度，尤善隶书，功力精熟。《清朝书画录》把他和刘墉、梁同书、王文治齐名，并称“翁、刘、梁、王”。亦与刘墉、成亲王永瑆、铁保齐名，称之为清代四大书法家。

此行书条轴内容为：“米元章谓柳子宽书乃不俗与其兄，武侯祠记并阴皆其所书也，宜以评鹤铭之法效之。”连贯柔和，运笔沉酣，筋劲骨健，颇得大家风范。

20.【张迺耆花鸟八条屏】

清代藏品，现藏于新乡市博物馆，为国家二级文物。纵 169 厘米，横

① （清）徐珂：《清稗类钞》第 9 册《艺术类》，中华书局 2003 年版，第 4055 页。

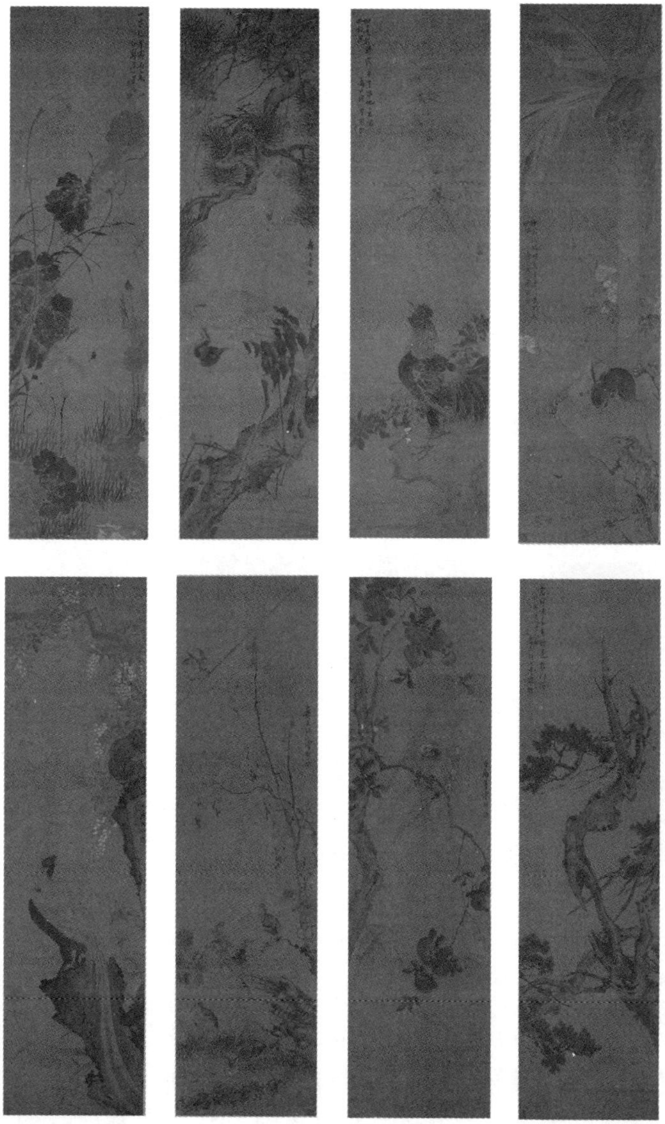

45 厘米，纸地。张迺耆，生卒年不详，清代著名画家，字寿民，号白眉，安徽桐城人，迁江宁（今南京）。画得其父传授，多用水墨作花鸟，或工或率，运笔苍劲豪纵，设色沉着妍丽。喜画巨松，间作兰竹亦有风韵。

此花鸟八条屏，构图得当，笔精墨妙，花鸟禽树，栩栩如生，技法娴熟，物象描写精美而不腻，墨色轻而不飘，重而不死，画面感极强，大有夺人耳目，扑人眉宇之气。此乃张迺耆得意作品之一。

21.【史春荃指画墨竹图轴】

清代藏品，现藏于新乡市博物馆，为国家二级文物。纵85厘米，横31厘米，绢地。史春荃（1826—1898），河南辉县人，光绪进士。史春荃能诗文善书法绘画，尤长松指竹，为地方知名画家。此图以指代笔，轻点重刭，技法为水墨指画，古雅可人。其立卧转折，挥洒自如，将风中竹石之情态立现尺素，叶之偃仰反侧、枝竿之弧直交映，墨之浓淡干湿，皆得以充分展现。使观者如临其境，如闻其声。此幅为仿照石涛《风篁图》而作，可为史春荃代表作之一，其书画造诣于此可见一斑。

22.【周宗濂墨梅图轴】

清代藏品，现藏于新乡市博物馆，为国家二级文物。纵122厘米，横53厘米，绢地。周宗濂，生卒不详，江苏沭阳人。善丹青，精诗文，尤以墨梅见长，南北皆有佳作流传。此图构图恰当，画面疏密有序，梅干与弱枝穿插有序，相得益彰，梅花傲雪独立的坚强品质展露无遗。

23.【嵩年设色博古图】

清代藏品，现藏于新乡市博物馆，为国家三级文物。纵106厘米，横54厘米，绢地。嵩年，清代末期人，生卒不详，工诗文善丹青，以花鸟见长。此作构图合理，画面安排妥帖，各色植物、花果、花瓶、花几、酒坛等，根据长寿吉祥主题精心组合，巧妙安排，笔墨精妙，设色淡雅清丽，灵芝、百合、柿子、柏枝、水仙等极富长寿吉祥寓意的植物花果，很好地表现了长寿主题，展现作者独特的艺术匠心。

24.【李成熏人物图轴】

清代藏品，现藏于新乡市博物馆，为国家二级文物。纵 94 厘米，横 43 厘米，纸地。李成熏，清代晚期人，生卒不详。工诗文，善丹青，尤以佛道人物见长。此画面展现了达摩一苇渡江的故事，达摩人物形象逼真，赤脚踏于芦苇之上，飘飘然渡过江。双眼炯炯有神，身材魁梧，举止坦然，仪表非凡。有古人诗赞：“路行跨水复逢着，独自凄凄暗渡江。日下可怜双象马，二株嫩挂久昌昌。”[①]

25.【黄自元行楷对联】

清代藏品，现藏于新乡市博物馆，为国家二级文物。纵 130 厘米，横 30 厘米，纸地。黄自元（1873—1918），字敬舆，号澹叟，湖南安化人。同治六年（1867）举于乡，次年殿试第二，授翰林院编修。此对联质地为橘黄暗花蜡笺，内容为：“锦水繁华添丽藻，明瑙绮袖夺春晖。”结构严整方正，点画精到，笔力遒劲。

26.【石庚墨竹条轴】

清代藏品，现藏于新乡市博物馆，为国家三级文物。纵 113 厘米，横 54 厘米，绢地。石庚，生卒不详，字丽斋，号负庐老人，晚清时人，原籍浙江，流寓山东，曾任开封府尹，1912 年任河南彰卫怀道尹，有“能吏”之誉。擅画墨竹，书法俊逸典雅。此作品构图妥当，笔墨精到，一轮圆月在婆娑翠影映衬下，显得格外皎洁明亮，竹如高士伫立月下，听风赏月，画面静雅之气扑人眉宇，给人以美的享受。同时，气韵生动，也展现了竹子高

① 郑州市新闻出版局编：《古都·郑州》丛书《轶闻趣事》，大象出版社 2004 年版，第 59 页。

尚的品质，可谓佳作。

27.【康有为行书条轴】

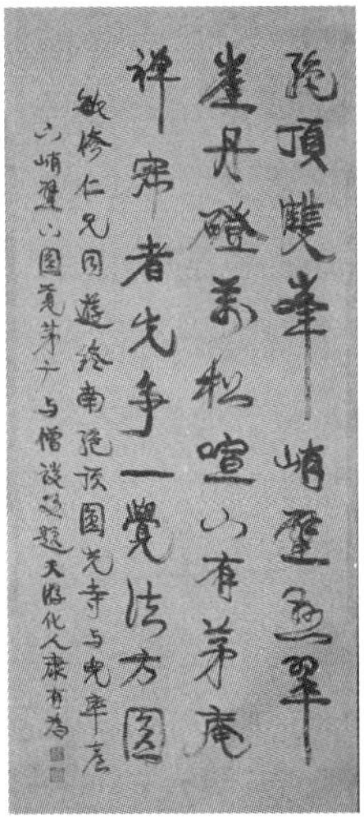

清末民初藏品，现藏于新乡市博物馆，为国家二级文物。纵 130 厘米，横 31 厘米，纸地。康有为（1858—1927），又名祖诒，字广厦，号长素，广东南海人，中国清末资产阶级改良派领袖，清末戊戌变法的主要领导者，是中国近代史上重要的历史人物。在书法领域，康有为倡导北碑运动，对清末书风颇具影响，打破了几千年来帖学一统天下的格局，对“二王”传统帖学构成了强有力的冲击，形成了近现代书坛碑派书法创作的主流形态。康有为的书法世称“康体”。

此作品为一首七言诗，为康有为于 1923 年与好友李敏修登西安南五台山而作四首《登南五台宿圆光寺》其中的一首：“绝顶双峰峭壁悬，翠崖丹磴万松喧。上有茅庵禅寂者，先争一觉法方圆。”此书墨色枯润相间，字体融篆隶于行楷，变化多姿，具有浓郁的北碑风格。

28.【潘龄皋行书对联】

清末民初藏品，现藏于新乡市博物馆，为国家三级文物。纵 172 厘米，横 31 厘米，纸地。潘龄皋（1867—1954），字锡九，号葛城居士，河北安新人，工诗文，善书法，为民国时期北方著名的书法家。此对联行书：“看遍青山虽热肠亦多冷眼，坐披黄卷即迩室若有遐思。”其书法结体平正匀称，用笔圆润流畅，风格秀美典雅，深受书家好评，可谓“轻柔中饱含刚劲，简朴中蕴蓄深沉”。[1]

① 雷树德：《辛亥风云人物墨迹楹联精粹》，湖南文艺出版社 2011 年版，第 66 页。

29.【杨守敬行书对联】

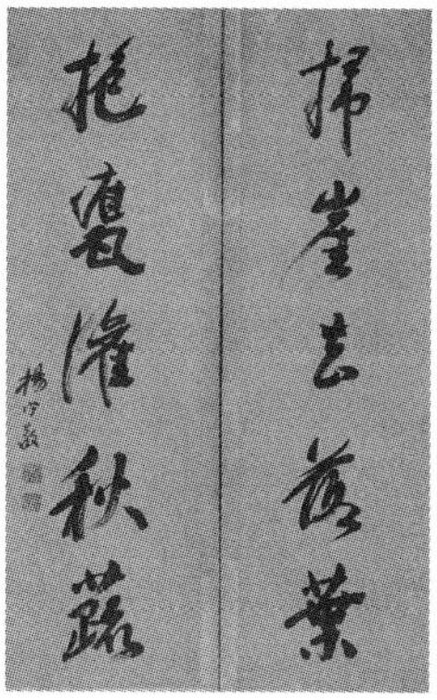

民国藏品，现藏于新乡市博物馆，为国家三级文物。纵110厘米，横31厘米。纸地。杨守敬（1839—1915），清末民初杰出的历史地理学家、金石文字学家、目录版本学家、书法艺术家、泉币学家湖北（宜都）人。杨守敬一生勤奋治学，博闻强识，以长于考证著称于世。

此作品内容为："扫崖去落叶，抱翁灌秋蔬。"这幅行书作品，运笔遒劲有力，结构疏密参差，古朴自然，气势磅礴。撇、捺、垂露竖都笔笔送到，大有雄放之气。同时，在法度之中加以变化，使整幅作品气韵生动富有个性。整体章法一气呵成，气势贯通。

30.【华世奎行楷七言诗轴】

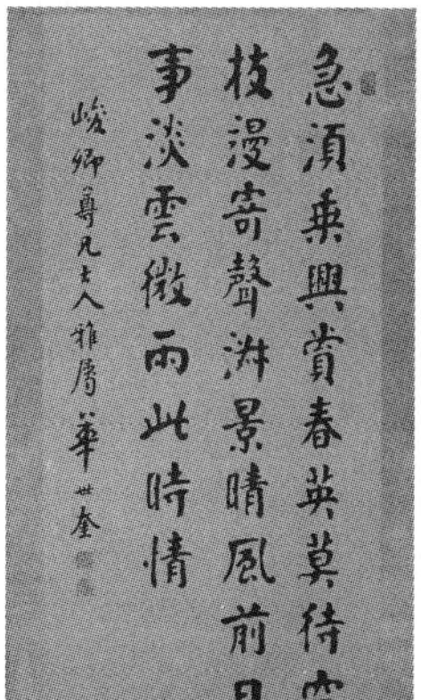

民国藏品，现藏于新乡市博物馆，为国家二级文物。纵138厘米，横68厘米，纸地。华世奎（1864—1942），字启臣，号壁臣，天津人，工诗文善书法，书法作品小至蝇，居近代天津四大书法家之首。书法以唐楷为宗，走笔取颜字之骨，气魄雄伟，骨力开张，功力甚厚，得颜楷磅礴大气之旨要。其书法作品小至蝇头小楷，大至径尺以上榜书，结构均凝重舒放，晚年更加苍劲挺拔。难能可贵者是华世奎学古不泥，其书体在颜楷基础之上，拙中寓巧，妙施连带，形成了字形既不失颜体神态，又有自家面目的特有形态——华体。此行楷内容为七言诗一首："急须乘兴赏春英，莫待空枝漫寄声。淑景晴风前日事，淡云微雨此时情。"

31.【徐世昌行书条轴】

民国藏品，现藏于新乡市博物馆，为国家二级文物。徐世昌（1855—1939），字卜五，号菊人，直隶天津（今天津）人，出生于河南省卫辉府（今河南卫辉）。自袁世凯小站练兵时就为袁世凯的谋士，并为盟友，徐

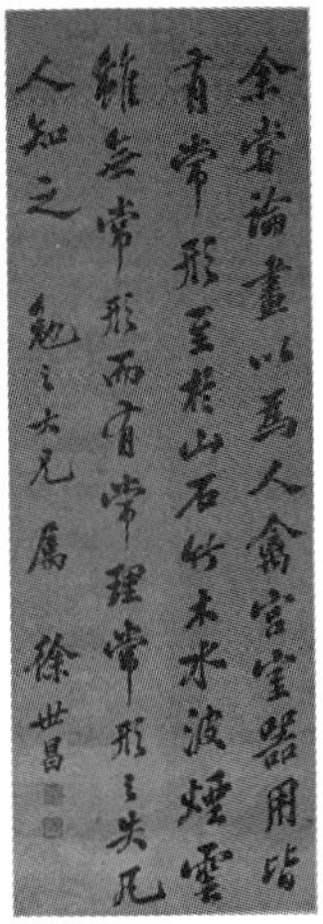

世昌颇得袁世凯的器重，在袁世凯称帝时以沉默远离之。1916 年，袁世凯被迫取消帝制，起用他为国务卿。1918，徐世昌被国会选为民国大总统。1939 年，徐世昌病故，年 85 岁，后同夫人一起归葬于河南省辉县市百泉镇苏门山下。徐世昌国学功底深厚，不但著书立言，而且研习书法，安阳袁林的墓碑“大总统袁公世凯之墓”九个大字系徐世昌的手笔。此条轴内容为宋代苏轼的《净因院画记》开篇句：“余尝论画，以为人禽宫室器用皆有常形。至于山石竹木，水波烟云，虽无常形，而有常理。常形之失，人皆知之。”

32.【王维山设色卧虎图轴】

民国藏品，现藏于新乡市博物馆，为国家二级文物。纵 87 厘米，横 168 厘米，纸地。王维山，生卒不详，清末、民国时期著名画家，善画翎毛，尤以画虎见长，在北京有张山（张大千的山水）、王虎（王维山的老虎）、贾翎毛（贾敬之的翎毛）三绝之称，可见其功力。此作品用工笔而不呆，传神的描画了老虎的威猛，乃王维山之佳作。

33.【冯恕行书对联】

民国藏品，现藏于新乡市博物馆，为国家三级文物。纵 130 厘米，横 29 厘米，纸地。冯恕（1867—1948），北京大兴人，原籍浙江慈溪，字公度，号华农，清光绪进士，民国藏书家、文物收藏家、书法家。冯恕书法杰出，善写颜体字，过去京城流传过“无匾不恕”的口碑，可见其书在当时之名重。

此七言对联内容为：“温良恭俭以明礼，孝友睦姻之谓和。”该联用笔以平拖、圆转为主，含蓄感较强；线条形态总体趋于单一，但局部上的粗细变化依然历历在目；章法安排因受对联这种特殊形式制约，文字各就各位，所占空间大小均匀、互不相犯。

34.【溥儒设色山水图卷】

民国藏品，现藏于新乡市博物馆，为国家二级文物。纵 30 厘米，横 291 厘米，纸地。溥心畬（1896—1963），原名爱新觉罗·溥儒，为清恭亲王奕䜣之孙，初字仲衡，改字心畬，号羲皇上人、西山逸士，北京人。曾留学德国，他的作品代表了传统中国知识分子在面对世界新文化转型时众多反应中的一种价值取向。书法刚健遒美，秀逸有致，气韵生动，堪称绝妙。绘画工山水、花卉，兼擅人物，与张大千有“南张北溥”之誉，又与吴湖帆并称“南吴北溥”。此图卷布局稳妥，设色明快，描绘了作者心中的山川物态。

35.【于右任草书对联】

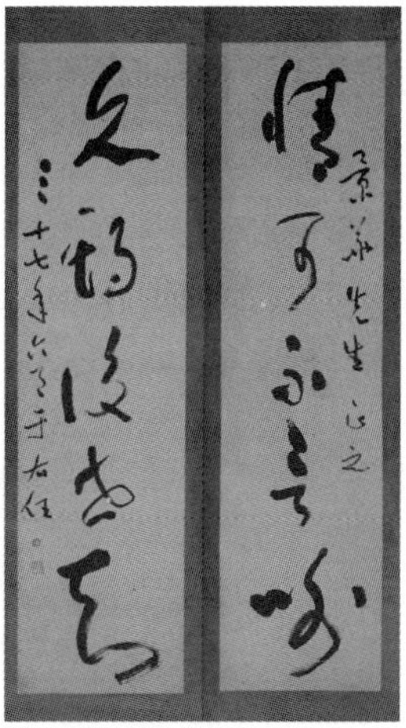

民国藏品，现藏于新乡市博物馆，为国家三级文物。纵 131 厘米，横 32 厘米，纸地。于右任（1878—1964），原名伯循，字右任，号骚心，晚年号太平老人，陕西三原人，著名教育家、诗人、书法家。于右任早年是同盟会成员，长年在国民政府担任高级官员，官至监察院院长。于右任作为书法家的名声，似乎超过了作为政治家的名声，有“现代草圣”之喻。于右任最引人注目的成就，就是创立“标准草书”，于 1932 年在上海发起成立了草书研究社，研究确立草书的标准。

此草书对联内容为：“情可不言喻，文期后世知。”为作者 1948 年离开大陆之前为赠友人书，笔画连绵，呼应顾盼，变化多姿，是草书大字的代表之作。

第六节 造像艺术

魏晋南北朝时期，中国佛教全面发展，佛教造像也普遍开展起来。开窟造像，斫石刻像，成为一时的风气。这一时期的佛教造像由于在时间上跨度过大，经历了王朝数度更替，统治阶级重视的程度不一，以及所受民族文化的影响不同，前后有着明显的区别。在这些造像形式中，以石雕最为普遍，小者有石造像碑，大者有石窟寺的高大雕像，其次是金铜造像。这些造像形式不仅对南北朝时期佛教造像的发展起到了极大的推动作用，同时也为隋佛教造像的鼎盛和成熟打下了坚实的基础。隋唐时期，在几乎遍布全国的寺庙及家庭的佛龛里都供奉着各种材质的佛教造像。这些佛教造像是我国古代雕塑艺术发展历程中取得的辉煌成就，它以其豪迈、蓬勃向上的时代气魄与绚丽多彩、成熟完善的艺术风格被公认为世界艺术宝库中的明珠。明清时期的佛教造像更加世俗化，其面相气韵上表现不出多少特性，但整体比例与轮廓构图，都能达到恰如其分，衣饰与衣纹的表现多用现实手法。清朝的喇嘛教铜造像十分盛行，以藏传佛像和宫廷造佛像为主流，装饰华丽。在技法处理上，衣纹表现极为真实，动感极强，代表着清代佛教造像的最高水平。

1.【获嘉安村道俗百人造像碑】

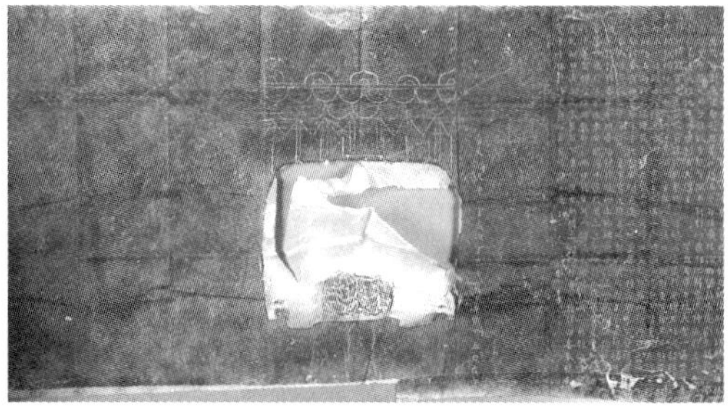

此碑刻于东魏天平四年（537），全名碑高 76 厘米，宽 141 厘米，现

存于新乡市博物馆。碑中部凿一佛龛，龛上端有阴纹线刻示意建筑物顶部脊饰与瓦垅和帷幄。龛中刻一佛二胁侍，佛为肉髻大耳，博衣宽带，结跏趺坐，手施无畏印和与愿印。下衣有稠密的折褶纹，覆于须弥座上沿，后有项光、背光。二胁侍着冠有项光，足直立莲花座上，身上披帛在腹部呈十字状相交。

碑文右侧为造像题记，楷书带有隶意。文十六行，满行三十二字，字体筋骨浑厚，粗犷有力。此碑于咸丰年间，因卫河大水，在新乡北关浮桥以西发现的，碑文中有“获嘉县东清流福地”的安村的记述。由此可知在隋代始设新乡县之前的获嘉县的历史方位与今日的获嘉县是不同的，这正是对历史上获嘉县的地理位置作了最有力的佐证。

2.【交脚弥勒石刻造像】

北朝时期藏品，现藏于新乡市博物馆，为国家二级文物。通高 52 厘米，宽 50 厘米。本造像正面深浮雕一交脚弥勒，肉髻大耳，目微闭，着交叉式披肩，左手下垂扶膝，右手残，双脚相交而坐。座向两侧各延长一水平线，线上又各有一阴纹刻佛，肉髻，有背光。右侧一佛头上还有一飞天和一坐佛，似在听法。左侧上已残，只见有阴刻遗痕。像背为平雕经变故事数幅，已有不同程度残损。是早期的弥勒菩萨造像，流行于魏晋南北朝时期，与后来的大肚弥勒佛形象完全不同，在造像艺术风格上保留了比较多的印度及西域特色。本座造像呈思维状，从背景上的飞天等装饰看，应和敦煌石窟处于同一时代，是思维菩萨的一种造像形式。

3.【白石造像】

北齐藏品，现藏于新乡市博物馆，为国家二级文物。通高 17.5 厘米。佛像头戴冠，身穿袈裟，袈裟宽大，右手持莲蕾向上，左手握桃形物向下，跣足直立。下方为素面长方体基座。佛像具有火焰纹背光和圆形头光。在石刻艺术中，佛祖周身的光明用佛像背后的各种装饰纹来表现。头部的光一

般呈圆形，称作头光；身体的光呈圆形、舟型、莲瓣型等，称作身光。头光和身光统称为背光。佛教的最高境界是“成佛”，而觉悟的本质便是光明朗照。所以，最高果位的佛陀，不仅有头光，而且有背光，象征着他已达到了大彻大悟。次高果位的菩萨，则仅有头光而没有背光。人们参拜神灵祈求保佑，内心充斥着对神佛的景仰和寄托，背光能更加完美地衬托出佛的神圣之感。

4.【太子半跏思维白石造像】

南北朝时期藏品，现藏于新乡市博物馆，为国家三级文物。通高 17 厘米。此像头背光，戴宝冠，左脚下垂于地，右脚横叠于左膝上，左手自然下垂，置于右脚踝上，右手支撑于右颊下，呈现在菩提树下思维之状。两侧有两立胁侍。底座正面图案中间为宝莲，两侧各有一卧狮。思维像是造像中以手支颐或触额姿势，头略低垂作思维状，面部表情或沉思或微笑的形象，表达尊像正处于思考状态，这种思维手势和支颐姿态是思维菩萨的独特造型。半跏思维像流行于南北朝时期，思维菩萨像提供了苦难时代人们对于思维悟道的追求，一个清净洒脱、沉静的“觉者之相”，从忧患和痛苦的时代意识中超脱而出。

5.【鎏金释迦铜造像】

南北朝时期藏品，现藏于新乡市博物馆，为国家二级文物。通高 21 厘米。此像通体鎏金，大背光，肉髻大耳，双目微闭，身披大氅，结施禅定印，结跏趺坐。佛造像有高古佛造像和明清佛造像之分。高古佛造像是指明清之前的佛造像，也称汉传佛造像，历史价值高、艺术性强、内涵丰富、制作精美。此像即属高古佛造像。北魏前后或隋唐的高古佛造像，大多基座呈方形四角，形似板凳，故俗称“板凳佛”。铜佛造型优美、工艺精湛，面型端庄虔诚，身骨清瘦，长脸细颈，尚存南亚人种的形象痕迹，衣褶繁复，且多为大背光。

6.【释迦牟尼铜造像】

南北朝时期藏品，现藏于新乡市博物馆，为国家三级文物。通高 23.5 厘米。该造像为释迦牟尼，肉髻高耸，身着袈裟，袈裟弧线形雕刻，纹理细密。双手结禅定印，双手仰放下腹前，右手置左手上，两拇指相接，这一手印表示禅思，使内心安定之意，结跏趺坐于座上，座基为矮短式四足床趺。佛身后有双层莲瓣形背光，外层背光饰有火焰纹，内层背光围绕佛像上部环绕一圈五个小佛像。该像为像座合铸，造型古朴，是南北朝时期典型的佛造像形象之一。

7.【汉白玉菩萨头像】

唐代藏品，现藏于新乡市博物馆，为国家二级文物。通高 33 厘米，宽 15 厘米。菩萨神情淡定、面相饱满圆润。束发，头戴来源于唐代妇女头饰的花朵装饰，是唐代菩萨冠饰最明显的时代特征。双目微垂，樱桃小嘴，紧抿下唇，神态慈悲安详，法相高雅端庄，凡眉、眼、鼻、唇、耳、面几乎完美而无可挑剔。唐代经济、文化蓬勃发展，佛造像艺术在魏晋南北朝所形成的相对完整的框架之中发挥出独特的审美特色——雄浑、丰满、温和、华丽，人物形象的塑造通常丰腴饱满，神态栩栩如生，反映出盛唐崇尚健康的审美情趣，极富时代风貌。

8.【青石观音造像】

唐代藏品，现藏于新乡市博物馆，为国家二级文物。通高 40 厘米，宽 27 厘米。此像为青石雕刻而成，上部雕刻有菩提果造型，中间思维菩萨头戴宝冠，细眉长目，双目低敛，面颊丰润，神色慈爱祥和，胸前饰瓔珞，双腿呈游戏姿坐于朝天吼上，坐骑姿态安详，匍匐于地，造型生动，下连台座。菩萨左右两侧各站立一弟子，肩部两侧方分别刻有净瓶和鸟造型。此像造型古朴大方，品相完整。思维菩萨像为中国所创，流行于南北朝时期，后代渐少，表现的是释迦牟尼在未出家之前，坐在菩提树下思考人生无常的形态。

9.【力士铜造像】

唐代藏品，现藏于新乡市博物馆，为国家三级文物。通高 7 厘米。此力士像，铜质鎏金，力士头戴幞头，双目圆睁，面目威严，身着盔甲，下着战裙，重心倾于一侧，姿态威武有力。造像骨骼强健，肌肉突出，身姿伟岸，动感十足，站立座上。整体富有动感，线条刚劲。此件金刚力士尺寸虽小，但造型充满了愤怒威严的力量，饱满贲张的肌肉与站姿的韵律感，均加强了造像整体的勇猛气势。

天王力士是隋唐佛教造像艺术中最为常见的护法像之一。他的形象与印度神祇帝释天有密切关系，汉译另有密迹金刚、金刚密迹、金刚力士、持金刚、金刚手菩萨等名，是一位具有大威力的鬼神。此一力士本来是印度毗纽天的侍从，后来被佛教吸收为勇猛的护法神祇。由于手持金刚杵，所以又称为执金刚神，又因为其身口意速疾、隐秘难知，因此又名密迹金刚。密迹金刚原只有一个，进入中国逐渐变为两个。

10.【关羽铜坐像】

明代，新乡市博物馆镇馆之宝之一。通高 172 厘米，厚 98 厘米，通宽 118 厘米。此尊造像为戎装坐像，体型大，造型威风凛凛，铸造精美。关羽头戴包巾，巾带飘垂于双肩，鼻与眉弓高突，微合二目，五绺胡须飘散胸前，身穿宝甲，虎头护腹，护肩，腰束带成结，自然飘垂，下着战裙，脚穿战靴，左手按在左腿上，右手握拳平放于右腿上。

关羽一生忠义勇武，忠贞不贰，历代帝王均将关羽当作“忠义”化身，由侯而王，旋而进帝，最后被尊为武圣人而受世人崇拜。关公在汉传佛教中被奉为伽蓝菩萨，即寺院和守护城关的神。藏传佛教则认为他是密宗护法赤东赞的化身，道教尊之为关圣帝君，并赋予司财的职能，被尊为武财神。关羽为儒、释、道三教崇信，被尊为战神、财神、文神、农神，全方位的万能之神，为历代统治者和百姓万民所共仰，这种受到不同阶层、不同宗教崇拜的古代人物颇为少见。

11.【十一面观音铜造像】

明代藏品，现藏于新乡市博物馆，为国家二级文物。通高 17.4 厘米。此像八臂十一面，通体鎏金，立于莲花座上，最上层为释迦牟尼佛，其余菩萨相皆头戴宝冠，俱法相慈和。后六臂手持各类法器，前臂交于胸前，手施合掌印。下半身着长裙，璎珞蔽裙，双足直立，跣足，下承覆式莲瓣圆座。十一面观音铜造像是藏传佛教中的供养神。在观音的诸多身形中，十一面观音这一身形传入的为最早，据《西藏王统记》载，七世纪传入吐蕃，作为吐蕃赞普的本尊神受到供养。汉传佛教中，十一面观音经中也有详细地对该造像样式的描述。观音十一面，十面中三面慈相，七面怒相，最上面为无量光佛像。关于观音十一个头面的象征意义，《造像量度经》中说持诵《神咒经》，现世可得十种果报。经中还说可得临终见佛、不堕地狱，不非命终，得生极乐世界四种功德。这些功德利益，使十一面观音信仰迅速传播。

12.【观音菩萨铜造像】

明代藏品，现藏于新乡市博物馆，为国家二级文物。通高 34 厘米。菩萨结跏趺坐，头戴宝冠，胸前饰瓔珞，外披双肩大衣，内着裙；面相饱满，体态丰腴，细眉长目，双目微垂，微含笑意，神态宁静慈和，法相端庄，雕刻精致；左手持净杯，右手持柳叶施甘露状。此观音像具有明代佛像整体稳重端正的特点。左手持钵，右手执杨柳枝的立像是洒水观音的代表形象，表“若为大水所漂，称其名号，即得浅处”[①]之文意，洒水观音洒下清澈的香水，洗净众生深重的烦恼和因烦恼而玷污的污垢，意思是将大悲甘露洒向人间，为世人造福。

13.【护法韦陀铜立像】

明代藏品，现藏于新乡市博物馆，为国家二级文物。通高 122 厘米。此立像头戴高盔，面颊圆腴，相容坚毅而谦恭，其双手于胸前结礼供印。身着战甲，飘带在肩后上扬，飘逸若背光，下着战裙，足蹬战靴，姿态雄健有力，面部表情含威不露，使人敬畏。下承方形台座。韦陀菩萨又称韦陀天，是南方增长天王的八大将之一，其前身是印

---

① 出自大乘佛教经典《妙法莲华经》中的《观世音菩萨普门品》。

度教三大神之一——湿婆神的儿子塞建陀。他以行走如飞著称，为武将造型，法器为用来降魔护法的金刚杵，又是佛教的护法神祇，保护出家人，护卫佛法僧。很多汉地的庙宇中，常常以弥陀菩萨于前门笑脸迎来朝拜客，而韦陀菩萨在庙后把守山门，护卫庙宇。

14.【释迦牟尼铜坐像】

明代藏品，现藏于新乡市博物馆，为国家二级文物。通高 196 厘米。释迦牟尼螺发，颗粒突起，双目低垂，大耳垂肩，嘴角微微翘起，面容祥和平静。身着对襟袈裟，前胸袒露，内着僧祇支，衣纹贴体，线条具体而清晰。胸前有“卍”字符,“卍”字是一种符号标志，又作万字、卐字，意译为吉祥海云，为佛三十二相之一，也是八十种好之一,一切诸佛都有此德相，视为功德圆满，吉祥云海之义，此为显现于佛及十地菩萨胸臆等处之德相。双手自然下垂，左手置于右手上，结跏趺坐于双层座上，第一层仰莲状，周围饰上下两圈小佛像，中间支柱，下方为第二层座，雕刻精美。该造像体形硕大，保存完好。

释迦牟尼佛是释教首创人。本姓乔达摩，名悉达多。释迦是其种族名，意思是能；牟尼意思是“仁”“儒”“忍”“寂”。释迦牟尼合起来就是“能仁”“能儒”“能忍”“能寂”等，也是“释迦族的贤人”的意思。释迦牟尼被后世尊称为佛陀，意为觉悟者、世尊，汉地尊称他为佛祖。

15.【水月观音菩萨铜造像】

明代藏品，现藏于新乡市博物馆，为国家二级文物。通高 164 厘米，通宽 92 厘米，厚 58 厘米。此像头戴宝冠，额头宽阔，双目微闭，端庄慈祥，气质高雅，胸前及衣裙饰联珠璎珞，手腕戴臂钏，身穿天衣，下身着长裙，裙边纹饰精美，线条流畅，右腿支起，踏于岩石上，右臂放于右膝上，左腿下垂，呈游戏坐姿，眼前仿佛一池清水，静看水中之月。

水月观音是三十三观音之一，由于此尊观音之形象，多与水中之月有关，故被称为水月观音，又称水吉祥观音，或水吉祥菩萨，这是观世音一心观水相的应化身。水月观音自印度传入中土，经过与华夏文化的长期融合，唐宋以降，对观音的崇拜持续不衰，成为最受中国善男信女欢迎的神祇之一。

16.【鎏金铜造像】

明代藏品，现藏于新乡市博物馆，为国家三级文物。通高 16.5 厘米。此尊头戴宝冠微右倾，发髻高耸，双目微俯，相容寂静，观看世间苦难而愿以慈悲度化，救助众生脱离娑婆苦海。胸前饰缨珞，手臂佩戴钏环，下着薄裙，衣纹线条流畅。左手结印于胸前，右手高举。身体呈三折枝式全跏趺坐姿，端坐于单层莲台上。

17.【鎏金忿怒金刚铜造像】

明代藏品，现藏于新乡市博物馆，为国家三级文物。通高 10.5 厘米。此尊忿怒金刚发髻如火，面生三目，圆睁怒视，神态忿怒。身体壮实，四肢粗短，圆腹，显现出大无畏，大忿怒之面相。全身袒露，胸前挂项链璎珞，手腕、上臂、脚踝处皆有钏饰。右手持金刚杵，左手于胸前结期克印。

忿怒金刚为莲花生大师的八种变化身之一，据传在不丹王国附近有很多危害众生之邪神恶鬼和毁坏佛法制造障碍之众。而莲师为降服一切邪恶众生，变现此忿怒本尊，此时莲师之名号为“忿怒金刚”。

18.【释迦牟尼铜造像】

明代藏品，现藏于新乡市博物馆，为国家三级文物。通高 39.8 厘米。此造像为释迦牟尼，头饰螺发，肉髻高耸，宝珠顶严，双耳垂肩。面相方圆端正，双目俯视，神情安详，姿态端庄。身着披袒右肩百衲衣式袈裟，袒露前胸，衣纹简洁大方。左手施进入觉悟之镜的禅定印，右手扶膝作破除邪魔的触地印，乃标准的释迦牟尼成道像。全跏趺坐于束腰仰覆莲台之上。

19.【弥勒铜造像】

明代藏品，现藏于新乡市博物馆，为国家三级文物。通高 26.1 厘米。弥勒佛头戴宝冠，慈眉善目，笑容可掬，身躯浑圆宽阔，圆头大耳，双耳垂肩，开脸十分喜庆，袒胸露腹，形象生动写实。右手持佛珠搭于右膝上，左手持有一只布袋，结游戏姿坐于束腰仰覆莲台之上，神态悠闲。

大肚弥勒佛，是汉传佛教造像最为常见的题材之一。其形象是依照五代时期僧人契此的形象塑造，宋代以后，在中原汉地开始广为流传，为慈悲福分之象征。弥勒佛通常供奉在象征着佛教“三解脱门”后的佛殿中，也称弥勒尊佛，即未来佛，于华林园龙华树下成正觉，以三会说法化度无量无边的众生。

20.【药师琉璃光佛铜造像】

明代藏品，现藏于新乡市博物馆，为国家三级文物。通高32.2厘米。此造像头饰螺发，肉髻平缓，发髻中置有顶严。五官端正，面相庄严，垂视的双目表现出沉思内省的神态。身着通肩袈裟和僧裙，衣纹流畅自如。全跏趺坐于双层仰莲座上，莲瓣饱满。左手结说法印，右手仰置右膝拈药丸，是药师佛的特殊标识。

药师佛全称“药师琉璃光如来”，是佛教宣称的东方净琉璃世界的教主。《药师琉璃光如来本愿功德经》载，东方有世界净琉璃，佛号药师琉璃光如来，此佛行菩萨道时，发十二大愿，愿为众生解除疾苦，因此成佛。

21.【鎏金释迦牟尼铜造像】

明代藏品，现藏于新乡市博物馆，为国家三级文物。通高50厘米。此尊造像由佛身与台座两部分组成，通体鎏金。佛身结跏趺坐于仰覆莲台之上，面容恬静，身姿端严，容仪具足。底座为束腰仰覆莲台，铸造精美，重瓣垂叠。佛像头顶为左旋螺发，肉髻低平，前有髻珠。双眉细弯，眼帘低垂，目视下方。鼻梁高挺，薄唇微闭，嘴角微扬，面露微笑。双耳垂肩，颈部有三道纹。袒胸露乳，双臂自然下垂，双手结禅定印，拇指相对，右手置于左手之上，手指纤长。佛像上身披双领下垂式大衣，下着裙衣。

22.【汉白玉雕大势至菩萨】

明代藏品，现藏于新乡市博物馆，为国家三级文物。通高146厘米。该造像头戴花冠，身着褒衣，胸佩瓔珞，手捧宝莲，结跏趺坐于莲花座上，其上刻有年份（永乐七年）和大势至菩萨名号，原在辉县白云寺供奉，当地俗称为“玉石奶奶”。大势至菩萨，是阿弥陀佛的右胁侍者，八大菩萨之一，又称大精进菩萨，简称为势至，与阿弥陀佛、观世音菩萨（阿弥陀佛的左胁侍）合称为“西方三圣”或“阿弥陀三尊”。极少单独供奉。大势至菩萨能够给众生智慧之光，使众生在人生道路上一帆风顺，事业有成，佛光永照，化煞化凶，吉祥如意。大势至菩萨造像，手持法器多是以莲花为主，亦多是头戴天冠，而天冠中有宝瓶。

23.【真武铜造像】

明代藏品，现藏于新乡市博物馆，为国家三级文物。通高 30.6 厘米。此造像为真武大帝，披发跣足，双目低垂，面庞丰腴，表情静谧。尊者身着图案化铠甲，舒坐于台座之上，左手结说教印，右手执法器置于右腿上，甲胄鲜明犀利，袍服衣褶自然，边缘錾凿细致，龙纹怒鬣长喙。造像线条硬朗，包浆自然，容貌壮伟，内涵英武之气。明代信奉道教，成祖朱棣（永乐帝）封真武为“北极镇天真武玄天上帝”，在全国设立真武庙，故传世真武像甚多。

24.【鎏金文殊铜造像】

清代藏品，现藏于新乡市博物馆，为国家二级文物。通高 27.1 厘米。文殊菩萨头戴五佛宝冠，面相方圆，眉眼细长，神态沉静，耳垂环珰，宽肩细腰，造型优美。上身袒露，胸前披饰华丽的璎珞。下身着长裙，右腿曲盘，左脚垂踏，通体鎏金，半跏趺坐于狻猊（或曰青狮）背上，狻猊背披绵垫，呈俯卧状。

文殊菩萨，乃佛教四大菩萨之一。因智慧辩才第一，为众菩萨之首，被称为“大智文殊菩萨”，是观世音菩萨之外最受尊崇的大菩萨。佛教中认为，常修持文殊菩萨像，可增长智能，辩才无碍，口演妙法，了知诸法真实义。清代皇帝被视为文殊菩萨的转世化身，故文殊菩萨的造像在清宫中较为常见，用来颂扬帝王如佛陀在世护持人间。

25.【明夹纻佛造像】

明代藏品，现藏于新乡市博物馆，为国家三级文物。通高 212 厘米，宽 96 厘米。夹纻又称夹纡、挟纻，是一种古老的汉族传统手工技艺，作为漆塑像的方法，先用泥塑成胎，后用漆把麻布贴在泥胎外面，待漆干后，反复再涂多次，最后把泥胎取空，因此又有“脱空像”之称。用这种方法塑像不但柔和逼真，而且质地很轻，因此又称“行像”。此尊夹纻佛造像，皮肤裸露处涂有金漆。上身着对襟式大衣，下身着长裙，结跏趺坐于莲花座上，神态安详。

26.【木雕断四臂菩萨造像】

清代藏品，现藏于新乡市博物馆，为国家三级文物。通高 40 厘米。此尊造像头戴五花冠，头顶结高发髻，耳侧有缯带飘卷，面形圆润，神态安详，五官刻画生动写实。宽肩束腰，结构匀称，姿态自然挺拔。上身双肩着帔帛，虽四臂已断，断臂处依然可见精细的臂钏装饰。双足结跏趺坐，下身着长裙，腰间束带，胸前及腰带下缀有连珠式璎珞，装饰华美，是一件艺术水平较高的木雕作品。

27.【鎏金普贤铜造像】

清代藏品，现藏于新乡市博物馆，为国家二级文物。通高 27.2 厘米。普贤菩萨头戴五佛宝冠，面相方圆，眉眼细长，神态沉静，耳垂环珰，宽肩细腰，造型优美。上身袒露，胸前披饰华丽的璎珞。下身着长裙，左腿

曲盘，右脚垂踏，通体鎏金，善跏趺坐，安住于白象上。

普贤菩萨也称为普贤大士，大乘佛教中以其为大乘行愿的象征，故观音的“大悲”、文殊的“大智”、普贤的“大行”、地藏的“大愿”，合称四大菩萨。普贤菩萨象征着理德、行德，与象征着智德、正德的文殊菩萨相对应，同为释迦牟尼佛的左、右胁侍。普贤菩萨的坐骑为六牙白象，六牙代表六种清静，四足代表四种功德。普贤菩萨不但能广赞诸佛无尽功德，且能修无上供养，能作广大佛事，能度无边有情，有无量功德，添福添寿，保佑人一切顺利如意的寓意，在民间信奉者颇众。

28.【清彩绘无畏印菩萨铜站像】

清代藏品，现藏于新乡市博物馆，为国家二级文物。通高 129 厘米。此像呈站姿，跣足立于莲台上。头顶高肉髻，眉间有白毫，面庞圆润，弯眉细眼，面含微笑，神态安详。身着一体式佛装，衣纹流畅，朴素端庄。左手施与愿印，意为佛菩萨能给予众生愿望满足，使众生所祈求之愿都能实现；右手施无畏印，象征布施无怖给众生，表示了佛为救济众生的大慈心愿，能使众生心安，无所畏怖。

29.【文殊菩萨铜造像】

清代藏品，现藏于新乡市博物馆，为国家二级文物。通高 35.7 厘米。菩萨头戴宝冠，细眉长目，双目微阖，面部慈祥安宁，表情静穆柔和，略含笑意，象征其内在宁静纯洁的精神世界。宽肩细腰，造型优美，上身袒露，胸前披挂繁复璎珞，下身穿长裙，双肩搭帔帛，衣纹流畅。双腿结跏趺坐于莲花座上，座上俯卧坐骑青毛狮。

文殊菩萨是中国汉传佛教四大菩萨之一，相传其显灵说法道场在山

西五台山。他专司智慧，常作为释迦牟尼佛的左胁侍，与观音菩萨一起站在释迦牟尼佛的左右。在藏传佛教中文殊菩萨也极受尊崇，为八大菩萨之一，其称谓和造型有多种，但面相常以两种出现，一种为猛相，多首多臂，旨在降服怨敌，消灭烦恼，但胸怀慈悲，属于密宗造像；另一种为静相，结发戴冠，面目慈祥，属于显宗造像。

30.【达摩铜造像】

清代藏品，现藏于新乡市博物馆，为国家三级文物。高 20 厘米。此达摩赤足立于波涛汹涌海水之上。双目圆睁，大耳下垂饰双环，五官端正，衣着宽松肥大，袒胸披肩，双手拢袖置于胸前，两袖间有密密叠褶。菩提达摩，古代南印度僧人，公元 6 世纪初，他渡海入中国弘扬禅法，曾会南朝梁武帝，后又渡江北上，驻嵩山少林寺，面壁九年，传递衣钵后出游。他是中国佛教史上的传奇人物，被奉为中国禅宗的初祖。

31.【送子观音铜造像】

清代藏品，现藏于新乡市博物馆，为国家三级文物。高 84.5 厘米。此像通体描金，右手结施说法印，半跏趺坐，面目慈祥，栩栩如生。送子观音是民族大融合时期文化融合即佛教和华夏文化融合的典型代表，俗称送子娘娘，是抱着一个男孩的观音形象。“送子观音”很受中国妇女喜爱，信徒们认为，妇女只要摸摸这尊塑像，或是口中诵念和心中默念观音，即可得子。所以旧时中国人，尤其是妇女，崇拜佛教中的观音，在很大程度上是因为相信观音能够送子。观音在佛教中并不是最高神，但由于有了送子功能，其

在中国的影响要比佛祖释迦牟尼大得多。观音的寺庙遍布中国，观音的塑像，不仅被当作工艺品，还作为供奉的神祇，也常见于普通人家。

32.【刘海戏金蟾铜造像】

清代藏品，现藏于新乡市博物馆，为国家三级文物。高 13.8 厘米。此造像刘海站立于金蟾背上，袒胸露乳，造型生动。衣袍系于腰间，表情展眸欢笑。刘海蟾是我国古代道教人物，曾做过燕王刘守光的丞相，后从钟离权、吕洞宾学道成仙，被道教尊为全真道北五祖之一。金蟾是一只三足青蛙，古时认为得之可致富，寓意财源兴旺。民间视刘海蟾为福神、财神，并流传“刘海戏金蟾，步步钓金钱”之说。

33.【说法印释迦牟尼铜造像】

清代藏品，现藏于新乡市博物馆，为国家三级文物。通高 11.5 厘米。此尊佛肉髻高隆，螺发细密，宝珠顶严，眉清目秀，大耳垂肩，额饰白毫，眼帘低垂，嘴角微微上扬，面露笑意，神态宁静慈祥，充分表现出释迦牟尼佛怜悯众生，博大雍容的气度和胸襟，同时也让观者感受到沉静坦然之感。佛像上身着双领下垂式袈裟，右肩披袈裟边角，袒露前胸，下身着高腰僧裙，衣纹简洁大方。右手于胸前举起施“说法印”，左手于腹前平放结“禅定印”，双腿结跏趺端坐，下承束腰仰覆莲台座。

第七节 碑帖拓片

碑帖拓片，是从原碑或圹志等实物上直接摹拓下来的，它承载了原碑或圹志等实物的主要信息，是古代比较科学的文献记录、保存手段，是古代文献的重要载体之一。许多石刻名碑历经千年风雨，已破烂不堪，甚至消失在历史长河之中。正是因为拓片的存在，使得石刻名碑的内容延续千年。同时，拓片传承的不仅是文字史料，更将我国书法艺术的精髓代代相传，其中很多书法名篇就是因为名不见经传的工匠用巧手镌刻下来。在斧凿之间，锤拓之中，笔墨的神韵、前贤的幽思和中华的文脉传承至今。

1.【石鼓文拓本】

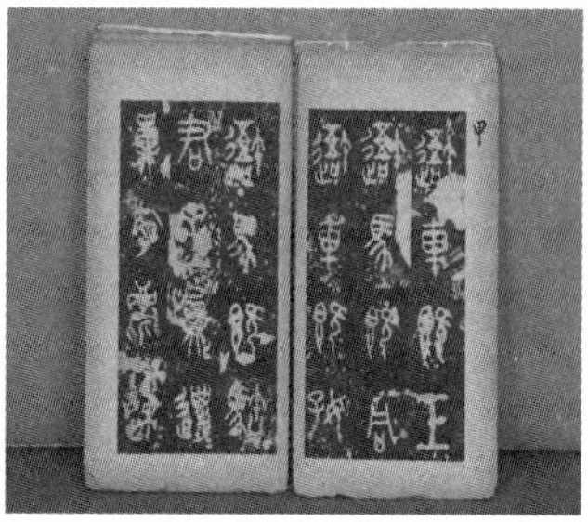

此拓片为清拓，刻石现藏于故宫博物院，新乡市博物馆馆藏石鼓文拓片为清乾隆、嘉庆年间旧拓，为国家二级文物。石鼓文为先秦刻石文字，因其刻石外形似鼓而得名。原碑发现于唐，共十鼓，高约二尺，径约三尺余，分别刻有大篆四言诗一首，共十首，计七百一十八字。石鼓文依照秦之建立、立国、发展、创立帝业这一发展顺序，对秦人历史发展进程有重大贡献的先祖烈公及始皇帝的重大历史事迹进行了歌颂。关于石鼓文的年代，宋代郑樵《石鼓音序》之后“石鼓秦物论”开始盛行，清末震钧断石鼓为秦文公时物，民国马衡断为秦穆公时物，郭沫若断为秦襄公时物，今人刘星、刘牧则考证石鼓为秦始皇时代作品。

石鼓文的字体，上承西周金文，下启秦代小篆，多取长方形，体势整肃，端庄凝重，笔力稳健，笔划粗细基本一致，有的结体对称平正，有的字则参差错落，近于小篆而又没有小篆的拘谨。在章法布局上，虽字字独立，但又注意到了上下左右之间的偃仰向背关系、其笔力之强劲在石刻中极为突出，在古文字书法中，是堪称别具奇彩和独具风神的。石与形，诗与字浑然一体，充满古朴雄浑之美，是学习篆法的珍贵资料。石鼓文对后世的书法与绘画艺术有着非常重大的影响，不少杰出的书画家如：杨沂孙、吴大澂、吴昌硕、朱宣咸、王福庵等都长期研究石鼓文艺术，并将其作为自己书法艺术的重要养分，进而融入自己的绘画艺术之中。

2.【泰山刻石拓片】

此拓片为清拓，现藏于新乡市博物馆，为国家二级文物。秦始皇巡狩时，刻石泰山顶，后石残。断石明代出土，残存篆书二十九字，乾隆五年（1740）毁于火，嘉庆二十年（1815），在山顶玉女池得残石两块，仅存十字。此刻石为秦代篆书刻石，碑刻为秦始皇统一文字后的字体，即“小篆”。立于秦始皇二十八年（公元前219），是泰山最早的刻石。刻石分为两部分，前半部系公元前219年秦始皇东巡泰山时所刻，共一百四十四字，后半部分为秦二世胡亥即位第一年（公元前209）刻制，共七十八字，相传两刻辞均为李斯所书。书法流动婉通，古厚峻拔，平稳端宁；字形公正匀称，修长宛转；线条圆健似铁，愈圆愈方；结构左右对称，横平竖直，外拙内巧，疏密适宜，是秦篆正宗，具有极高的艺术价值。

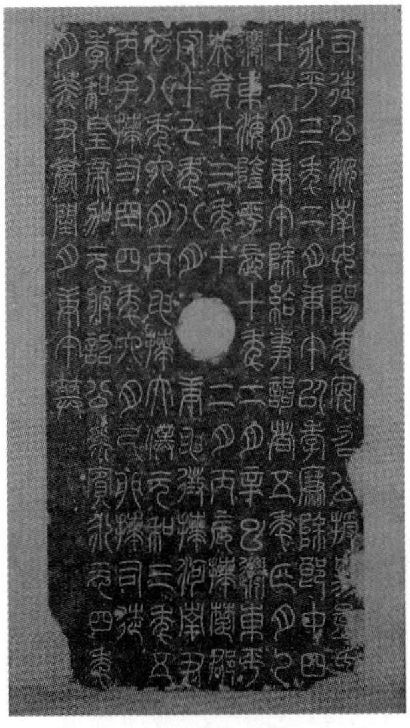

3.【《袁安碑》拓片】

此拓片为民国拓，现藏于新乡市博物馆，为国家三级文物。原碑刻于东汉永元四年（92），全称《汉司徒袁安碑》，原石出土地点不详，1929年在河南堰师县城南辛家村发现，现藏河南博物院。碑高1.53米，宽约0.74米，小篆体，上下皆残，现仅存一百三十九字，新乡市博物馆现藏拓片为发现时所拓。碑主袁安为东汉明帝、和帝时期大臣，为人不畏权贵，守正不移，名重朝廷。此碑主要记载了袁安的生平，与《后汉书·袁安传》基本相同，但较简约。刻石字口锋颖如新，书法浑厚古茂，雄朴多姿，线条纤细婉转，体态遒劲流畅，飘逸圆融中尽显端庄方正，是汉代篆书的典型代表。

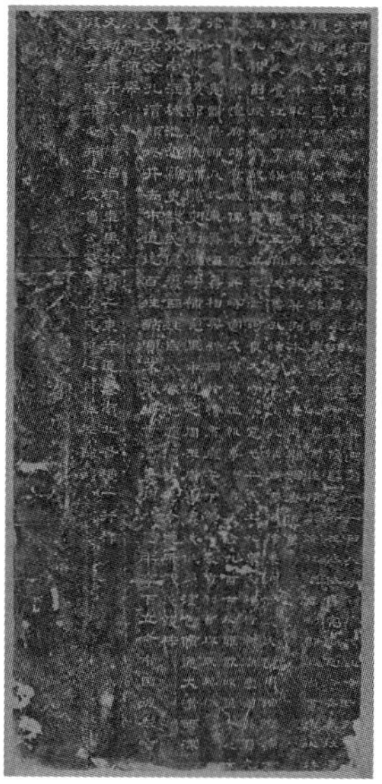

4.【《史晨碑》拓片】

此拓片为民国拓，现藏于新乡市博物馆，为国家三级文物。原碑刻于东汉建宁二年（169），高约1.83米，宽0.80米，现存山东曲阜孔庙。此碑两面刻，通常一面称《鲁相史晨奏祀孔子庙碑》，也称《史晨前碑》；一面称《鲁相史晨飨孔子庙碑》，也称《史晨后碑》。前碑建于东汉建宁二年（169），后碑建于建宁元年（168）。前碑十七行，行三十六字；后碑十四行，行三十六字，均隶书。

书者有谓东汉蔡邕但别无款识，故不能确证。前后二碑如同出一手，笔致古厚朴实，端庄遒劲。磨灭处极少，为汉碑中逸品，也是东汉后期汉隶走向规范、成熟的典范。

山东曲阜孔庙，它不仅仅是杰出的古代建筑群，它还收藏历代碑刻二千多块，成为仅次于西安碑林的全国第二大碑林，也是全国四大碑林之一。《史晨碑》是孔庙珍品，与《礼器碑》《乙瑛碑》一起，并称为孔庙三大名碑。

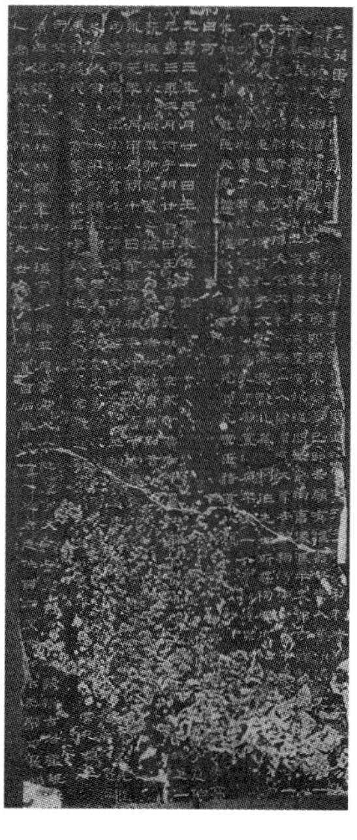

5.【《乙瑛碑》拓片】

此拓片为民国拓，现藏于新乡市博物馆，为国家三级文物。原碑刻于东汉桓帝永兴元年（153），全称《汉鲁相乙瑛请置孔庙百石卒史碑》，隶书十八行，行四十字，现存山东曲阜孔庙。

碑文主要记载鲁相乙瑛请于孔庙置百石卒史执掌祭祀之事，碑中刻有奏请设置百石卒史的公牍和对乙瑛的赞辞，因遴选的百石卒史为孔和，所以此碑又称《孔和碑》。此碑结体方整，骨肉停匀，法度严谨，用笔方圆兼备，平正之中有秀逸之气，是汉隶成熟期的典型作品，也是后人学习隶书最佳范本之一。翁方纲评论此碑："骨肉匀适，情文流畅。"①

6.【《礼器碑》拓片】

此拓片为民国拓，现藏于新乡市博物馆，为国家二级文物。原碑刻于东汉永寿二年（156），现存山东曲阜孔庙，又名《鲁相韩敕造孔庙礼器碑》《韩明府修孔庙碑》《鲁相韩勑复颜氏繇发碑》等。四面皆刻有文字，碑阳隶书十六行，满行三十六字，碑阴三列，列十七行；左侧三列，列四行，右侧四列，列四行。碑文记述鲁相韩敕修饰孔庙、增置各种礼器、吏民共同捐资立石以颂其德事，碑侧及碑阴刊刻捐资立石的官吏姓名及钱数。此碑书风细劲雄健，端严而俊逸，方整秀丽兼而有之。碑刻后半部及碑阴是其最精彩的部分，艺术价值极高，是汉碑中的经典之作。

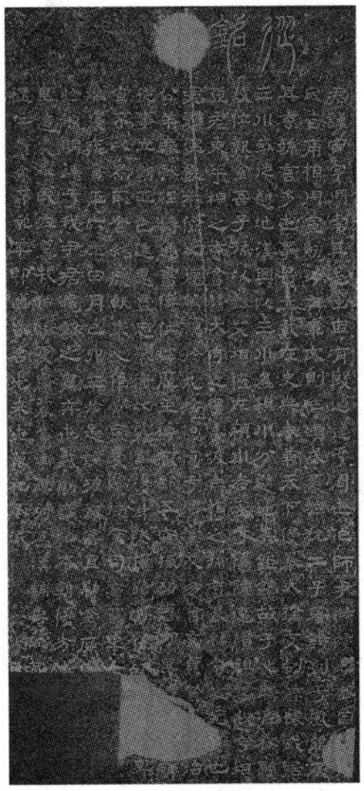

7.【《尹宙碑》拓片】

此拓片为民国拓，现藏于新乡市博物馆，为国家三级文物。原碑刻于东汉熹平六年（177），全名《汉豫州从事尹宙碑》，元皇庆元年（1312）河南鄢陵县达鲁花赤阿八赤，为修孔庙至各地寻求石材，在洧川（今河南长葛县）发现此碑，后移置孔庙内，其后不久，即没于土中。明万历年间（1537—1619）因洧水泛岸崩而重新出土，遂重置于鄢陵孔庙。今庙已改为鄢陵县初级中学，此碑位于中学操场。

此碑隶书十四行，行二十字。碑额题"汉豫

① 出自（清）方朔《枕经堂金石跋》。

州从事尹公铭”，出土时上截已毁，额仅存“从”“铭”二篆字。碑主尹宙，字周南，河南鄢陵人。博通经传，官至豫州（治在今安徽亳县）从事。碑文主要为赞颂尹宙，对其生平作详尽叙述。此碑书法笔法圆健，与楷相近。书法风格工整中透出洒脱，统一中富于变化。行笔一波三折，有金石之气。结体顾盼有神，若群鹤起舞，堪称汉碑中的上乘之作，后世多将此碑与《孔宙碑》并称“二宙”。

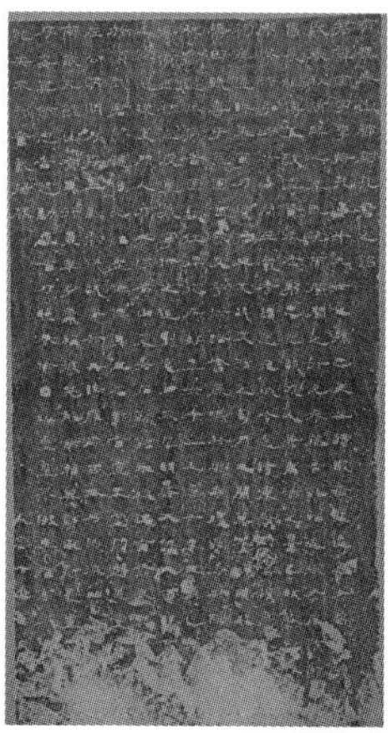

8.【《孔宙碑》拓片】

此拓片为民国拓，现藏于新乡市博物馆，为国家三级文物。原碑刻于东汉桓帝延熹七年（164），全名《汉泰山都尉孔宙碑》，今在山东曲阜孔庙同文门东。碑主孔宙，是孔子的第 18 世孙，是大名鼎鼎的“建安七子”之一的北海太守孔融的父亲。

碑阳隶书十五行，行二十八字。此碑文字结体端庄而飘逸，风度翩翩。碑文称颂孔宙，价值不是很大，但其书法精美，是汉隶中的精品。

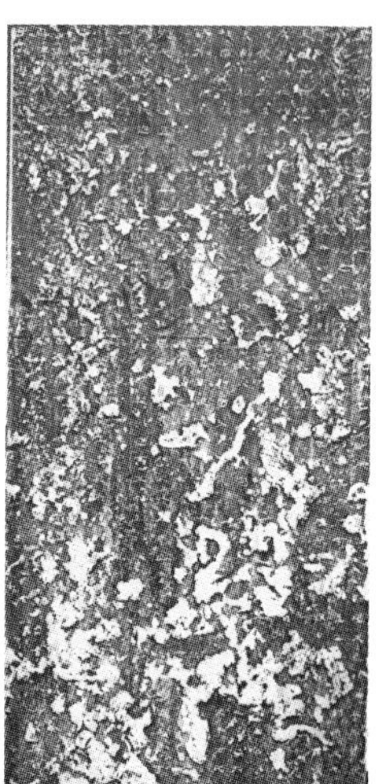

9.【《孔彪碑》拓片】

此拓片为民国拓，现藏于新乡市博物馆，为国家三级文物。原碑刻于东汉建宁四年（171），全名为《博陵太守孔彪碑》，原石现存山东曲阜孔庙。碑主人孔彪，字元上，孔子十九世孙，孔宙弟，历官郎中、尚书侍郎、博陵太守等。

此碑碑阳十八行，行四十五字，为博陵故吏崔烈等 13 人（题名于碑阴）为颂孔彪遗德而立。碑文前序后铭，简约雅饬，堪为东汉碑铭标本。隶书写于界格之中，字不大，而字距、行距极宽，布局清朗通透。杨守敬谓其字“笔画精劲，结构谨严”。[①] 可惜此碑剥蚀较甚，损字较多。

① 梁披云：《中国书法大辞典》，广东人民出版社 1984 年版，第 1076 页。

10.【《张迁碑》拓本】

此拓本为民国拓，现藏于新乡市博物馆，为国家三级文物，又名《谷城长荡阴令表颂》，刻于汉中平三年（186）。明初出土，碑现存于山东泰安岱庙。碑主张迁，字公方，陈留己吾（今河南宁陵）人，曾任谷城（今河南洛阳市西北）长，迁荡阴（今河南汤阴县）令。碑文记载了张迁及其祖先张仲、张良、张释和张骞的功绩，并涉及黄巾起义军的有关情节，具有很高的史料价值。

此碑隶书十六行，行四十六字，用笔以方为主，笔致多变化，结体方严高古，宽舒茂密，朴厚中有雄秀之气。碑阴字较完好，笔意雄健酣畅，较之碑阳字灵秀可爱。《张迁碑》是传世汉碑中风格雄强的典型作品，历来评价较高，清杨守敬说他在用笔方面“已开魏晋风气，此源始于《西狭颂》，流为黄初三碑（《上尊号奏》《受禅表》《孔羡碑》）之折刀头，再变为北魏真书《始平公》等碑”。[①]

11.【西狭颂摩崖拓片】

此拓为民国拓，现藏于新乡市博物馆，为国家三级文物。《西狭颂》全称《汉武都太守汉阳阿阳李翕西狭颂》，亦称《李翕颂》《黄龙碑》，颂文主要记载了东汉武都郡太守李翕率众开天井道的历史。仇靖于东汉建宁四年（171）篆刻并书丹的摩崖石刻，现位于甘肃省成县天井山鱼窍峡，距今已有1800多年历史。

---

① 泰安市地方史志编纂委员会编：《泰安历史文化遗迹志》，方志出版社2011年版，第390页。

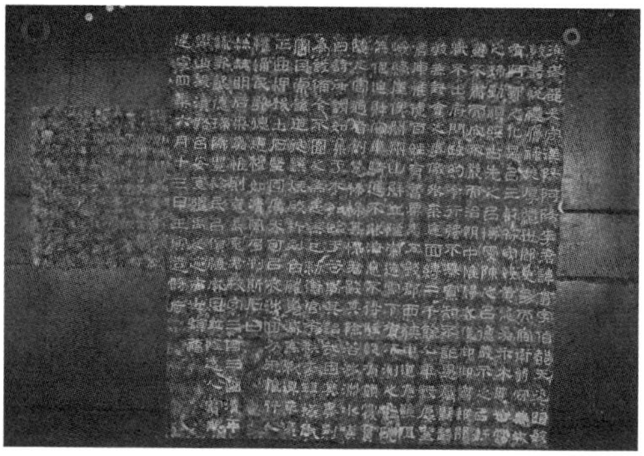

《西狭颂》与陕西汉中的《石门颂》、略阳的《郙阁颂》同列为汉代书法“三颂”,《西狭颂》也是三大颂碑中保存最完整的一座摩崖刻石。它刻在一块崖体凹进，表面平整的石壁上，宽 340 厘米，高 220 厘米，上有“惠安西表”四字篆额。正文阴刻二十行，三百八十五字，每字约 4 厘米见方。纵观全篇，汉代隶书真迹清晰可辨。此石结字高古，庄严雄伟，用笔朴厚，方圆兼备，笔力遒劲。杨守敬评论说：“方整雄伟，首尾无一缺失，尤可宝重。”[①] 碑文末刻有书写者“仇靖”二字，开创书家落款之例。

12.【《石门颂》拓片】

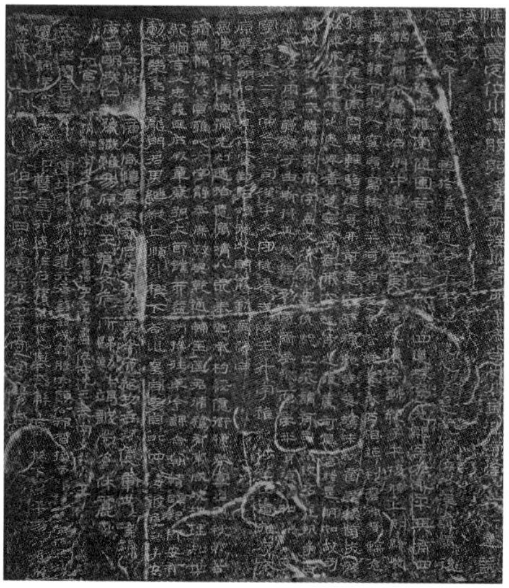

① 李国钧：《中华书法篆刻大辞典》，湖南教育出版社 1990 年版，第 475 页。

此拓为民国拓，现藏于新乡市博物馆，为国家三级文物。《石门颂》全称为《故司隶校尉楗为杨君颂》。东汉建和二年（148），汉中太守王升为表彰杨孟文等开凿陕西汉中市褒城镇东北褒斜谷古石门通道的功绩而刻的铭石，文辞为王升撰写，王戎刻写。

《石门颂》多用圆笔，逆锋起笔回锋收笔，线条沉着劲道，结字舒展放纵，体势瘦劲，飘逸自然。《石门颂》是中国书法史上的一座丰碑，它与略阳的《郙阁颂》、甘肃成县的《西狭颂》并称为“汉三颂”。

《石门颂》原刻于陕西省褒城县（今汉中市汉台区褒河镇）古褒斜道的南端石门隧道的西壁上。20世纪60年代末兴修水利，石门隧洞，古道遗迹与绝大部分石刻尽皆淹没于浩渺大水之中，但把汉魏《石门十三品》抢救了出来。20世纪80年代初，国家拨专款，在石门石刻专家郭荣章主持下，在汉中市汉台博物馆修建汉魏《石门十三品》专门展厅，《石门颂》现收藏于汉中市博物馆。

13.【《公卿将军上尊号奏碑》拓片】

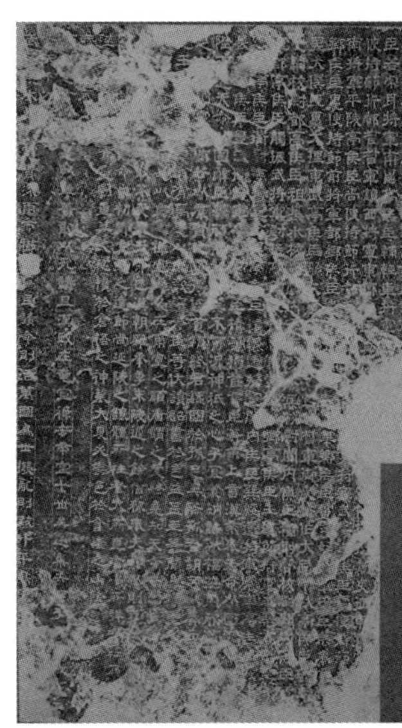

此拓本为民国拓，现藏于新乡市博物馆，原碑立于临颍县城西北繁城镇汉献帝庙址上，现为国家文物重点保护单位。立碑年月不明，但据碑之内容，当为三国魏黄初元年（220）立，又名《劝进碑》。额题篆书阳文“公卿将军上尊号奏”，隶书三十二行，行四十九字，有不少字残毁，世传梁鹄书，或钟繇书，但均无确证。作为魏碑与《受禅碑》并称，字体呈汉隶向魏过渡阶段，隶法遒古，如斩钉截铁。

建安二十五年（220）正月曹操病逝后，其子曹丕嗣丞相位和魏王爵，群臣屡次上书劝进，曹丕于当年十月废掉汉献帝，自立为魏国皇帝。此碑文就是当时公卿将军呈给魏王曹丕的奏章，内容为劝曹代汉立魏国行皇帝之事。

14.【《受禅表碑》拓片】

此拓本为民国拓，现藏于新乡市博物馆，为国家三级文物。原碑同《公卿将军上尊号奏碑》共同立于临颍县城西北繁城镇汉献帝庙址上，现为国家文物重点保护单位。此碑与《劝进碑》共同称为“临颍三绝碑”（即文表绝、书法绝、镌刻绝），都具有较大的史料价值和艺术价值。

受禅表碑书法结构方严整肃，用笔刚健斩截，意气雄伟排宕。在笔法上更有新的突破，落笔逆锋减少，而变之以单刀直入，收笔重顿后迅速提起，这已经是萌芽时期的楷书的一种特殊笔法。

此碑碑文二十二行，每行四十九字，隶书阴镌，内容首先阐明禅让乃自古之美德，接着颂扬曹丕“齐光日月，材兼三级”，有“尧舜之姿”“伯禹之劳”“殷汤之略”“周武之明”，在公卿将军固请下，他“回师千虑，至于再，至于三”，才在繁阳（今繁城镇）筑灵坛举行受禅大典。

15.【《酸枣令刘熊碑》拓片】

此拓为清拓，现藏于新乡市博物馆，为国家三级文物。此碑全称《汉酸枣令刘熊碑》，亦称《刘雄碑》《刘孟阳碑》。立碑年月不明，但无疑为东汉刻碑。此碑相传为东汉著名文学家书法家蔡邕所书，是新乡现存最早的碑刻，但如今原碑已驳蚀殆尽，有拓本传世。

碑主刘熊，字孟阳，系东汉光武帝刘秀之玄孙，做过酸枣县令（酸枣故城在今河南延津县北十五里）。北魏郦道元《水经注》载“城内有后汉酸枣令刘孟阳碑”①，这是关于《刘熊碑》最早记载。此后宋欧阳修《集古录》、赵明诚《金石录》相继著录，南宋洪适《隶释》复详记碑之全文（只有少数字残缺），可见此时碑尚未断毁。据洪氏所记，原碑共二十三

---

① 陈桥驿：《水经注校正》卷8《济水二》，中华书局2007年版，第203页。

行，行三十三字。后碑断，残存两块，后此两块残石也已不存。1915 年金石家顾燮光访得碑阴残石一块，存字八行，计六十三字。残石侧面有宋人题记。顾燮光潜心研究金石碑刻，著有《刘熊碑考》。

《刘熊碑》为传世著名汉碑之一。其结字规矩整饬，用笔流美遒逸，布局疏朗清爽。杨守敬称其“古而逸，秀而劲，疏密相间，奇正相生，神明变化，拟于古文”。[①]

16.【《爨宝子碑》拓片】

此拓片为清咸丰二年（1852）拓，现藏于新乡市博物馆，为国家三级文物。原碑刻于东晋安帝乙已年（405），全称“晋故振威将军建宁太守爨府君墓碑”，原碑立于云南南宁（今云南曲靖），后移南宁武侯祠，乾隆四十三年（1778）出土。此碑出土时并未引起人们的重视，一直被乡民用做压豆腐的石板，后曲靖知府邓尔恒发现豆腐上有字迹，大为惊异，随即发现此碑，加以保护。现碑石在云南曲靖市第一中学校园内，为全国重点保护文物。

此碑的书法在隶楷之间，碑文记十三行，行三十字，下题名一列十三行，行四字。此碑体现了隶书向楷书过渡的一种风格，为汉字的演变和书法研究提供了宝贵资料，其极高的书法地位。在书法史上与《爨龙颜碑》与《爨宝子碑》并称为“爨”，前者因字多碑大称“大爨”，此碑则被称为“小爨”。它朴茂古厚，气度高华，气魄雄强，奇姿尽现，体势情趣、情态均在隶楷之间。阮元称它为“滇中第一石”，康有为誉为“已冠古今”。

除此以外，此碑还具有极大的历史价值。碑文记述爨宝子生平，其系爨部族首领，世袭建宁郡太守。爨氏作为南中大姓、豪族，有着悠久的历

① 河南省文物局编：《河南碑志叙录》，中州古籍出版社 1992 年版，第 13—14 页。

史。早在三国时代，诸葛亮亲征云南，平定南中大姓叛乱后，收其俊杰为地方官吏，其中就有“建宁爨氏”。西晋灭亡后，大量汉族移民迁至南中地区，先进的汉文化也在南中地区广泛传播，并与当地土著文化相融合，今天我们所见到的《爨宝子碑》则是这种融合的结晶。

17.【《爨龙颜碑》拓本】

此拓本为民国拓，现藏于新乡市博物馆，为国家三级文物。原碑刻于南朝刘宋孝武帝大明二年（458），全称为《宋故龙骧将军护镇蛮校尉宁州刺史邛都县侯爨使君之碑》。此碑在清道光六年（1826），为金石家阮元出任云贵总督时，访求名碑于陆良贞元堡发现，命知州张浩建亭保护，并题跋，现存云南省陆良县贞元堡小学内。

《爨龙颜碑》《爨宝子碑》是两块云南“南碑瑰宝”。《爨龙颜碑》立于南朝宋大明二年（458），比《爨宝子碑》晚五十三年，可以说这两块碑是同时代的作品。《爨龙颜碑》，碑文书法字体介于隶楷之间，书法风格独特，被称为“爨体”。碑刻二十四行，行四十五字，书法甚古雅、多带隶意，气魄雄浑，结构多变，与人以一种壮美之感觉。

碑文追溯了爨氏家族的历史，记述了爨龙颜的事迹。墓主人爨龙颜不见史籍记载，历任建宁、晋宁二郡太守及宁州刺史。碑文详细记载了爨氏的历史和墓主人祖孙三代的仕历，还记载了元嘉九年（432）益州赵广起义波及宁州地区，爨龙颜曾参与镇压活动的史实，此碑今已列为全国重点保护文物单位。

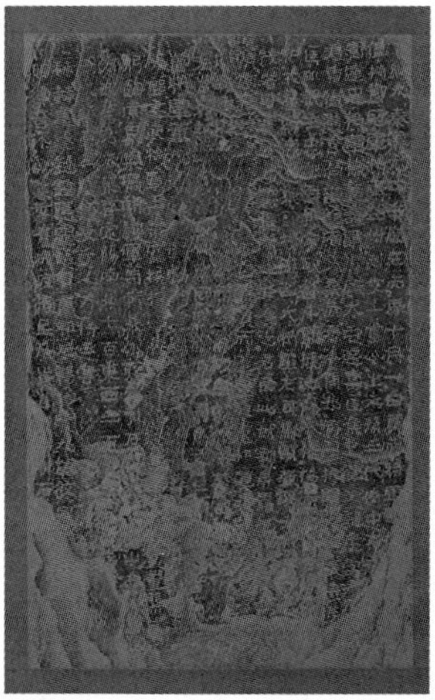

18.【《广武将军□产碑》拓片】

此拓片为清拓，现藏于新乡市博物馆，为国家二级文物。原碑刻于前秦建元四年（368），后失传，1920年重新发现于白水南彭衙寒崇寺，1971年迁西安碑林。碑四面刻，前面刻碑文，碑阴及两侧部将姓名。隶书十行，行三十一字。此碑书体奇态横生，不可名状，极使转之妙，尽笔意之变化，康有为赞曰："此碑在陕亦为关中楷隶冠。"[1] 前秦石刻极少，除《邓太尉祠碑》外，仅有此碑，故为人珍视。

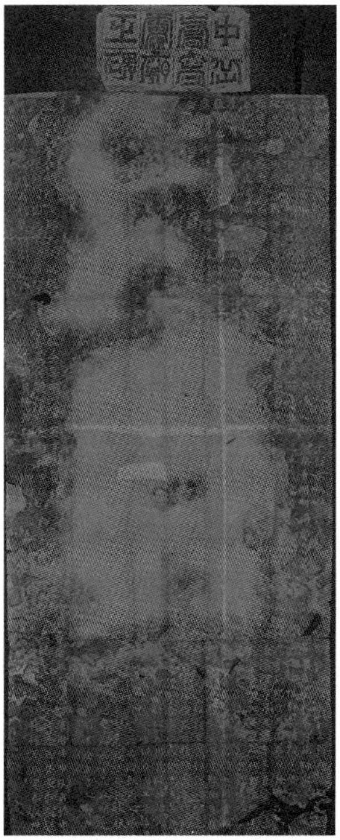

19.【《中岳嵩高灵庙碑》拓片】

此拓片为民国拓，现藏于新乡市博物馆，为国家三级文物。原碑刻于北魏太安二年（456），一说刻于太延年间（435—440）立，相传为寇谦之撰书，现存于河南登封的中岳庙。

此碑楷书二十三行，行五十字，残泐大半，现存五百八十余字，碑阴刻成七列。碑文内容为寇谦之修祀中岳庙并宣扬道教的事迹。此碑书体自隶经楷，隶正相杂，尚无定法，许多地方还不成熟，有无以伦比的拙朴天趣。该碑用笔以方笔及中锋为主，笔画方棱，雄强奇古。其结构错落有致、真率古拙、大小不拘、富于变化，颇见自然之趣。历来为后世所推重。

河南嵩山为"五岳"之一，世人称之为中岳。中岳庙始建于秦代，原名太室祠，为祭祀

---

① 金其桢：《中国碑文化》，重庆出版社2002年版，第214页。

太室山神的场所。唐宋时期，道教十分兴盛，中岳大帝作为道教崇拜神之一，在帝王奉祀下正式定型，被后世崇拜。北宋、金、明、清四代都对中岳庙进行了大规模整修，现有庙制保留清代规模，是河南省现存规模最大的寺庙建筑之一。

20.【《皇帝吊殷比干碑》拓片】

此拓片为民国拓，现藏于新乡市博物馆，为国家三级文物。原碑刻于北魏太和十八年（494），全称《孝文皇帝吊殷比干墓文碑》，亦称《太和碑》，原碑已毁，宋翻刻，此碑现存于新乡卫辉比干庙内。孝文帝吊比干之事，《魏书·高祖纪下》有详细记载，太和十八年（494）十一月，“甲申，经比干之墓，伤其忠而获戾，亲为吊文，树碑而刊之”。[①]

碑文内容为北魏孝文帝凭吊比干时所写的祭文，全文多仿楚辞体而作，表达出孝文帝对“比干之忠”的渴望和对“比干之才”的惋惜，而且情感随着行文越来越强烈。孝文帝在文中发出“脱非武发，封墓谁因；呜呼介士，胡不我臣”的感慨，说明孝文帝内心渴望成为像周武王一样的一代圣主，名垂青史。

此碑楷书，二十八行，行四十六字。此碑文为孝文帝撰文，传为崔浩书写。崔浩博览经史，通天文。工书，世上以其迹为宝。此碑在魏碑中个性鲜明，笔画方正、匀称，字亦多呈方形，结字宽博。许多地方略仿隶书笔意，但已无典型隶书的含蓄、冲和之气，笔画、结字都略近板刻，可能同宋人临写有关。杨守敬评此碑说：“瘦削独出，险不可近。”[②]康有为评其为“瘦硬峻峭之宗”。[③]

---

① （北齐）魏收：《魏书》卷 7 下《帝纪第七下》，中华书局 1974 年版，第 175 页。

② （清）杨守敬：《学书迩言》，浙江人民美术出版社 2018 年版，第 19 页。

③ 郎绍君：《中国书画鉴赏辞典》，中国青年出版社 1988 年版，第 1339 页。

21.【《龙门二十品》拓本】

此拓本现藏于新乡市博物馆，新乡市博物馆藏有“龙门二十品”清拓和民国拓数本，为国家三级文物。“龙门二十品”指选自龙门石窟中北魏时期的二十方造像题记，这些题记大多刻于公元500年前后，代表题记如《始平公造像记》《北海王元详造像记》《比丘道匠造像记》《马振拜造像记》《齐郡王元祐造像记》等。这些造像记中的功德主多是北魏的王公贵族、高级官吏和有道高僧，他们为孝文帝歌功颂德或为祈富禳灾而开龛造像。

“龙门二十品”是魏碑书法的代表，魏碑上承汉隶，下开唐楷，兼有隶楷两体之神韵。它的书法艺术是在汉隶和晋楷的基础上发展演化，从而形成了端庄大方、刚健质朴，既兼隶书格调，又孕楷书因素的独特风格，是北魏时期书法艺术的精华之作、“魏碑”体的代表。这些造像记中往往涉及当年的史实。因此，龙门二十品不但是北魏时期书法艺术的精华之作、魏碑书法的代表作，也是具有研究价值的史料。

22.【《张猛龙碑》拓片】

此拓片为清拓，现藏于新乡市博物馆，为国家二级文物。原碑刻于北魏正光三年（522），原名《鲁郡太守张府君清颂碑》，又名《张猛龙清颂碑》，原碑现在山东曲阜孔庙。碑文记颂魏鲁郡太守张猛龙兴办学校功绩，碑阳为题名，楷书二十六行，行四十六字，碑阴刻立碑官吏名计十列，额正书“魏鲁郡太守张府君清颂之碑”三行十二字。此碑的书法在魏碑中属于风格雄健一类，历代书家给予高度赞誉，被世人誉为“魏碑第一”。杨守敬评为：“整炼方折，而碑阴则流宕奇特。”[1] 碑阳二十四行，行四十六字。

23.【《高贞碑》拓片】

此拓本为民国拓，现藏于新乡市博物馆，为国家三级文物。原碑刻于北魏正光四年（523），全称《魏故营州刺史侯高君之碑》，清嘉庆十一年（1806）在山东德州出土，现存于德州。山东德州所出古碑除《高贞碑》外，尚有《高庆》《高湛》二碑，世称德州“三高”。

此碑篆书题额，碑文计二十四行，每行四十六字，此碑是北朝碑刻中方笔楷书的代表作品，清峻劲健，结字稳健俊整，字形微扁，底盘稍大，显得庄重稳健，在风格上已十分接近唐人楷法，由是可知《高贞碑》与《张猛龙碑》同属北碑中之佼佼者。

24.【《郑文公碑》拓片】

此拓片为清光绪初年拓，现藏于新乡市博物馆，为国家二级文物。刻于北魏宣武帝永平四年（511），全称《魏故中书令秘书监使持节督兖州诸军事安东将军兖州刺史南阳文公郑君之碑》，又名《郑羲碑》，系崖刻。此碑共有两碑，一在山东省莱州市云峰山，称下碑；一在平度市天柱山，称上碑。下碑比上碑书写略晚，字亦较大，剥泐较少，因而比上碑更为著名。

此碑为北魏光州刺史郑道昭为其父郑羲所立，其内容记述郑羲生平事迹，文多谀辞且有失实。碑主郑羲，字幼麟，司州开封（今河南开封市）人，

① （清）杨守敬：《学书迩言》，浙江人民美术出版社 2018 年版，第 18 页。

《魏书》中有其传，北魏孝文帝时期的重臣。

此碑集众体之长，有篆书的笔法、隶书的体势、行书的纵逸风姿，又有楷书的端庄。其用笔，既有篆法圆转形成的圆笔印象，又有隶法方折形成的方笔感受。方圆兼备，变化多端，雍容大雅。

25.【《西门豹祠堂碑》拓片】

此拓片为清道光年间拓，现藏于新乡市博物馆，为国家三级文物。原碑刻于北齐，相传立于北齐天保五年（554），缺乏考证。该碑全称《清河王高岳造西门豹祠堂碑》，位于河南安阳县安丰乡的西门豹祠堂内。

碑高六尺八寸，广四尺八寸，隶书二十九行，行四十四字。额阳文篆书题“西门君之颂”五字，碑阴上下分六截，每截楷书三十行。该祠于1924年毁于战火，现仅存几通旧碑，大部分石碑字迹漫漶，已难以辨认。杨守敬评价此碑云：“书法变古劲而为丰腴，波磔亦不用折刀头之法，竟与正书相去不远。北齐一代分书多如此类，虽不及元魏之峭拔，而无寒之气。”①

西门豹为战国时期魏国人，魏文侯时任邺（河北省临漳县西邺镇一带）令，是著名的政治家、军事家、水利家，曾立下赫赫战功。西门豹治邺期间，破除迷信，兴修水利，使邺地重又繁荣起来。

26.【《邑义五百人造像》拓片】

此拓片现藏于新乡市博物馆，有清拓和民国拓两种，均为国家二级文物。东魏永熙三年（534）造，武定元年（543）八月建成，共计十年，全名《然洲武猛从事汲郡李道赞率邑义五百

① 茹桂：《美术辞林》书法艺术卷，陕西人民美术出版社1992年版，第417页。

余人造像》。石像原在河南淇县浮山封崇寺内，民国十八年（1929）盗运天津时，锯为两段，售于美国人，今存美国纽约市立博物馆。

造像记正书三十行，行三十字，记上刻佛像三层最精、有题字，记下刻山水树木狩猎等。阴侧刻小造像、旁题名，像碑下石座四面造像雄伟。造像碑整个画面纹饰繁缛，佛像精美，具有很高的审美价值。由于该造像雕刻构造最精，形制特别巨大，历来被视为造像碑之冠。

27.【《鲁思明造像碑》拓片】

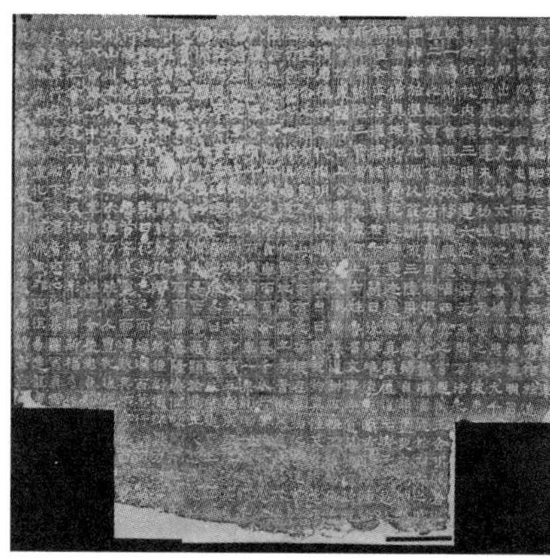

此拓本为民国拓，现藏于新乡市博物馆，为国家三级文物。原碑刻于北齐天保九年（558），碑高200厘米，宽116厘米。原碑立于今新乡市鲁堡百官寺，现存河南省博物院。

额为六螭盘绕，顶端呈圆形刻一龛。两侧有阴线刻二胁侍菩萨，龛下阳刻“上为皇帝陛下”六字。碑身上端为阴文线刻供养人像，下刻“大齐天保九年岁次戊寅二月八日鲁思明敬造”题记。碑文隶书，三十一行，行二十字，书法方雅古朴，结构严谨，颇多楷意。

28.【《夫子庙堂之碑》拓本】

此拓本为清乾隆、道光年间拓，现藏于新乡市博物馆，为国家三级文物。原碑刻于武德九年（626）刻，后被毁，宋初重刻，现存于陕西西安碑林。此碑石高七尺七寸，宽四尺二寸，文共三十五行，满行六十四字。此碑是为记述高祖武德九年（626）封孔丘二十三世孙孔德伦为褒圣侯及

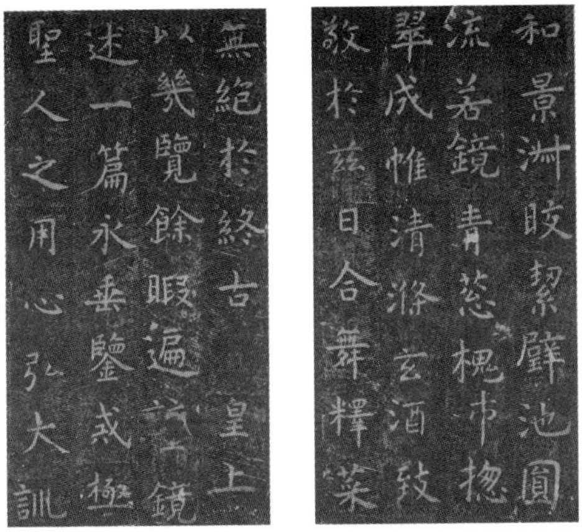

修葺孔庙事而立。此碑书法俊朗圆腴，端雅静穆，是初唐碑刻中的杰作，也是历代金石学家和书法家公认的虞世南的妙品。黄庭坚有诗赞曰："虞书庙堂贞观刻，千两黄金那购得。"

虞世南为唐初时期重要的政治人物，虞世南为秦王府参军，与房玄龄等共掌文翰。贞观年间，历任要职，位列凌烟阁二十四功臣之一。其性情刚烈，直言敢谏，深得李世民敬重，被称为"德行、忠直、博学、文词、书翰"五绝。虞世南亦善书法，与欧阳询、褚遂良、薛稷合称"初唐四大家"。

29.【《九成宫醴泉铭》拓片】

此拓片为民国拓，现藏于新乡市博物馆，为国家三级文物。原碑刻于唐贞观六年（632），现存于陕西宝鸡麟游县，但经剜凿，损泐过多，已非原貌。此碑为魏征撰，欧阳询书，记述唐太宗在九成宫避暑时发现醴泉之事。

碑额篆书，碑文楷书，二十四行，行五十字，碑高 2.44 米，宽 1.18 米。《九成宫醴泉铭》是欧阳询晚年所写，浑厚沉劲，意态饱满。写撇、捺常用圆笔，显得圆融流畅。写弯钩用转法，曲圆较长，适成全字有力的支撑。这些表现了溶隶于楷的特点，正如郭尚先所评："《醴泉铭》高华浑朴，体方笔圆，此汉之分隶、魏晋之楷合并酝酿而成。”[①]因此千余年来，此碑成为人们临习楷书的范本。

30.【《怀仁集王羲之书圣教序》拓片】

此拓片为清拓，现藏于新乡市博物馆，为国家三级文物。原碑在唐太宗贞观二十二年（648）刻于长安，后移西安碑林，原碑为褒扬玄奘西行取经及译经的功劳所作，由唐太宗撰写，最早由唐初四大书法家之一的褚遂良所书，赐名“圣教序”，原碑名叫《大唐三藏圣教序》《雁塔圣教序》，内容提到佛教东传及玄奘西行的事迹。

后由京师弘福寺僧怀仁，集内府所藏王羲之书迹，于高宗咸亨三年（672），由诸葛神力勒石，朱敬藏镌刻成此碑，称《唐集右军圣教序并记》，或《怀仁集王羲之书圣教序》，因碑首横刻有七尊佛像，又名《七佛圣教序》。此《圣教序》虽是集字成碑，且缺失之字为拼接组合而成，但因怀仁功力精凿，又是谨慎从事，终能各尽其势，完好地再现了王羲之书法的艺术特征。

31.【《同州圣教序》拓片】

此拓片为清拓，现藏于新乡市博物馆，为国家三级文物。该碑刻于唐龙朔三年（663），称《大唐三藏圣教之序》。唐代皇帝陈述有关三藏的圣教序的碑刻有四种：一是《怀仁集王羲之书圣教序》，为怀仁集王羲之书；二是《雁塔圣教序》，为唐太宗撰文，褚遂良书；三是《大唐二帝圣教序石碑》，因在偃师县的招提寺又称《招提寺圣教序》，王行满书；四为《同州圣教序》，此碑为翻刻《雁塔圣教序碑》。

① 叶子：《中国书画鉴藏大辞典》，西泠印社出版社2016年版，第508页。

碑文完全是西安大雁塔下的《大唐三藏圣教序碑》（即通常所称的《雁塔圣教序》）的翻版，书法字形与之几乎完全一致。碑阳内容为唐太宗《大唐三藏圣教序》，碑阴为唐高宗《大唐皇帝述三藏圣教记》。记述了对慈恩大师（玄奘法师）西行求法的过程和赞颂。此碑文十九行，行五十八字，额隶书，文楷书，碑文内容包括唐太宗李世民为玄奘法师翻译的佛经所作的序和太子李治为其父的序所作的序记两部分。书法采集众长，别开生面，丰丽流彩，韵致婉逸。

32.【《多宝塔感应碑》拓片】

此拓片为民国拓，现存于新乡市博物馆，为国家三级文物。原碑刻于唐天宝十一年（752），原在唐长安安定坊千福寺，宋代移西安碑林，现藏于西安碑林博物馆。唐岑勋撰文，颜真卿楷书，徐浩隶书题额，史华镌刻。首行题“大唐西京千佛寺多宝佛塔感应碑文”十五字，碑高七尺九寸、广四尺二寸，楷书三十四行、行六十六字。

《多宝塔感应碑》为颜真卿在44岁（一说43岁）时书写的，是已知颜书中书写时间最早的碑刻，因此反映了颜氏早期书法风貌。从风格看，此碑和他中、后期书法风格出入还是较大的，还没有体现出他雄强、伟壮、沉雄的气象，相对写的严谨、秀整，起收笔见笔见锋，尚未有篆籀之气，略近欧书。

33.【《颜氏家庙碑》拓片】

此拓片为清乾隆年间拓，现藏于新乡市博物馆，为国家三级文物。原碑刻于唐建中元年（780），全称为《唐故通议大夫行薛王友柱国赠秘书少监国子祭酒太子少保颜君碑铭》，为颜真卿用楷书书写，现存西安碑林。因四面刻，故称四面碑，两面各二十四行，行四十七字，两侧各六行，行五十二字。

此碑系颜真卿为其父颜惟贞刊立，属颜真卿晚年之作，笔力雄健，结构紧密，风棱秀出，精彩纷呈为颜真卿书碑中最完好者。他的书体也被称为“颜体”，与柳公权并称为“颜柳”，并有“颜筋柳骨”之誉，颜真卿与赵孟頫、柳公权、欧阳询并称“楷书四大家”。

34.【《玄秘塔碑》拓片】

此拓片为民国拓，现存于新乡市博物馆，为国家三级文物。原碑刻于唐会昌元年（841），全称《唐故左街僧录内供奉三教谈论引驾大德安国寺上座赐紫大达法师玄秘塔碑铭并序》，现藏陕西西安碑林。

此碑唐裴休撰文，柳公权书并篆额，刻玉册官邵建和及弟邵建初镌。楷书二十八行，行五十四字。下截每行磨灭二字，虽书拓亦然，其余则皆完好。柳公权博览群书，才华出群，对真、行、草三体都有很高的造诣。他融诸家笔法于一体，自成一家，称“柳体”，兼取欧体之方，颜体之圆，笔力遒劲峻拔，下笔干净利落，对后世影响极大。

35.【《万安桥记》碑拓片】

此拓片为清拓，现存于新乡市博物馆，为国家二级文物。原碑于宋嘉祐五年（1060）刻在福建泉州万安桥下，为当时郡守蔡襄撰并书。现存碑刻有二,一为损毁后，于1963年摹拟原作重刻；另一为北宋原刻，原露天崖刻于岸左，宣和年间，由在泉州任市舶司后为知州的蔡襄曾孙蔡桓拓本重刻立于祠内。

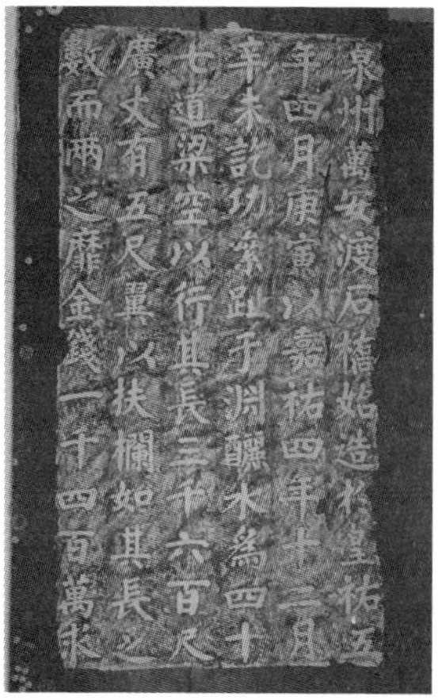

楷书十二行，行十三字，字径五寸，石两面刻，记载了造桥的时间、年代、桥的长宽、花费的银两，参与的人物等。蔡襄是宋代著名书法家，与苏轼、黄庭坚、米芾并称为“宋四

家”。书法风格端庄遒丽，丰趣俊逸。朱熹赞《万安桥记》：“颂公之功兮万安有碑。楷法草书，独步当世，文章青史，见重列淡。”此碑不仅书法端庄沉着，而且文字精练，工刻细致，誉为文、书、镌“三绝”。

洛阳桥是北宋泉州太守蔡襄倡建，北宋皇祐五年（1053）开始动工，历6年8个月竣工。桥建在江海交汇处，水阔浪急，工程非常艰巨。当时的劳动人民首创“筏型基础”来建造桥墩，并发明了“殖蛎固基”，以固桥基。洛阳桥规模宏伟，原长1200米，阔5米许，残存船形桥墩31座，洛阳桥还附属石狮、石亭、石塔等许多文物。

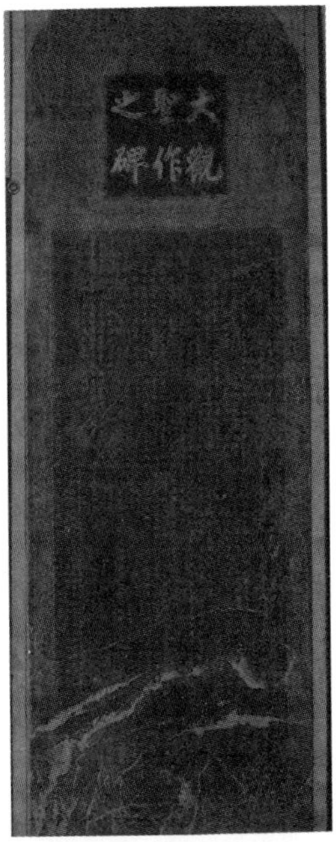

36.【《大观圣作之碑》拓片】

此拓片为清拓，现存于新乡市博物馆。原碑刻于北宋大观二年（1108），又名《御制八行八刑条例》，由北宋徽宗赵佶撰并书，李时雍摹写上石，此碑现存于新乡市红旗区政府院内。

此碑书写的内容是北宋末年宋徽宗颁布的诏书，即“八行、八刑”取士。当时，诏书颁行全国，各州、府、县奉诏立碑于学宫（文庙）。现《大观碑》仅存四通，而位于新乡文庙的这通石碑保存最好。

此碑文二十八行，行六十八字，为瘦金体，横书收笔带钩，竖下收尾带点。撇如匕首，捺如切刀。竖钩细长，个别连笔则如游丝飞空。此碑为研究北宋教育、科举取士以及书法艺术，提供了重要的史料。

37.【《司马温公碑》拓片】

此拓片为民国拓，现藏于新乡市博物馆，为国家三级文物。此碑刻于北宋哲宗年间，又名《司马温公神道碑》《忠精粹德之碑》。北宋苏轼撰并书，原石早毁，金皇统八年（1148）夏邑令王廷直重刻，现存于山西省夏县。

在司马光逝世八年后，宋哲宗因听信谗言，司马光获罪，将苏轼撰文并书的神道碑砍碎为四段，碑文上字也在一定程度损毁。现每石十七行，行四十一字，第四石已横断，断处皆侵损，然皆可见。此碑为苏轼所做、所写，其文学及书法价值极高。此碑书法端谨，大存晋唐遗法，李苦禅先生跋以评之“苏楷书当以此帖为第一”。

38.【淳化阁帖】

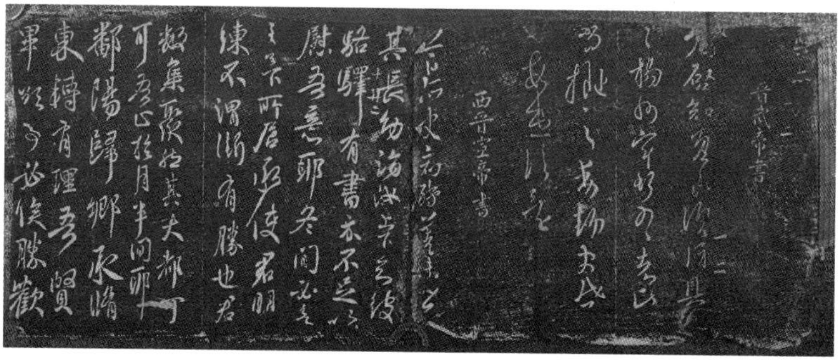

此拓片为民国拓，现藏于新乡市博物馆，为国家三级文物。宋淳化三年（992），太宗赵炅令出内府所藏历代墨迹，命翰林侍书王著编次摹勒上石于禁内，名《淳化阁帖》。这也是中国最早的一部汇集各家书法墨迹的法帖。因原帖石早佚，馆藏《淳化阁帖》拓片为明万历四十三年（1615）温如玉摹刻本。温如玉，湖北郧阳人，嘉靖进士，官至监察御史，酷爱帖拓。此帖墨色氤氲，字迹清晰，刀口整齐，色泽内敛，蝴蝶装帧，具有意足神完的艺术效果。

第八节 近现代文物

1.【清光绪三十二年兴学育才敕书】

清光绪藏品，现藏于新乡市博物馆，为国家三级文物。纵 61 厘米，横 137 厘米。此诏书为光绪三十二年（1906）颁发给河南提学使的诏令，采用满汉两种文字书写。诏书为纸本，镜片装裱形式。大致内容是要求河南提学使要因时制学，废除科举制度，是清末实行“新政”关于教育制度改革的重要实物佐证。

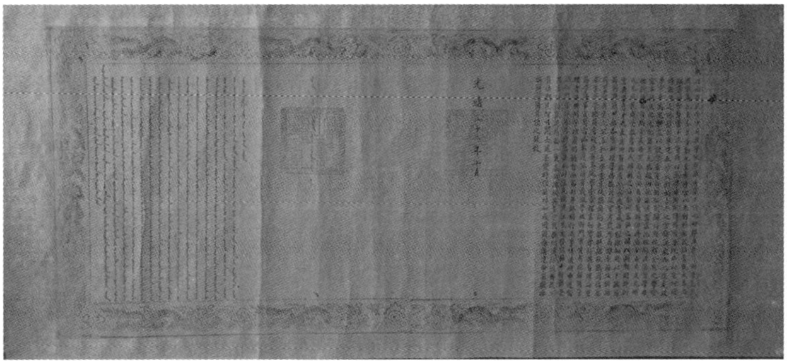

科举制度是隋以后各封建王朝设科考试选拔官吏的制度，对中国历史发展具有重要的影响。随着时代的发展，科举制的弊端也日益明显。1901年9月清廷开始实行“新政”，1904年清廷颁布《奏定学堂章程》，1905年9月袁世凯、张之洞奏请立停科举，以便推广学堂，咸趋实学。清廷诏准自1906年开始，所有乡会试一律停止，各省岁科考试亦即停止。至此，在中国历史上延续了1300多年的科举制度最终被废除。

2.【民国同和裕股东名册和股票】

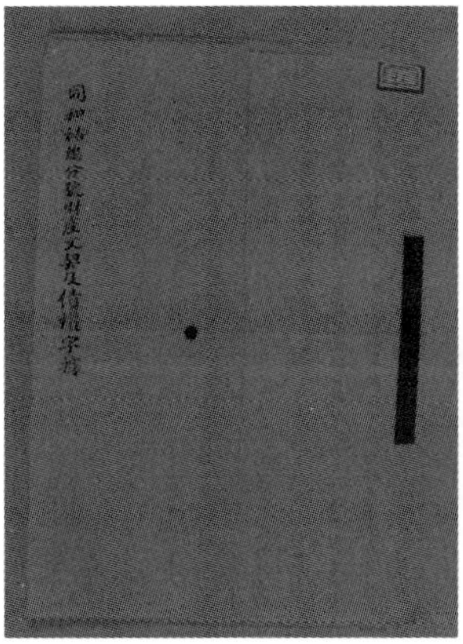

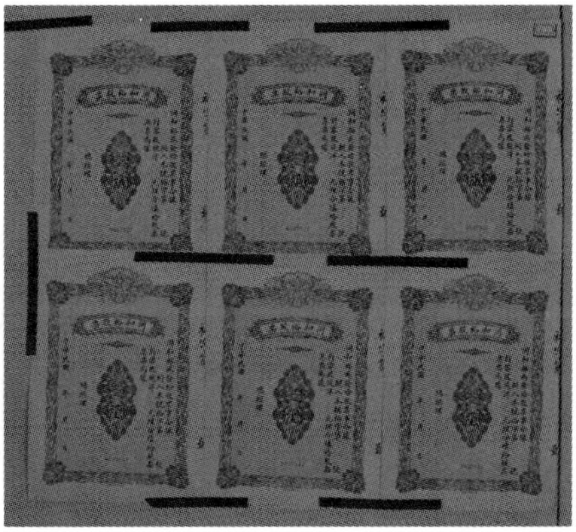

民国藏品，现藏于新乡市博物馆，为国家三级文物。同和裕银号是1911年由王晏卿和另外三人集资13000块银圆，在新乡顺河沿街（今北关大街）成立的，其后在全国各地建分号43处，开办工商企业105家，在当时的河南乃至全国金融工商界占有重要地位，新乡市博物馆现藏部分股东名册和股票。

3.【民国“中山图书馆记”拓片】

《中山图书馆记》碑镶砌在原新乡中山图书馆北屋东山墙上，立于1928年3月，该碑高0.6米，宽1.2米。碑文记述了兴建中山图书馆的概况，同时也反映了冯玉祥的军队和冯玉祥本人在当时革命形势影响下“富民生”“开民智”的新风纪。该碑拓片宽1.2米，高0.52米，现藏于新乡市博物馆。

4.【布钞和冀钞】

布钞和冀钞是第二次国内革命战争和抗日战争时期，中国共产党在革命根据地和抗日根据地发行的货币。布钞面值叁串，紫花粗布地，上面印有镰刀、斧头、五角星等图案，并印有“全世界无产者联合起来”“川陕苏维埃政府农工银行”字祥，最下部印有发行年代“1932年”。冀钞有面值伍拾元、伍元等多种，面值伍元的正面上部印“冀南银行”四字，四角印大写“伍”字，中央印一花叶图案，花叶正中印面值，下部两侧印“太行”两字和一枚印章，背面正中印大海轮船和飞行物图案，两侧印数字“5”，图案下方印有发行年代“1939年”。新乡市博物馆现藏有布钞1张，冀钞若干张。

5.【金郭营、南高村村落图】

两村落图于1948年由太行军区司令部绘制，是中国人民解放军解放新乡的珍贵文物。金郭营村落图，纵0.28米，横0.45米。南高村村落图，纵0.4米，横0.55米。两图是太行军区司令部根据新乡地下党组织提供的资料绘制的军事地图，上面标有铁路、公路、河流及新乡守敌及碉堡分布，现藏于新乡市博物馆。

6.【中国人民解放军新乡市军事管制委员会第一号布告】

该布告于1949年5月7日发布，布告纵0.4米，横0.27米，油墨刻印。内容为有关维护新乡地方安宁，确立革命秩序，奉行中国共产党的城市政策等方面的规定，现藏于新乡市博物馆。

第九节　其他藏品

1.【单孔石刀】

新石器龙山文化时期藏品，新乡市东高村出土，现藏于新乡市博物馆，为国家二级文物。长 11 厘米，宽 4.5 厘米。此石刀属新石器时代晚期的磨制石器，刀呈长方形，器身扁厚，刀背角部呈弧形。背部有一穿孔，用来穿系捆柄，刃部平直且有磨损的痕迹。石刀的用途，专家们解释不一，有人认为是收割工具，有人认为是砍伐工具，更有人认为是织布用的打纬刀。

2.【石斧】

新石器文化时期藏品，现藏于新乡市博物馆，为国家二级文物。长 32.5 厘米，宽 9 厘米。此石斧为整块青石打磨而成，石斧是远古时代用于砍伐等多种用途的石质工具。斧体较厚重，一般呈梯形或近似长方形，两面刃，磨制而成。多斜刃或斜弧刃，亦有正弧刃或平刃。早期的斧是远古人们用石片打制而成，形状大多粗糙，使用的时候用一根绳子将斧绑在木棍的一端。随着古人们对石斧技术的改进，发明了磨制技术，还学会在石斧上打孔，使用时用绳子穿过小孔绑在棍子上，经久耐用，使用起来省力方便，力度大。石斧再后来演变成一种祭祀用具，一直沿用到商周时期。随着人类活动的演变，斧也被用于战争，成为一种武器。

3.【抄手形澄泥砚】

宋代藏品，现藏于新乡市博物馆，为国家三级文物。长 16.5 厘米，宽 10.2 厘米，高 4 厘米。此砚砚体宽阔，长方抄手形，细腻光滑，造型具较为典型的宋代风格，为宋砚主流。澄泥砚以沉淀千年黄河渍泥为原料。外形上宽下窄，外呈梯形，砚底挖空，两边为墙足，可用手抄底托起。砚堂部位虽然较平整，但经过无数次研磨之后，留下了磨损的凹痕和陈年墨渍的痕迹。澄泥砚创制于唐代古绛州，为我国四大名砚之一，传世极少。宋代澄泥砚最重器型，简约大气，自内而外蕴含儒雅之韵，柔美但不失刚劲，故有“宋形”之称。

4.【潞王琴】

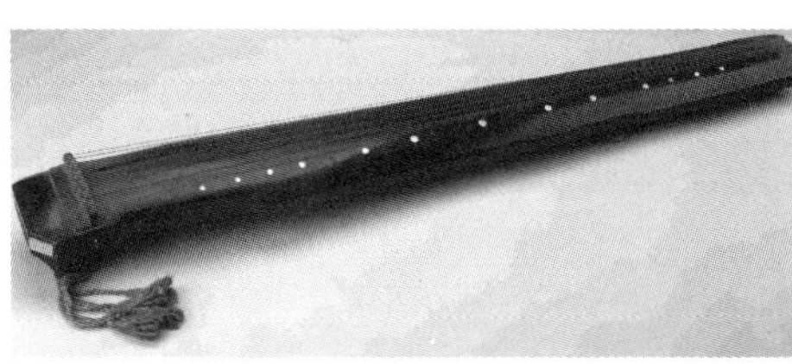

明代藏品，现藏于新乡市博物馆，为国家二级文物。通长 120.7 厘米，首宽 17.3 厘米，肩宽 18.5 厘米，尾宽 13.7 厘米，额厚 4.5 厘米。此琴为小潞王朱常淓于大明崇祯甲戌年（1634）监制，通体漆黑，琴式与仲尼式略相近，琴肩在二、三徽间，呈斜形，腰在八至十徽间，龙池圆形，凤沼正方形，承露圆角，焦尾冠角较尖，上有灯草线盘成卷草纹，琴面有七根弦。琴额左右两端有切角，象征八节气，琴项与琴腰的边缘呈凹入方折，象征四时。此琴不同于其他琴式是以弧形线条来勾勒出琴项与琴腰的美感，而是以方正的转折来呈现出庄严感。另外，琴身上的造型偏圆，恰与琴项与琴腰对应，展现出方圆相映的"天象"观念。龙池上方刻"中和"二字，款刻"敬一主人"，其下刻篆书"潞国世传"方形大印。

5.【狮钮寿山石印】

明代藏品，现藏于新乡市博物馆，为国家二级文物。通高 7.7 厘米，重 135 克。篆刻朱文"光风霁月"，技法老到，精湛圆熟，妩媚中饶有古趣。此方印石印纽采用圆雕技法，雕刻了大、小两只狮子，大狮子呈回首状，口衔灵芝草。小狮子趴在大狮子身上，二狮子面目相对。刀法刚柔相济，婉转流畅，所表现的形象婀娜多姿，更臻完美。此石印质地为寿山石，光滑细润、包浆自然。寿山石作为印材其脂如玉，柔而易攻，色彩斑斓，寿山石章更是凭借洁静如玉的气质备受书画家和篆刻家的推崇。

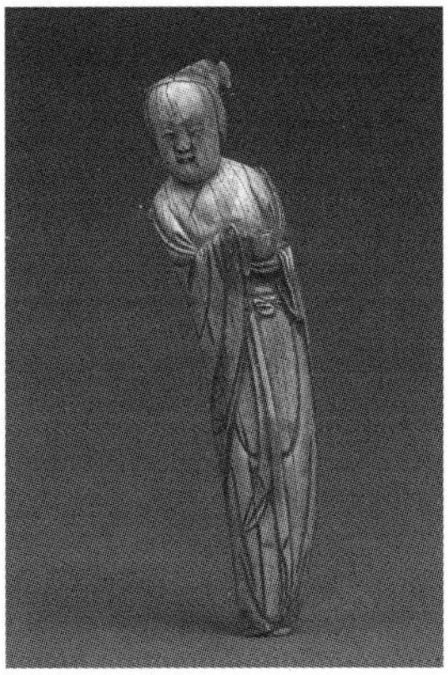

6.【明代象牙仕女】

明代藏品，1958 年拨交入藏新乡市博物馆，为国家二级文物。通高 21.3 厘米，宽 4.9 厘米，厚 3.5 厘米。此物系象牙贺雕立形仕女，头平身微斜，头后有大型发髻，发丝根根可见。仕女面部丰满安详，眉眼鼻口端正，两手左胸前合抱一物。右袖宽大，衣纹较深自然流畅，下穿长裙覆盖双脚。

7.【清绣花状元袍】

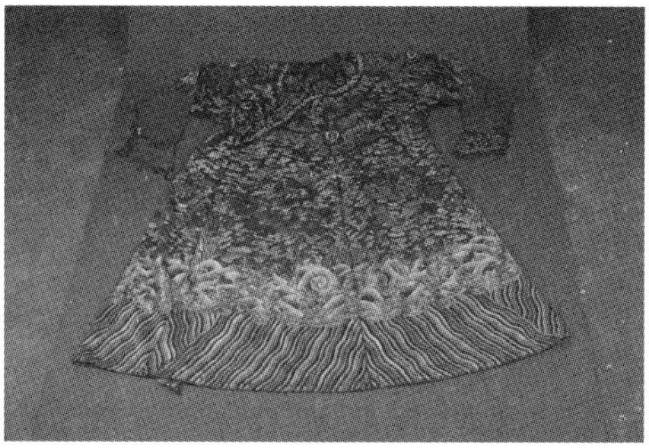

清代藏品，1958年入藏新乡市博物馆，为国家二级文物。通长145厘米，宽205厘米，胸围70厘米，下摆宽135厘米，袖宽15厘米，此袍系清末县状元张云亭穿过的状元袍。织绣是中国古代文化中最珍贵的艺术瑰宝之一，中国是世界上最早发明养蚕、织绸、印染和刺绣的国家，并以“丝国”闻名于世。此袍衣圆领，马蹄袖，上圆肩呈深蓝色，对称的前后左右绣四条金丝龙，通身绣云纹，五彩艳丽。前后身绣二龙戏珠，深蓝色的袖口绣金丝龙一条，衣服下摆有一尺半高用五彩线分深浅不同绣成水浪翻滚的纹饰。张云亭，直隶清丰人（今河南清丰县），清道光二年（1822）壬午科武进士第一人。张云亭以臂力超众、技勇过人脱颖而出，道光帝钦点张云亭为本科的状元，授头等侍卫，出任抚标左营参将。

8.【清木北极坊】

清代藏品，现藏于新乡市博物馆，为国家三级文物。长117厘米，宽78厘米，高189厘米，为民众祭奠玄武大帝的木雕。每当传统节日到来，新乡周边各村舍都会举办各种庙会，这时人们便用木棍将此坊抬出，供人们祭奠。此坊体形高大，做工精细，建筑样式为重檐歇山式，屋顶的每一个细节与真实建筑基本一致。在木坊四周还刻有丰富图案，有人物、动物、树木、花鸟等。在木坊背后还刻有文字，记载新乡当地留庄营、段家村两村为筹办庙会进行捐资的村民名单。此坊是研究明清时期新乡民间木刻工艺、地方民俗和地方历史的重要实物，具有极高的艺术价值和历史价值。

北极坊供奉的是玄武大帝，玄武大帝又被称为“北方大帝”，所以此木坊被称为“北极坊”。玄武大帝，又称真武大帝、玄天大帝、无量祖师等，是汉族神话传说中的北方之神，为道教神仙中赫赫有名的玉京尊神。据传，玄武大帝是北方主管水的神，人们供奉他，希望生活可以风调雨顺。

第二章　新乡市出土外流文物

新乡地区作为先商部族的发源地、商王朝的京畿之地、西周共国、春秋卫地，战国韩、赵、魏犬牙交错之地，是我国最早进入文明时代的地区之一。辉县琉璃阁商周墓地、固围村战国魏王室墓、卫辉山彪镇战国墓群等墓葬群出土大量精美文物，这些数不尽的物证折射出商周时期新乡地区文明的辉煌。但由于这些墓葬发掘时间较早，有些墓葬更是在抗日战争爆发前考古挖掘的，因为战乱和国家政策原因，许多文物没有留在新乡，流落、保藏在外地文物部门和博物馆。

第一节　故宫博物院

1.【髹漆蟠螭纹盖豆】

1936 年出土于新乡辉县琉璃阁，现藏于故宫博物院。此豆年代为春秋时期，通高 40 厘米，口径 35 厘米。有盖，盖隆起，顶较平，中间有六柱环形捉手。腹上部有两个附耳外曲，圜底，喇叭形座。盖饰蟠螭纹三周，器身中部有凸弦纹，其上下均饰变形蟠螭纹带。

2.【蟠龙纹编镈】

1936 年出土于新乡辉县琉璃阁，现藏于故宫博物院。此镈年代为春秋时期，三镈分别通高 61.4 厘米，宽 41.3 厘米，重 34 千克；通高 61 厘米，宽 39.5 厘米，重 31 千克；通高 56.3 厘米，宽 36.3 厘米，重 30 千克。镈呈合瓦形，平口。舞上有顾首曲体的龙形复钮，钲部两面有蟠龙状枚，龙首眉目清晰。舞部、篆间与鼓部用粗细不同的蟠螭纹装饰，两铣与鼓部有调音时锉磨痕迹。

3.【镶红铜龙纹扁壶】

1936年出土于新乡辉县琉璃阁，现藏于故宫博物院。此壶年代为战国时期，通高52厘米。体呈扁圆形。上有椭圆形平盖，盖上正中有一捉手。器身溜肩，鼓腹，平底，颈与腹部最宽处各有一对环钮，上下对应，在腹部一侧的环钮间亦有一环。腹部用镶嵌红铜工艺装饰出龙纹与菱形花纹，颈部饰凸起的鸟纹与象纹各一周。

4.【瓠形壶】

1936年出土于新乡辉县琉璃阁，现藏于故宫博物院。此壶年代为战国时期，通高35厘米，口径13厘米，宽20厘米。圆体，瓠形。有盖，盖隆起，上有一环形钮，靠沿部铸一圆筒状流。颈下与腹部各有一环形钮。圈足，通体素面无饰。

5.【蟠螭纹钮钟】

1936年出土于新乡辉县琉璃阁，现藏于故宫博物院。此套钮钟共9件，年代为战国时期，9件钮钟通高21厘米至11厘米不等。器椭圆体，尖角，桥形口，桥钮。饰36短“枚”，围以綯纹，钮饰蟠虺纹，两“舞”饰双蟠螭纹。此套编钟的铜胎质量上乘，造型优美，表面经过仔细的打磨加工，纹饰秀丽，是同类器物中的精品，具有很高的艺术价值。

6.【蟠虺纹舟】

1936年出土于新乡辉县琉璃阁，现藏于故宫博物院。此舟年代为战国时期，通高21厘米。体呈椭圆形，子口承盖，盖微隆起，中有一环形钮。敛口，线状唇边，微有肩，平底两侧各有一环形耳。盖级腹部各饰一周蟠虺纹。

第二节　中国国家博物馆

1.【子龙鼎】

20世纪20年代出土于新乡辉县，现藏于中国国家博物馆。此鼎年代为商代，其造型雄伟，通高 103 厘米，口径 80 厘米，是商代体积最大的圆鼎，而且铸造精细。子龙鼎，因器内壁近口缘处铸有铭文“子龙”而得名。此器厚立耳，微外撇，外侧饰两周凹弦纹，折沿宽缘，腹部横向宽大，微下垂，下承三蹄足。器颈部以云雷纹为地，周饰 2 类 6 组浮雕式饕餮纹，足上端饰高浮雕式饕餮纹，下衬三周凸弦纹。子龙鼎所铸铭文“子龙”之“子”字较小，下“龙”字以双线勾勒，虬劲有力，恰如一竖立且尾部向右上盘卷的龙形，瓶形角，圆目，张口，生动传神。器颈部所饰，一为有首无身饕餮纹，二为首身完整饕餮纹，以凸起的鼻梁部位为对称轴线，躯干向两侧同时展开，形成一首双身，意在以平面展示立体。两类饕餮纹相间环列，静中求变。整个饕餮纹带由一个单元纹样向左右两方反复连续伸展构成，整齐并富有节奏。器足上端所饰饕餮纹卷角如羊，角尖部内卷并高高凸起，愈显动感，也与鼻梁部位耸起的扉棱增加了器物的稳定。2004 年，日本一位企业家在大阪举办私人收藏品展，子龙鼎在展览中首次露面。2005 年底，子龙鼎流入香港，国家文物局与财政部联合开展征集工作，并于 2006 年 4 月底，将子龙鼎收藏于中国国家博物馆。

2.【饕餮纹尊】

出土于河南新乡，现藏于中国国家博物馆。此尊年代为商代，通高 44.9 厘米，口宽 33.9 厘米。器上口侈大上折，宽方缘，颈部较高，下部收敛，折肩，下折为腹，壁微斜，圈足较高。肩部四角各卧一兽，四面中部各置一兽首。整器四转角处及四面中部各置三段扉棱，耸于器外，气势恢宏。此器通体以繁密云雷纹为地，浮雕式饕餮纹、龙纹作为主题凸起其上，同时，饕餮纹、龙纹自身阴刻线纹，其目部尤为鼓张，又进一步凸起。此种使用阴刻与浮雕两种技法以打造高低不同阶次的表现方式，不但突出了主题纹样，而且形成层次丰富的视觉效果，改变了平面装饰的单调。整器铸造精湛，器身与肩部所置兽首、兽系各自采用分铸法铸成，然后将两者浇铸合成，工艺复杂，是商代后期青铜铸造的杰作。

3.【青铜鼎】

1951 年出土于河南辉县固围村，现藏于中国国家博物馆。此鼎年代为战国，通高 7.2 厘米，口径 5.2 厘米。器附耳，球形腹，三细长蹄足。

器盖上置三环纽，器上腹部饰双阴线卷云纹，足上部饰饕餮纹。此青铜鼎形制虽较常见，但尺度如此之小，装饰又如此之精，十分罕见。

4.【蟠螭纹提链壶】

1951年出土于河南辉县赵固村，现藏于中国国家博物馆。此器年代为战国，通高37.8厘米，口径10.2厘米，足径14.5厘米。器口微侈，束颈，铺首衔环耳，圆鼓腹，低圈足。器盖缘铸接四铺首衔环，中央铸一纽连接二环，与提梁相扣，以防器盖脱落。提梁横直，两端下曲，各以四节链环下接两耳。器颈部又铸四小套环纽，可以绳索与器盖四铺首衔环相系，使器盖密合，壶中液体不易散溢。器通体装饰繁缛，花纹精细。器盖饰蟠螭纹，提梁饰鳞纹，器体由肩至腹，各以两周凸弦纹为界饰六层花纹，最上层为绳索纹，其余均为蟠螭纹，圈足饰绳索纹。此壶在铸造之初，即注重使用细节，颇具匠心，殊为难得。

5.【吴王夫差青铜鉴】

出土于河南省辉县琉璃阁，现藏于中国国家博物馆。此器年代为春秋时期，高44.8厘米，口径76.5厘米，重60千克。此器敞口，方唇，折沿，束颈，深鼓腹，平底。颈部两侧有兽首衔双环耳，两耳间的口沿装饰有浮雕伏虎，虎弓身曲体攀在器口作探头状。器身装饰有三道繁密的蟠虺纹，最下饰三角纹，内饰蟠虺纹。腹内铸有铭文2行13字，记载吴王夫差用青铜作此鉴。

6.【吴王夫差剑】

1976年出土于河南省辉县，现藏于中国国家博物馆。此剑年代为春秋时期，全长59.1厘米，宽5厘米。此剑剑锷锋利，剑身满饰花纹，剑镡饰嵌绿松石兽面纹。近镡处有篆书铭文10字，“攻（吴）王夫差自作其元用”。

7.【青铜甗】

1951年出土于河南辉县固围村，现藏于中国国家博物馆。此器年代为战国，通高43厘米，口径35厘米。器体分铸，上为甑，下似釜，是青铜甗在战国中晚期演化而成的一种新式。甑直口微敛，铺首衔环耳，鼓腹，小底有箅，箅孔为十字形，内环列二十孔，外环列三十三孔，中腰饰凸弦纹一周。釜直口，高颈，套环耳，深圆腹，平底，中腹饰凸起绳索纹一周。

8.【鸟兽纹方壶】

1936 年出土于河南辉县琉璃阁，现藏于中国国家博物馆。此器年代为春秋时期，通高 63 厘米，口径 20.7 厘米 ×17 厘米，底径 27 厘米。壶体呈椭方形。上有盖，子口插入器身，器身侈口，长颈，两侧各有一兽首状耳，内套活环，鼓腹下垂，圈足。盖沿饰蟠龙纹，颈部一周有环带纹，器腹则饰四组两两相背的鸟纹。

9.【错金银龙凤纹车饰】

1951 年出土于河南辉县固围村，现藏于中国国家博物馆。此器年代为战国，高 4.2 厘米（上），高 4.3 厘米（下），直径 3.3 厘米。毂饰，称輨，四件，两对，分别饰于毂木两端。器身为圆管状，中腰有小孔（轵）用以固定于毂，内端有凸带两圈，外端各有小钮可系绳。凸带与钮之间，错金银龙凤交逐纹；凸带之间，错金银逐蛇纹，极为精美。

第三节　河南博物院

1.【鸟兽纹贯耳壶】

1953 年出土于河南汲县，现藏于河南博物院。此壶年代为春秋时期，通高 34 厘米，口径 8.9 厘米 ×7.6 厘米。壶体截面为圆角方形，有盖，束颈鼓腹平底，腹侧各有一兽面纹贯耳。器身以夔纹附地，用浮雕式工艺铸出盖四角的蛙纹、耳下的对虎纹以及腹部的兽面纹、凤鸟纹、虎、鹿等纹饰，动物塑造生趣盎然。

2.【嵌松石云纹方豆】

1935 年出土于河南汲县山彪镇，现藏于河南博物院。此器年代为战国时期，通高 24.5 厘米，口边长 12.5 厘米。豆上有覆斗形盖，盖顶有圆形捉手，豆盘方斗形，以细柄支撑，下为圆牌状座。器身满饰红铜丝嵌错的云纹，并镶有各种形状的绿松石。

3.【绦索纹兽耳铜罍】

1936年出土于河南辉县琉璃阁，现藏于河南博物院。此器年代为战国时期，通高30.5厘米，口径20.3厘米，底径18.2厘米。此器敛口、折沿、短颈、圆肩、平底，腹上部铸带有活环的兽耳一对，小兽躬身攀壁，回首翘尾。两耳间另饰一兽形扉棱，器身布满绦索纹构成的网格，格中填满细密的羽纹，纹间许多圆涡，内中镶嵌物已脱落。

4.【“祖辛”卣】

1965年出土于河南省辉县褚丘，现藏于河南博物院。此器年代为商代，通高25.5厘米，口径9—10厘米。口与盖子母扣合，鼓腹，圈足。盖上有菌状钮，盖及器身出扉棱四条。整个器物以云雷纹为地。上腹部有竖瓦纹，提梁两端饰兽头。盖内及器底均铸“祖辛”二字铭文。庄重的造型配以华丽的纹饰，使整个器物充满浓重奇诡之感。其提梁两端怪异夸张的兽头将装饰代得更为凝重肃穆，下腹部高浮雕的鸟眦目凝视，加强了神秘威严的装饰气氛。

5.【蟠虺纹鼎】

1936年9月在辉县琉璃阁发掘出土，现藏河南博物院。此器共5件，年代为战国时期。五鼎均为通高48—49厘米，口径49—50厘米。圆形，敞口，平沿外折，沿下有一周弧形壁，附耳斜曲，深腹圜底，三蹄状足。身饰蟠虺纹、绚索纹，并加饰六条扉棱，足上部饰浮雕兽面。造型宏伟气派，纹饰精美秀丽，是青铜工艺中较好的作品，对研究战国早期魏国历史、文化以及冶铸工艺具有较高的参考价值。

6.【龙兽纹四耳鉴】

1936年9月在辉县琉璃阁发掘出土，现藏河南博物院。此鉴年代为战国。通高39厘米，口径77.8厘米，腹围223.5厘米。体呈圆形，敞口，宽折沿，鼓腹，平底，上腹有四个兽首形耳，口沿下饰垂鳞纹，肩部饰蟠螭纹及乳钉纹，中腹饰交缠之龙纹及怪兽，下腹仍饰蟠螭纹和乳钉纹各一周。

7.【蟠螭纹豆】

1936 年 9 月在辉县琉璃阁发掘出土，现藏河南博物院。此器年代为战国，通高 40 厘米，口径 35 厘米，腹围 119 厘米。体呈圆式，盖隆起，上有圆形六柱式抓手。器身有子口，深腹，附耳，圜底，为喇叭状足，盖与腹均饰蟠螭纹。该豆为 1936 年辉县琉璃阁所出列豆之一，器形硕大宏伟，纹饰精湛细腻，是战国时期魏国青铜工艺中的佳作。

8.【髹漆蟠螭纹三环钮盖鼎】

1936 年在辉县琉璃阁发掘出土，现藏河南博物院。此器年代为战国，共有 8 件，通高 37—41 厘米，口径 32—34 厘米。盖隆起，顶部较平，上饰三环形钮。器身有子口，微敛，口下一对附耳略曲，深腹，圜底，蹄状三足。盖饰变形蟠螭纹，附耳饰云雷纹，腹中部与三足对应处有三个圆环，一条凸线纹从三环中穿过，弦纹上下饰变形蟠螭纹，并髹黑漆。

9.【蟠螭纹方座簋】

1936 年在辉县琉璃阁发掘出土，现藏河南博物院。此器年代为战国，共有 5 件，通高 26—27 厘米，口径 20—21 厘米，座宽 19 厘米，座高 8—8.5 厘米。器身呈圆形。盖隆起，中间有圆形捉手。盖口微敛，腹鼓，圜底，圈足，下连铸一中空方座。盖与器腹均饰变形蟠螭纹，圈足上有不规则的橄榄形镂空四个，方座四周饰细密的蟠虺纹。

10.【蟠虺纹簠】

1936 年出土于辉县琉璃阁，现藏于河南博物院。此器年代为战国，通高 21 厘米，长 29 厘米，宽 21 厘米。器呈长方形，上下相同。窄平沿外折，直口，腹壁斜折，平底，长方形圈足上有“凸”字形缺口，腹侧有兽首状耳一对。盖顶与腹壁饰带有绹索纹边框的蟠虺纹，直口部则饰三角云纹。

11.【蟠虺纹镈】

1936年出土于辉县琉璃阁，现藏于河南博物院。此器年代为战国，共有8件，分别通高21—35厘米，铣间15—25厘米。镈呈合瓦状。舞上有蟠螭状复钮，钲部有乳状枚36个，如常规排列于正背两面，平口。舞部、鼓部饰蟠螭纹，篆间则饰蟠虺纹。镈口内两铣及鼓部均有锉磨痕迹。

12.【窃曲纹簋】

1936年出土于辉县琉璃阁，现藏于河南博物院。此器年代为战国，通高22厘米，口径19.8厘米。盖隆起，顶部有圆形捉手。器身有子口，内敛，鼓腹。两侧各有一兽首状耳，圜底，圈足，下有三条兽首状矮足。捉手内饰蟠螭纹，盖沿、器腹上部与圈足饰窃曲纹，余皆饰瓦棱纹。

13.【夔凤纹铜鉴】

1936年出土于辉县琉璃阁，现藏于河南博物院。此器年代为战国，通高40厘米，口径78厘米。敞口，宽折沿，有加厚的唇边，微束颈，折肩，深腹下收，平底，腹上部有四个兽首状耳。颈部饰鳞纹、三角纹，腹中部有一条夔龙纹与凤鸟纹装饰的纹带，其上下各有一条蟠虺纹带。

第四节　台湾地区博物馆及文物机构

1.【水陆攻战纹铜鉴】

1935年出土于卫辉山彪镇，现藏台北"中研院"历史语言研究所。此器年代为战国，高30.1厘米，口径54.5厘米。大口、平底、具两两相对的四兽首带环耳，腹部作水陆攻战图，口沿及腹部上下皆饰以斜角云雷纹。本器物以镶嵌的水陆攻战纹而闻名于世。它不仅显示古代各种战争场面，兵士手中所持的戈、矛、戟，更是研究古代兵器史的重要材料。

2.【蟠螭纹编镈】

1935年出土于卫辉山彪镇，现藏台北"中研院"历史语言研究所。此器年代为战国，共有5件，分别通高32—47厘米。五件一组，鼓部夔龙夔凤纹、中间构成兽面，钮部作两带翼夔龙相对，舞、篆部饰以蟠螭纹，枚作蜷曲夔龙形。

3.【华盖立鸟铜壶】

1935年出土于卫辉山彪镇，现藏台北“中研院”历史语言研究所。此器年代为战国，高50.8厘米。出土一对，这是山彪镇1号墓最为精美、别致的铜壶。立鸟、莲瓣均以镂空铸成，立鸟的双翅可自身体卸下，整只立鸟也可自盖顶取下，设计极富巧思。壶体则以蟠螭纹为饰，当中填以四叶花纹，双耳为铺首衔环。

4.【蟠龙纹方壶】

1936年出土于辉县琉璃阁，现藏于台北历史博物馆。此器年代为战国，共有2件，通高为64.7厘米、62.5厘米，腹宽为34.5厘米、35厘米。器形为椭方形。长颈，鼓腹，圈足，双耳龙首衔环。盖面饰鸟纹，盖缘饰虺纹，颈部饰窃曲纹，腹部四面饰蛟龙纹，线条流畅。

5.【金柄铜剑】

1936年出土于辉县琉璃阁，现藏于台北历史博物馆。此器年代为战国，通长31厘米。茎与首皆金质。格饰兽面纹，茎作螺旋状纹，首椭圆形，饰蟠螭纹，剑首中空，首边缘饰三角云纹。

6.【蟠螭纹龙耳鉴】

1936年出土于辉县琉璃阁，现藏于台北历史博物馆。此器年代为战国，通高38.5厘米，口径77厘米。此鉴为圆鉴，敛口，口缘较宽，鼓腹，平底，两对龙形耳。上腹及下腹各有鳞纹一道，耳之腹部有绹索纹及蟠螭纹各一道。

7.【蟠螭纹甬钟】

1936年出土于辉县琉璃阁，现藏于台北历史博物馆。此器年代为战国，共有4件，分别通高38—44厘米，铣间18—22厘米。钟体呈合瓦形，凹弧形口，两铣尖锐。舞上有柱状甬，甬的衡端稍细，下部略粗，有旋与斡，钲部有较高的柱状枚三十六个，如常规排列。钲与篆间皆以凸弦纹相隔，饰以三角云纹构成的变形蟠螭纹，舞部、鼓部亦饰蟠螭纹。

8.【燕形玉饰】

1936年出土于辉县琉璃阁，现藏于台北历史博物馆。此器年代为战国，长3.2厘米，宽2.9厘米。青白玉质，上略可见朱砂沁痕。器做展翅而飞之燕形，头部眼睛微凸，身中部有一圆孔，中有一穿从口部至尾端作一圆孔，双面穿，器正面有凸起阳文为饰。工极细，勾勒出羽翅、尾部及燕身轮廓，尾部外展如鱼尾状。此件可见商玉风格，可能为周王室分赐诸侯的商朝玉器。

9.【玉璜】

1936年出土于辉县琉璃阁，现藏于台北历史博物馆。此器年代为战国，长9.3厘米，宽2.9厘米，厚0.4厘米。白玉质，黑褐色沁，间杂朱砂及土沁。作扇面型，长度约为玉璧的三分之一。上下皆刻扉棱，双龙头身相接。器面满布蟠虺纹，粗细两种刀法交相运用。两面纹饰皆同，勾云纹间饰阴刻羽纹，十分精美。两端各开一圆孔，一面穿，为组佩主干。

10.【玉冲牙】

1936年出土于辉县琉璃阁，现藏于台北历史博物馆。此器年代为战国，长10厘米，宽2.1厘米，厚0.3厘米。青玉质，为整套配饰组件之一。上宽下尖长。龙圆眼、卷鼻，下颚及角以阴刻细线斜纹为缘饰，身为浅浮雕虺龙纹、羽纹交错分布。龙鼻上卷，圆眼，头开一孔，孔缘、器缘边有廓。

11.【铜包金贝】

1936年出土于辉县琉璃阁，现藏于台北历史博物馆。此器年代为东周时期，长2.1—2.4厘米，宽1.6—1.7厘米，厚0.3厘米。包金贝为铜质。卵圆形，薄片状。仿自然齿贝，正面隆起，背面内凹，中有长槽，且铸出齿痕，外有包金，总计413枚。

12.【编磬】

1936年出土于辉县琉璃阁，现藏于台北历史博物馆。此器年代为东周时期，鼓上边18—38厘米，股上边10.5—22.5厘米，孔径1.8—2.5厘米。石质，呈灰白色。大小不一，整组为一套，共10件。器面光素无纹，在股与博之交角处，均开一圆孔，乃悬挂于架上时穿组用。此组编磬为租乐器，作殉葬明器。

第三章　新乡市不可移动文物

新乡市地处黄河以北，太行山以南，扇形冲击平原地带，自古以来就是最适宜人类聚居之地，也是中华民族古代文明发祥地之一。新乡古称鄘国，春秋属卫，战国属魏，汉为获嘉，至隋文帝开皇六年（586）始置新乡县至今已有1400余年。悠久的历史给新乡留下了丰富的文物资源和灿烂的历史文化，据目前掌握的资料，新乡市境内被国务院公布为全国重点文物保护单位的有22处，被河南省人民政府公布为省级文物保护单位的有60余处。这些文保单位中，包括了古建筑、古遗址、古墓葬、石刻、近现代史迹等。

第一节　古代遗址

新乡市境内的古代遗址众多，这些古代遗址各有特色，出土大量珍贵文物，为中原地区聚落分布、区域类型、文化谱系等研究提供大量资料。同时，这些遗址延续时间很长，大多从龙山文化时期延续到商代或者战国时期，体现出新乡早期文化的延续性。这一时期最为显著的文化遗迹当属孟庄遗址，该处遗址发现有裴李岗文化、仰韶文化、龙山文化、二里头文化、二里岗文化、殷墟文化、西周及东周文化遗存，充分展示出时代延续的完整性，是豫北地区早期文化的缩影。

1.【孟庄遗址】

孟庄遗址位于河南省辉县市孟庄镇东侧，西北距县城4公里，2001年国务院公布为全国重点文物保护单位。孟庄遗址南北长约600米，东西

宽约 500 米，面积约 30 万平方米，文化层厚 3—5 米。1992—1995 年对孟庄遗址进行了考古发掘，发掘面积达 5000 余平方米。遗址包含的文化内涵十分丰富，发现有裴李岗文化、仰韶文化、龙山文化、二里头文化、二里岗文化、殷墟文化、西周及东周文化遗存，尤为重要的是发现了一处龙山文化、二里头文化和商代晚期三个时期相叠压的城址。

裴李岗文化遗存主要位于遗址南部，发现的遗迹只有灰坑，出土较多遗物。仰韶文化遗存在整个遗址内都有分布，主要遗迹有长方形房基、灰坑、儿童瓮棺葬等，并出土丰富的遗物。龙山文化是三叠城的基础，面积达 16 万平方米，其重要遗迹有城址、房基、水井、墓葬、灰坑等，在这些遗迹中出土了大量的遗物，为研究该城的年代和性质提供了可靠的资料。龙山城址的上面叠压着二里头时期的城址，城内发现的重要遗迹有圆形半地穴式房基、长方形水井以及圆形、椭圆形窑穴等，城西北部、西南部发现了两处墓地，共二十余座，还出土有丰富的遗物。二里头时期的城址上面是殷墟时期城址，城内的重要遗迹有长方形地面式房基、长方形水井以及圆形、椭圆形窖穴等，城西北部、西南部还发现了一些墓葬，均为长方形土坑竖穴墓，多数墓内有随葬品。西周时期的文化遗存，目前发现的主要遗迹是灰坑、陶窑、墓葬等，出土遗物一般为鬲、罐、豆或簋、罐、豆组合，主要为泥质灰陶和夹砂灰陶，年代应为西周中晚期。

根据三叠土城的形成，分析出三叠城是这样的一个形成过程。龙山文化时期开始筑城，延至夏代时，城墙颓败，便依据龙山文化城墙整修而成为夏代（二里头文化）城墙。到了商代，又于城外侧依据夏代城墙加土整修加固。这样，便留下了三叠城的痕迹。从龙山文化至商代，该城连续使用约两千年，这在中国历史上是较为罕见的，也是难能可贵的。

孟庄三叠城址的发现，是在中国考古史上继安阳后冈、登封王城冈、淮阳平粮台、郾城郝家台等地的龙山文化城址之后的又一重要发现，而且孟庄龙山文化城址为河南同时期最大的古城址之一，夏代城址也是在豫北地区首次发现。因此，该三叠城的发现，不仅揭示了辉县古代文明史的源头，搞清了辉县最早出现人类活动的上限时间，而且还对研究我国古城的起源和探索夏、商的历史文化关系提供了重要资料，具有重要的学术价值，是中华民族五千年文明史上具有代表性的一处文化遗产。

2.【共城城址】

共城城址即共国都城城址，位于河南省辉县市市区中北部，坐落在太行山支脉九山的南麓，东沿东石河，西临百泉河（即卫河），南望平原沃野，2006年国务院公布为全国重点文物保护单位。共城因踞太行山东进之咽喉，故历来为兵家必争之地。共城城址始建于西周初年，西周末期作为周王室在东方的重要统治据点，卫僖侯之子共伯和被封于此，故称“共城”。共城城址最早见于郦道元《水经注》：“汉高帝八年，封卢罢师为共侯，即共和之故国也。”[①]《史记·周本纪》载：“卫州共城县，本周共伯工国也。”[②]该城址有大小两城，大城俗称共城，小城俗称新城，小城位于大城内西南隅。共城城址不仅是目前为数不多的西周诸侯国都城址之一，最重要的是共城城址凝聚了“共和行政”“共和元年”等历史事件的发生，

---

① （北魏）陈桥驿：《水经注校正》卷8《济水二》，中华书局2007年版，第203页。

② 《史记》卷四《周本纪》，中华书局1959年版，第144页。

使其成为中国历史纪年上的分水岭。

大城为一南北向的长方形，城墙南北长 1300 米，东西宽 1200 米，周长 5000 余米，面积为 56 万平方米。现城墙断断续续，约占周长的五分之二。经实地调查，共城城墙全部为分层夯筑，有圆夯、椭圆夯、平夯，大部分为圆夯。由于各朝代对共城均有沿用，曾经补墙、换墙、加厚加固或改筑。因此，出现有椭圆夯窝和少数平夯。共城东南段城墙保存得比较完整，夯土中的包含物，有龙山文化的磨光黑陶片和殷商时代的细绳纹陶片。同时在城墙夯土中，发现了西周的粗绳纹陶片。这对研究共城城址的历史，是个有力见证。

新城在大城内，新城南墙长 660 米，北墙长 600 米，东墙长 700 米，西墙长 700 米，周长 2600 余米。新城东北的城墙，高出地面约丈余，墙顶宽约丈余，城墙夯土层次分明，均为平夯，厚度均匀，表面平滑，整齐坚硬。在城墙夯土层的附近活土中，发现了两个唐碗，瓷较粗，带黄釉，假圈足。最近又在城墙土中，采集一只唐碗和一块比较完整的莲花面瓦当。城垣夯土上层扰土中的包含物主要是唐代的，至于是否还有更早的墙基，目前还缺乏直接的证据。

除城墙以外，随着城市建设的发展，与共城有关的遗址和墓葬被文物考古工作者在城内外相继发现，采集不少实物标本，有的进行了考古发掘，为了解共城历史概况，提供更为翔实的资料。解放前，在共城东南角的文昌阁一带曾进行过 3 次古墓挖掘，共发现了 52 座战国墓和 4 座车马坑。1950 年秋，新中国第一次大型考古地点又选择了共城，共发掘了 53 座商代墓、27 座战国墓和 1 座车马坑，出土了战车、兵器、青铜器、战国钱币等数量丰富的随葬品。在出土文物中，当属吴王夫差剑最为珍贵。这一带的商周到战国古墓群对研究当时的历史文化有极高的参考价值。

共城城址不仅见证了西周厉王时期“国人暴动”“共和行政”的那段历史，而且还包含了“共和元年”“共和制与民主制政体”等诸多历史信息，成为中国及商周断代工程的基石。同时，还是研究周代社会生产力水平和我国早期城市建制的珍贵实物资料。

3.【战国长城新乡段】

在河南省北部，辉县市与卫辉市、林州市交界处的山岭上，存在着

一条长城遗迹。清道光《辉县志》记载："上有石墙，起自盘西岭上，至丁家庄，或有或无，直走司寨东大岭及鹿岭口北山去入林县墙，观其形势，亦设兵戍守之地，岭上敌楼遗址犹存。"又载："侯兆川东山隅，山上有墙，墙东为林县界。"[①] 志中所载"石墙"，应为长城遗迹。今天长城尚存遗迹出现在卫辉唐庄镇，基本沿卫辉和辉县两市交界，经唐庄镇（卫辉）、常村镇（辉县）、太公泉镇（卫辉）、张村乡（辉县）、狮豹头乡（卫辉）到达新乡市与安阳市的分界，然后沿辉县与林州的县界，经辉县的拍石头乡、南村镇、西平罗乡、南寨镇后进入林州市，经原康镇南部西行入山西省壶关县鹅屋乡，走向大致为东南—西北向。长城盘旋游卧于群山峻岭之上，气势雄伟壮观，以长城为界，东为卫辉，西为辉县，故长城两边的百姓称之为"边界岭""边墙岭""边疆岭"。从长城的构筑形制看，它与林县赵长城及山东齐长城的构筑形制一样，特别是在长城上的城堡要塞中发现有战国时期的绳纹筒瓦，可以断定新乡境内的长城遗迹应为战国时期的长城遗迹。

新乡的古长城，一说为战国时期魏国所筑。公元前361年，魏惠王迁都大梁（今河南开封），以避秦国东进的锋芒。此时，作为魏国西北屏障的河内（今沁阳）、共（今河南辉县市）、汲（今河南卫辉市）就成了关系到魏都大梁安危的关键所在。为了防备秦国东侵，确保大梁的安全，魏国修筑长城。"（魏惠王）十九年，诸侯围我襄陵。筑长城、塞阳固。"[②] 另一说为赵南长城，公元前4世纪赵肃侯所筑，因赵"围魏黄，不克，筑长

① （清）周际华：《辉县志》卷4，清道光十五年版。

② 《史记》卷44《魏世家》，中华书局1959年版，第1845页。

城”。[①] 这段城的修筑在当时对赵国防御魏国的反攻起到重要作用，而且也是赵国向南扩张即“长南藩之地”所采取的重大措施。

长城遗址包含人工墙体、山险墙体、哨所、城堡要塞、采石场等多种构成要素。人工墙体在卫辉市池山乡歪脑村段保存最好，它从北向南盘卧在小灰心脑、灰心脑、搬舅峰、南大岭四座山峰上，基本上为南北走向。墙体东面多峭壁、悬崖，难以攀登，西面则呈坡状，较缓。现南大岭段长城保存最好，现存最高处达 1.6 米，其余地段则因自然和人为损毁已成乱石一堆，但其走向和构造仍清晰可辨。此段长城墙体全系用青石垒砌而成，石块间未有任何粘接物，直接用石块垒叠而起。长城剖面略呈梯形，基宽 2.1—2.8 米，残高 0.3—2.0 米，据残存高度推测，此长城的高度应在 2—3 米。长城的构筑方法为两边用大的石块垒砌，中间用碎石填充.所用石料皆为就地取材。

城堡要塞位于灰心脑山峰最高处，城堡要塞东西长 29 米，南北宽约 26 米，略呈方形圆角。要塞筑有内外两道石墙，外墙已被坡土覆盖，地表已无迹可寻，但地表下还可见近 1 米高的墙体。外墙的作用主要是加固山坡，防止坡土被雨水冲刷下滑，保护要塞建筑。另外，外墙还可作为平台，起瞭望和监视的作用。内墙墙基在地表上保存较好，比较清晰，内墙西南角有一缺口，应为内墙出口。在要塞北外墙外与长城的夹角处有一半径约为 3 米的半圆形遗迹，它连接长城与北外墙，可能是瞭望台遗迹，如遇敌人入侵，也可作烽火台使用。除此以外，在要塞内还发现有房屋和排水沟的遗迹。长城连接要塞外墙东北角和东南角，站在要塞顶上，举目四望，周围地势环境一览无余，尽收眼底。因此，它应是长城中重要的城堡要塞遗迹。

在该段长城中还发现两处哨所，一处是在灰心脑山与搬舅峰之间的低凹处，一是在搬舅峰与南大岭之间的低凸处。哨所建在长城的西边，距长城约 4 米，为直径约 3 米的圆形石构建筑。哨所依山势开凿出圆形的平面后，再用石块垒砌。

长城是战国时期修建的防御性工事，距今已有 2300 余年的历史，为研究战国时期诸侯国之间的势力消长情况、战争艺术以及筑城技术提供了

---

① 《史记》卷 43《赵世家》，中华书局 1959 年版，第 1802 页。

可靠的历史文化信息。2006年国务院将全国范围内的战国至明代长城合并为第五批全国重点文物保护单位。

4.【沙门城址】

沙门城址地处黄河故道，位于延津县西北榆林乡沙门村东北2公里，南距现在的黄河约35公里，2013年国务院公布为全国重点文物保护单位。

沙门城址相传是战国时期著名军事家吴起扼守黄河渡口的屯兵处，当地俗称“吴起城”，在明清时期的《延津县志》中，该城址也被记载为“吴起城”。历史上，延津县长期位于黄河南岸，属开封府。宋金时期，沙门城址是由开封北上的水陆交通要道，北宋时称为宜村，为黄河南岸一处重要的渡口。金章宗明昌五年（1194）八月，黄河向南改道，宜村改处黄河北岸。《金史·地理志》记述：“卫州，贞祐二年七月城宜村，三年五月徙治于宜村新城，以胙城为倚郭，正大八年以石甃其城。”[①]南宋淳祐十一年（1251），卫州治所由宜村迁回汲县（今卫辉市）。从此以后，该城址逐渐被风沙所掩埋。

2006—2007年，河南省文物考古研究所对该处遗址进行了考古发掘和勘探，发掘面积4000平方米。整个城址被黄沙所覆盖，城址北部平坦，南部因被沙丘覆盖地势较高。发掘清理表明，金元时期的城址位于现地表下1.5米左右，北宋时期的遗迹则深埋于现地表3米以下。战国至西汉时

① 《元史》卷25《地理志中》，中华书局1975年版，第608页。

期的遗物则出土于现地表 7 米以下，这可能和传说的“吴起城”有关。经过初步的调查勘探确定，发现的遗迹有城墙、道路、房基、水井、农田、灰坑、灶等。

沙门城址大致呈北窄南宽的梯形，西城墙、北城墙、东城墙北段保存较好，南城墙及东城墙遭到破坏而无存。北城墙长约 740 米，宽约 35 米，现存高约 2 米；东城墙长约 640 米，宽约 35 米，现存高约 2 米；南城墙长约 1000 米；西城墙长约 800 米，因上部积沙较厚，宽度不详，高度超过 3 米。在东、西、北面城墙各发现一座城门，西城门有瓮城存在的迹象，南城墙因兼顾黄河堤防便没有城门。在城址的南部发现 10 余眼水井，沿南城墙有一条东西向贯通道路，路中车辙痕迹清晰，车辙宽 1.45 米。推测这里为一生活街区，南墙外约 1000 米处应是黄河码头所在地。本次发掘区主要位于城址的西部，出土物极为丰富，尤以砖瓦等建筑遗物最为丰富。出土有龙纹瓦当和绿釉筒瓦，说明城址内原建筑密集，且存在较高规格的官府建筑或宗庙建筑等。

清理出土的遗物可分为瓷器、陶器、釉陶器、石器、玉器、骨器、铜器、铁器及建筑遗物、冶炼遗物、动物骨骼、穿孔石、礌石等几类，其年代为宋金时期。在南墙底部夯土层中发现有战国至西汉时期的板瓦、筒瓦、陶器残片等。发掘区域内出土的瓷器种类多，数量大。瓷器从釉色上可分为白瓷、黑瓷、青瓷、黄釉瓷、钧釉瓷、白地黑花瓷、青白瓷、酱釉瓷、红绿彩瓷等；器类有盘、碗、碟、盏、壶、瓶、盆、杯等；瓷器上纹饰的装饰技法可分为划花、刻花、印花、贴花、剔花、绘花等。这些瓷器及瓷器残片的大量出土，一方面可以印证城址的渡口性质，是当时瓷器转运、交易的重要场所。城址内出土了大量牛、马等较大型动物的骨骼和较多的穿孔石块，这些可能是用于运输或商业交易中挽系牛、马等牲口。在城址南约 1000 米处距现地表 3 米以下，施工部门挖出一些重量均在数吨的大型穿孔石，应与码头上挽系船缆有关。这些文物的发现，进一步证明沙门城址是宋金时期开封北上的水陆交通要道。在城址内还发现大量不同大小的冶炼坩埚及炼渣的出土，说明了城内曾有一些冶铸手工业作坊。此外，大量礌石（一部分集中发现于西城门）的发现可能与城址的军事防御有关。西墙处出土有大量的较大块体石块，应当与文献记载中的“以石甃其城”相吻合。

该遗址是中国考古史上首次对黄河古渡口进行科学发掘的城址，遗址出土了大量的遗物，为研究我国宋、金时期社会经济发展状况和渡口城市建筑布局、防御体系、运输和商业贸易提供了丰富翔实的实物资料。同时，沙门城址的发现是我省黄河故道内重要的考古发现，再一次将我们的目光集中到了广袤的黄河故道和黄泛区。黄河的泛滥给中原地区黄河两岸的先民时常带来灭顶之灾，但也客观上为后人封存了一大批保存完好的珍贵文化遗产。

5.【大运河新乡段】

大运河是世界上最古老的运河之一，始建于公元前486年，包括京杭大运河、隋唐大运河和浙东运河三部分，地跨北京、天津、河北、山东、江苏、浙江、河南和安徽8个省、直辖市，是世界上开凿时间较早、规模最大、线路最长、延续时间最久且目前仍在使用的人工运河，是中国古代重要的漕运通道和经济命脉。大运河沿线包含桥、闸、坝、仓、寺观、塔等多种文物，与大运河周边众多与运河息息相关的文化遗产共同组成了运河文化。其中，京杭大运河已于2006年被公布为第六批全国重点文物保护单位。与大运河有关的第七批全国重点文物保护单位共包括8个省、市，共96处文物点，与第六批京杭大运河合并为大运河。其中大运河河南段主要包括10处，具体如下：大运河浚县段、回洛仓遗址、济阳镇大运河故道、大运河滑县段、大运河枋城堰遗址、云溪桥、合河石桥、洛口仓遗址、黎阳仓遗址、商丘南关遗址。

新乡市大运河为线性文化遗产，包含我市获嘉县、辉县市、卫滨区、牧野区、红旗区、卫辉市等地的卫河、小丹河、百泉河的河道以及百泉、合河石桥、金龙四大王庙、卫辉古城等重要文物遗迹，其中新乡市大运河主线卫河长约 75 公里。大业四年（608），隋炀帝开始兴修永济渠，北宋时更名为御河，明初又改称卫河，并沿用至今，20 世纪 60 年代末断航，通航约 1400 年。历史上该段运河一直是华北平原上沟通南北的重要水道，隋、唐、北宋时期是向北部边防运输军队及军需物资的主要交通干线，元、明、清时期又作为京杭大运河的辅助通道向北京漕运粮食和建材等物资。

由于明清时期卫河漕运繁忙，使新乡与北京、天津的商贸交流日益频繁，新乡的商业格局已在卫河航运的穿梭中发生了变化。到清末，由于新乡北关紧邻卫河码头，原来繁荣的东西大街的商业街，已悄然移至北关街。新乡北关沿河两岸商号林立，摊贩麇集，新乡城东卫河岸边的饮马口也是新乡重要的商品和货物码头。卫河下游的食盐、海味、布匹、糖果由此进入新乡，新乡当地鸡蛋、油料、小麦和杂粮等土产也由此输出。

大运河在维护国家统一、巩固北部边防、促进区域经济文化交流、农田灌溉等方面均发挥了重要的作用，卫河也对新乡的城市发展做出重要贡献。今天卫河仍是海河水系的重要支流，同时在农田灌溉和泄洪排涝方面仍发挥着重要作用。

6.【鲁堡遗址】

鲁堡遗址位于河南省新乡市凤泉区耿黄乡东、西鲁堡村北，系中原地区仅存的几处重要的龙山文化遗址之一，1963 年河南省人民政府公布为省级文物保护单位。该遗址于 1958 年 4 月发现，鲁堡村西北角的土岗坐落在遗

址的东南部，这个大土岗比一般耕地高出数米。在土岗中间，由于长时间的水冲形成三条沟，成为通往村口的三条道路，沟深5米、宽50米左右。在断崖上露出了文化层，厚3米左右，夹杂有丰富的文化遗物。岗上可以拣到陶片，灰土已露出地面。遗址南北长600米、东西宽800米，面积48000平方米。

西边一条沟内文化层约10层，窖穴、灰坑颇多。中沟南端10米长断崖上就有竖井形窖穴4个，平面为椭圆形，直壁，最大的深5米，最小者深2米，直径1米，窖穴内的灰土松弛，遗物很少。同时，也有直壁大口圜底窖穴，已露出2个，深1.5米，直径2.5米，堆积有8层，土质更松，灰土有深灰、浅灰、白灰和褐色，内涵文化遗物很多。石器中有石斧、石凿、石锤、磨石等。陶片中可以看出器形的有鬲、豆、碗、盆、盘、罐等，陶片纹饰有篮纹、方格纹、绳纹、竖道划纹、附加堆纹及镂孔等。在陶片中能复原的一件陶盆为泥质灰陶，敛口，高12厘米、口径31厘米。除大量陶片外，还发现有陶环、防纺轮等。另外，采集一件卜骨，上有火灼痕迹，为鹿的肩胛骨，还有一件蚌锯和一件残蚌镰。

7.【洛丝潭遗址】

洛丝潭遗址位于新乡县大召营镇洛丝潭村，南距黄河故道6公里，北距卫河4公里，1986年河南省人民政府公布为省级文物保护单位。洛丝潭遗址南北长300米，东西宽约200米，遗址原为土岗，面积约6万平方米，高出地面7—8米。中部文化层堆积较厚，约3.5米，北部稍薄。地层可分为两种：一是龙山晚期在上、龙山早期在下。二是龙山晚期在上、龙山早期居中、仰韶晚期在下。

洛丝潭遗址发现仰韶文化灰坑 11 座，出土石铲、骨锥、蚌箭头等大量生产工具。同时，也发现许多生活器物，主要是一些陶器。陶器以灰陶为主，也发现部分红陶。器物的表面大部分无纹饰，在一部分泥质缸、碗、瓮的表面画有彩绘的纹饰。这种彩陶多数为泥质红陶施红彩和黑彩，少数的有泥质灰陶施红彩或棕彩，也有红、黑兼施于一器的，彩绘纹饰也是多种多样的。陶器的种类很多，有罐、盆、钵、碗、瓮、鼎、缸、杯、陶环等。

洛丝潭遗址还发现龙山文化时期的房基一座和灰坑六座。房基深 0.3 米，圆形，直径 3.2—3.4 米。根据房基内发现的遗迹现象，参考其他地区发现的同时期房屋情况，推测该房子应为一座圆形半地穴式尖顶状房屋，穴壁和地面均为黏土构筑，室内地面坚硬平整。在房基和灰坑内发现大量生活用品，基本为陶器，泥质灰陶占大多数，纹饰中以方格纹较多，次为绳纹和篮纹，有一部分附加堆纹和弦纹。陶器的种类有作为炊具的鼎、夹砂罐等，有作为盛食器的盆、碗、豆，还有作为储存器的缸、瓮。同时，还发现一座战国竖穴土坑墓墓葬，陪葬品有鼎、豆、壶等。

根据这些发现，我们可以推断这时的洛丝潭人应该是居住在半地穴或地面上的用茅草搭建成的房子内，手持着用石器、骨器、蚌器制成的生产工具从事渔猎和农业生产，使用着用泥土烧成的陶器，过着相对安定的生活。该遗址地理位置位于中原南北两种文化类型的交接地带，其中文化内涵比较复杂，它既包含大河村遗址、安阳大司空村类型、汤阴白营村等遗址的某些因素，又有自己的文化特点，对研究当时的文化具有重要的价值。

8.【李大召遗址】

李大召遗址位于新乡县大召营镇李大召村北，是豫北地区面积较大、保存较好的早期文化遗址，1986 年河南省人民政府公布为省级文物保护单位。该遗址中间高，四周低。东西长 500 米、南北宽 400 米，面积约 20 万平方米。2002 年 3 月至 4 月，郑州大学考古队对河南省新乡县李大召遗址进行了调查、钻探及试掘，试掘工作从 3 月上旬开始至 4 月上旬结束，开挖探沟两条，发掘面积 50 余平方米。2002 年 9 月 30 日至 12 月 7

日进行第二次发掘，共开探方（沟）30 个，发掘面积近 700 平方米。该遗址包含有龙山文化、二里头文化、殷商文化、汉代墓葬等各时期文化遗存，出土一批石、骨、蚌、陶器等生产工具和生活用具。生产工具有蚌刀、骨镞等。生活用具主要为陶器，分为泥质、夹砂和夹蚌三类，主要为灰陶、黑陶、褐陶三种，纹饰以篮纹、绳纹、方格纹为主；另有少量素面磨光，附加堆纹、弦纹的陶器。陶器的制法多为轮制，器底多留有切割痕迹，少量器物为手制或模制。陶器的器形有瓮、折腹盆、鬲、碗、钵、簋、甑、甗、大口深腹罐、圜底罐、圈足盘、大口尊。

李大召遗址以河南龙山文化为主体，龙山文化是继仰韶文化之后在中原大地发展起来的一种新石器时代晚期文化。李大召遗址为我们提供了一个河南龙山文化早期、中期、晚期完整发展的实例，也是这个考古资料积累中的一环。此次考古发掘更多地关注对文化谱系的梳理，为我们揭示豫北卫河流域龙山文化内涵、探讨夏商两大文化集团的关系、梳理该地区文化谱系具有重大的历史和科学价值。

9.【谷堆遗址】

谷堆遗址位于原阳县城东北 2 公里的城关镇谷堆村西北，北靠黄河，南临济水（官渡水）。遗址北面为耕地，三面为谷堆村民居住区。遗址处在一个约 2 平方公里的大沙岗上，因未受黄河侵淹，曾称“方古阜”。遗址上有汉丞相张苍墓。1986 年河南省人民政府公布为省级文物保护单位。

遗址东西宽约 100 米，南北 150 米，面积约为 1.5 万平方米。遗址地

层简单，沙丘2米以下为文化层，厚约2米。个别地方文化层裸露于地表。该遗址为商代前期和晚期文化遗存，可分为两层。商代前期文化层厚约0.8米，商代晚期文化层厚约1.2米。遗址表面没有发现居住痕迹，未发现灰坑、房基之类。发现陶器的陶质以泥质沙陶为主，夹砂褐陶次之，有少量夹砂灰陶和夹砂红陶。纹饰以绳纹为主（绳纹分粗、中、细三种），有少量方格纹、弦纹、圆圈纹。器形以罐为主，其他有鬲、瓮、盆等，也有少量龙山文化因素。

10.【同盟山遗址】

同盟山遗址位于获嘉县照镜镇桑庄村南，遗址呈土丘状，高约20米，面积约30万平方米，相传武王伐纣曾在此会盟诸侯，1986年河南省人民政府公布为省级文物保护单位。遗址平面形状为一不规则竹篓形，东头大，西头小，东西长，南北短。以武王庙大殿中心为基点向东100米，向西395米，向南、向北各199米，文化层厚度为同盟山上厚约6米，地面以下厚约2—3米，在遗址上面有武王庙古建筑群。根据初步试掘发现有灰坑、窖穴、红烧土和大量陶片及石器，陶片多为泥质灰陶和夹砂褐陶，纹饰有篮纹、绳纹、方格纹、指甲纹和素面磨光等。可辨器形有罐、鬲、盆、碗、豆、杯、小口瓶、澄滤器等，石器有锛、铲、镰等。该遗址时代延续时间较长，有仰韶文化、龙山文化、商周文化和汉文化，以龙山文化遗存最为丰富。

武王庙坐北朝南，占地面积为6万余平方米，始建于周末，元末毁于兵火战乱，明代重建，清至民国多次修葺。现存建筑三十余间，多为清代所修。中轴线建筑由南向北有：山门三间、二门一间、拜殿三间、大殿三间、后殿三间。拜殿前两侧有东、西配房各三间，大殿东侧有配殿两座各三间，后殿东、西两侧有配殿一座各三间，明、清碑刻十余通，院内有唐槐树一株，山下有一口姊妹井。武王庙具有极高的建筑价值、文化内涵与观赏价值。

11.【凤头岗遗址】

凤头岗遗址位于辉县市峪河镇丰城村东南1.5公里凤头岗，因遗址所处岗地酷似凤头故名凤头岗，1986年河南省人民政府公布为省级文物保护单位。该遗址是一处以龙山文化为主，兼有夏商周等文化的大型古人类遗存。遗址北望太行，南接卫河，东连峪河，中心区呈岗台地貌，南北长612米，东西宽470米，总面积达30万平方米。文化层堆积厚达2—4米，自下而上堆积依次为龙山文化、二里头文化、先商文化、二里岗文化、殷墟文化及西周文化等时期文化层，断崖上有龙山文化的灰坑、房基及红烧土地坪、白灰面地坪等遗迹和种类齐全的石器、蚌器、骨器等遗物，出土了商代精美的玉器和铜器。

遗址文化内涵丰富，为研究豫北卫河流域与冀南漳河流域的考古学文化交流和地域差异提供了难得的实物资料。凤头岗遗址还是商周王朝控制东方地区的重要军事地点——“戚”故地，是武王伐纣进军线路上的要地，为夏商周断代工程相关课题的研究提供重要的参考资料，该遗址具有较高的历史价值、艺术和科学价值。

12.【小岗遗址】

小岗遗址位于长垣县城东北4公里满村乡小岗村北400米，东北临单寨，北与学堂岗村相望，1977年被发现，1986年河南省人民政府公布为省级文物保护单位。

遗址南北长220米，东西宽120米，面积2.64万平方米。遗址呈北高南低，北中部高出地面3米，一条名丘村沟的河渠从北部穿过。文化层较厚，中心钻探5米不到底，灰土露于地面，陶片随处可见。从出土陶片标本看，此遗址为新石器龙山文化及商、周、春秋、战国至汉代的文化遗存。陶器多为灰陶，有少量的黑陶和红陶，质地以泥质灰陶和夹砂灰陶为主，泥质黑陶次之，还有泥质夹砂红陶。纹饰以绳纹最多，还有篮纹、弦纹、附加堆纹、大方格纹和素面。器形有大口瓮、深腹罐、平底盆、鬲、豆、壶等，制法有轮制、手制两种，生产工具发现有石镰、陶纺轮、蚌片。1958年于此地打井，发现有砖砌地洞，估计系汉墓墓室或墓道。该遗址尚未发掘过。

13.【苏坟遗址】

苏坟遗址位于长垣县张寨乡苏坟村西，1986年河南省人民政府公布为省级文物保护单位。遗址中心有一高台地，最高处高出一般地面3米，

该遗址从高地向南北东西四个方向呈缓坡状延伸。高台地南端有两座明代墓葬，为明代苏民望父子的墓。遗址面积约4.4万平方米。文化层厚约4.5米，发现有房基白灰面地坪、灰坑等遗迹。出土陶器有鼎、罐、瓮、鬲、豆、盆、甑等，纹饰多为绳纹、篮纹、方格纹、附加堆纹、划纹、云雷纹等，陶质多为夹砂、泥质灰陶、泥质黑陶，泥质红陶及夹砂红陶，陶器制作方法有轮制和手制两种。生产工具发现有石斧、石铲、陶纺轮、骨镞、蚌镰等。该遗址主要为龙山文化、先商文化、商文化和春秋、战国时期的文化遗存。

14.【齐州故城】

齐州故城位于获嘉县城西南12.5公里杨洼村正北，1986年河南省人民政府公布为省级文物保护单位，是新乡市范围内目前保存最完整的古代城址之一。城池为长方形，方向为198度，现存城池东西长458米，南北宽419米，总面积191902平方米。1956年底，获嘉县在进行文物普查时发现该城址，并根据城址所在地为杨洼村而被称为“杨洼村古城”。后新乡地区文物普查时对该城址进行了复查，并正式命名为“齐州故城”。

城墙现残存长度为东城墙长419米，南城墙长392米，西城墙长193米，北城墙长458米。城墙残存厚度为东城墙底宽15.6米，顶宽12米，南城墙底宽15.6米，顶宽12.2米，西城墙底宽12米，顶宽11米，北城墙底宽26.6米，顶宽12米。城墙残存高度为1—5米不等，仅可以看到几个豁口，其南面豁口宽29米，北面豁口宽34.8米。在城墙上的东北角、西南角和北面分别建有三座土砖窑，已废弃多年。

该城址曾为齐州所在之处，从采集的标本看，陶器均为泥质或夹砂灰、红褐陶，器形有鬲、甑、豆、罐，以及板瓦、筒瓦等，其中鬲、豆时代较早。鬲为大袋足、裆近平，外饰绳纹；豆为浅盘、高柄，二者均为战国时期中原地区的常见器物。城内还发现过汉代器物残片，仅见一些碎陶、瓦片，及少量黄釉、绿釉瓷片，在夯土城墙中发现汉代绳纹筒瓦、板瓦片。因此，我们从采集的标本分析，该城址应始建于战国中期，使用高峰在战国至秦汉时期。同时，从城墙的夯筑情况看，该城址为版筑平夯，夯土细密，这种平夯的方法在中原地区秦汉以前的古城中极为常见。《民国获嘉县志》转《方舆记要》载："南北朝时尝侨置齐州于此城，固以名。"县志载："侨置齐州者，是今杨洼村正北，有古城遗址。"[①] 由此可知，此城很有可能由汉代一直延续至南北朝时期，也是新乡市为数不多的南北朝时期城址，有极高的考古研究价值。

15.【重门城遗址】

重门城遗址位于辉县市高庄乡大史村西北隅600米处，西侧紧靠黄水河，东侧为鲤鱼亭河，南连安阳陂，东南遥望卓水陂、百门陂，北为沙地丘陵，该遗址亦名方城遗址，俗称"齐王宫遗址"，是汉魏时期的城址，2006年河南省人民政府公布为省级文物保护单位。

重门城是曹魏少帝曹芳早年的王宫和嘉平六年（254）被司马师废黜之后的齐王幽宫遗存。据勘察，遗址的南城墙上原设有城门，其他三面城墙的城门设置情况不详，北城墙保存基本完好，西城墙南段残失，南墙与东墙已不复存在。西侧黄水河为其天然城河，北、东二面原有城壕。北城墙长约300米，高5—8米；西城墙残长280米，高3—4米。在东城墙上原来还有"跑马圪道"，城墙上面中间低平，两侧高耸，形成一封闭通道，

① 邹古愚：《河南获嘉县志》卷四，民国二十四年版，第167页。

传是当年守城士兵的跑马道、练兵场。采集有灰陶片（多为罐、盆等器形），篮纹板瓦、素面筒瓦、绳纹方砖以及铜镞、铜币、瓷枕、石柱础等遗物。重门地处太行山东麓自南而北的一条山前通道之上，汉魏时期正好位于洛阳至邺城御道之中，因而河内重门城为司马氏政权安置齐王的理想首选，重门城遗址是曹魏文化研究的重要实物资料。

16.【凡城遗址】

凡城遗址位于辉县市北云门镇前凡城村北 250 米处，2008 年河南省人民政府公布为省级文物保护单位。凡城为西周成王时周公旦的次子凡伯的分封采邑地，古城东面和南面的村庄便以“凡城”命名。

该城址轮廓清晰，四周有城壕，为矩形，现存南北长 512 米，东西宽 445 米，面积达 26 万多平方米，文化层堆积厚度 2—3 米。城墙四周有护城河，其中西北角的西城河与北城河基本可见，城河宽约 30 米，城墙宽度上口约 50 米，下底宽约 80 米。四面墙上原各有一城门，而今城门痕迹不明显。在城内东南角、北中部均发现夯土层堆积，夯土层现存高度 1.8 米，夯层厚度分 10 厘米、15 厘米、20 厘米三种，夯筑方式为分段平夯，每段宽度 1.1—1.5 米。在城内东南部地层中出土有绳纹圜底带盖陶罐和绳纹陶囤等，采集有缸、盆、豆、碗、板瓦、瓦当、空心砖等。

凡城遗址为研究西周初年的分封制度、凡国历史及我国早期城市建制提供了实物资料，具有重要的历史、艺术和科学价值。

17.【店后营遗址】

店后营位于新乡县大召营镇店后营村西，陈庄村南，店后营变电站北的高台地上。2016 年河南省人民政府公布为省级文物保护单位。遗址南

北长 200 米，东西长 200 米，面积约 4 万平方米。经实地调查采集标本和文物勘探，在遗址西北部断崖壁上的灰坑内发现有带孔石斧、孔石镰、彩陶罐、折腹罐、豆柄、板瓦等器物残片。纹饰有红色彩绘斜方格纹、弦纹、附加堆纹、绳纹、方格纹等，灰坑距地表 0.5—1.5 米不等。从器形和纹饰特征看，以仰韶文化和龙山文化为主，晚期可延至汉代。该遗址的发现对研究新乡地区新石器时代至汉代的文化分布和承袭关系有重要的参考价值。

18.【黄河金堤】

黄河金堤位于原阳县北部，西起荥阳县（古荥泽）界，过祝楼姚村，东北经圈里、口里（古徐村堤）、磁固堤、师寨（古大堤），再东北黑羊山、后堤、秦庄（古秦家堤），入延津县界。金堤始建于春秋，历代加修规模宏大。汉代称黄河堤为金堤，取“固若金汤”之意。在东汉初年，王景曾负责对其进行修复，征调农民和士卒数十万人，掘通淤积，疏浚河道，十里立一水门，控制河水流量。此工程费时一年有余，钱百亿，使黄河水八百余年再没有发生大的改道。自宋元以后，黄河河道数次变化，金堤逐渐废弃。清雍正年间，金堤拨给贫民开垦，今多数已无迹可考，唯秦庄一带遗迹犹存。

2012 年 7 月，省文物研究所在金堤进行钻探发掘，发现战国、汉代金堤残存高度 4 米左右，并发现大量黄河决口抢险时用的穿孔石料。金堤对研究中国古代黄河黄道变迁、豫北水系变化、古代筑堤防洪技术以及黄河对古代黄河流域人类生活的影响都有重要价值，也是研究古代黄河变迁、防护、抢险等的珍贵实物。

第二节　古代墓葬

新乡古墓葬众多，大多分布在辉县和新乡市区北部。辉县西北多山，东南广阔平坦，太行山绵亘西北两面。在商代，辉县正处于晚商安阳和早商郑州的中间地带。相对于郑州、偃师这几个有商代遗址分布的古代都城来说，辉县距离安阳最近。考古发现证实，自商代开始，辉县逐渐成为一个市井繁荣、人丁兴旺的重要商埠和军事重镇。到了周代之后，辉县仍是人口稠密经济发达之地。因此辉县文物遗存十分丰富，全县墓葬群到处可见，现已发现的琉璃阁、固围村、褚邱、赵固等地，都埋藏着丰富的文化遗物。新乡市区北部古墓葬以汉墓居多，分布范围主要集中在辉县、凤泉区与卫辉一线，总共发现近千余座汉代墓葬，这些汉墓多为平民墓葬，墓主多为周边城邑内的居民。从新乡汉墓的情况可知，新乡地区在两汉时期人口分布广泛，城邑经济比较发达，城邑密集度高。新乡最为重要的墓葬当属位于新乡市凤泉区的潞简王墓，号称“中原石城”。

1.【明潞简王墓】

潞简王墓坐落在新乡北郊的凤凰山南麓，依山据岭，四周泉壑幽深，时人称其为“头枕凤凰山、脚登老龙潭，左手揣着金灯寺，右手托着峙儿山”，是中国目前保存现状最好、占地面积最大的一座明代藩王陵墓。1996年国务院公布为全国重点文物保护单位。

墓主潞简王朱翊镠是明穆宗朱载坖第四子，明神宗朱翊钧唯一同母弟，生于明穆宗隆庆二年（1568），死于万历四十二年（1614），终年47岁。据《明史·潞简王传》记，潞王“生四岁而封，万历十七年之藩卫辉”。[①]其陵墓建成于万历四十三年（1615），完全仿照万历皇帝在北京的定陵，被誉为“中原定陵”。潞简王墓共占地四百余亩，其整体建筑用材除极少数砖木外，几乎全部采用青石和白石，被当地百姓称为“中原石头城”。据《御赐潞简王圹志》载，潞简王墓建成于万历四十三年（1615）。近四百年来，虽经历次兵火破坏和风雨剥蚀，除享殿、棱恩门等部分木结构建筑被毁外，墓区的整个规制被完整地保留至今。

简王墓以“潞藩佳城”石牌坊为起点，该坊为三间四柱，通阔9.35米，明间绦环板正反两面刻径尺楷书“潞藩佳城”四字，四柱通身高浮雕云龙图案，大小额坊正反面浮雕二龙戏珠图案，明间顶部正中雕盘龙。石坊两侧立华表一对，为石刻仪仗群的标志。华表通高5.42米，周身高浮雕云龙宝珠图案。

牌坊以北为神道，列翁仲、石兽16对，其中石兽为14对，1对控马官，1对文吏。自南向北，分东西两行，大致按从高到低的顺序，以4.8米的间隔，依次排列在神道两侧，其顺序依次为猰貐、爰居、貔、獬豸、豹、狻猊、羊、虎、狮、辟邪、麒麟、骆驼、象、马，其形态各异。这些石刻都是由整块青石雕刻而成，最大高达2.7米，最小者亦为1.55米，虽经四百年的风雨侵蚀，至今仍轮廓清楚，且局部纹饰也十分清楚。

180余米的神道以北为墓前水池，池上有一座用汉白玉砌成的三孔券御河桥，桥上以青石铺面，桥两侧雕白石栏杆和栏板。再北百余步为潞简王墓的正门，城门高约10米，面阔21米。城门墙壁全用青石条砌成，下有三道拱券门，门钉为九带九扣。单檐歇山顶，无斗拱梁架檩椽之属，梁架系用砖石拱券代替，属大型无梁殿建筑，上以绿琉璃瓦覆盖。墓园外墙南北长324米，东西宽147米，城墙高达6米，全部用青色石条垒砌，整个城垣坚固而规整。该建筑为潞简王墓园规模最大，保存最为完整的主要建筑，规整坚固，随北高南低之地势雄峙凤凰山前，气势十分雄伟，不但是墓园的高大屏障，而且增加了墓区壁垒森严的气氛。

---

① 《明史》卷一百二十《列传第八·诸王五》，中华书局1974年版，第3648页。

城内横向有二道内城墙相隔，把墓园内分为三个自然院落，整个墓园平面呈长方形。由陵门至祾恩门为第一院落，过陵门为“维岳降灵”石坊。该坊结构为三间四柱．各柱及大小额坊正反面，精雕云龙宝珠图案，明间绦环板正面刻径尽楷书“维岳降灵”四字，明间二柱正面刻对联一副：上联为“龙卧太行绵玉牒”，下联为“风栖毖水濯银潢”。坊顶部分雕刻精美，屋脊、瓦垅、猫头滴水等雕刻形象精致，脊之正中雕盘龙二条，龙身互相缠绕，神色雕得充满哀戚之情，表现对墓主人的哀悼之意。除此以外，整个牌坊设计也较为合理，明间二柱内侧入 57 厘米宽的石条，上抵小额坊，是为门框，并起着协助小额坊两端之榫共同承受压力的作用。因此，整个牌坊表现出高超的设计和精美的雕刻水平。自“维岳降灵”坊向前 60 米为祾恩门，祾恩门原为墓区的主要建筑，原建筑已毁，仅存台基，后在原址上重建祾恩门。

自棱恩门北至享殿基台构成第二院落，享殿及左右配殿均于清同治年间被毁，现仅存殿基。按殿基面积和柱础的分布，可知此殿面阔 7 间，进深三间。享殿前的月台被完整保留，面积约与享殿相当，月台前置高大的石狮一对，月台前之正中嵌云龙宝珠陛石，陛石两侧各留台阶。

该墓的祭碑共有十通，现存八通。祭碑均为龙首方趺，且有巨石雕成的碑楼，享殿东西两侧的两通最为高大，高约 6 米，为万历皇帝及东宫遣使所立。其余八通，则分列于享殿前华表两侧，分别为明熹宗朱由校、福王朱常洵、朝廷首辅申时行，各部、院等衙门、河南布政司、分巡、分守河北道等地方官员所立，各碑依次排开、十分壮观。

自享殿基台后面的石坊、明楼至坟园的最后部分“宝城”为第三院落。此处石坊为潞简王墓园的第三道牌坊，该坊形制特殊，面阔为三间，左右次间则各靠以两块巨大的青石板，石板之上以巨石雕楼。抱鼓石鼓面分别精雕“月下麒麟”和“犀牛望月”图，图案精美，雕工甚精，是一批珍贵的明代石刻艺术品。过石坊变为明楼遗址，原建已毁，现存台基和墓碑。台基高 2.5 米，方 9.6 米，台基正中树立着高大的墓碑，墓碑龙首方趺，通高 6.5 米，宽 1.92 米。碑首正反两面镌刻“皇明”二字，碑阳刻楷书“敕封潞简王之墓”七个大字，字形庞大，笔法雄浑有力。碑阴刻朱翊镠的生卒年月：“隆庆戊辰贰月初五日寅时降生，万历甲寅伍月拾伍日辰时薨逝。”碑首之盘龙、碑趺之云龙宝珠图案刻工精湛。明楼前有一石条案，上有石雕五供，石条案以青色巨石雕成，雕成束腰状，束腰部分及四周精雕花饰。案前之石雕五供为香炉一，花瓶、烛台各二。五供的图案设计、绘画艺术及炉火纯青的雕工，都堪称精绝，为明代石雕艺术罕见的佳品。

墓碑和“五供”的后面为“宝城”，即墓冢，周围石砌城墙，内填封土通高 9.35 米，周长 70 米，内有石阶可登临立顶。“宝城”下为地宫，即安放潞简王朱翊镠棺椁的地方，距地面 3.8 米，地宫总面积达 185 平方米。该地宫共有两道石门，第一道石门为长石条闸门，系于甬道两侧的壁石凿槽，然后以巨形石条将门封死。头道门内由甬道、前堂、左右墓室和主墓室构成，前堂前为第二个石门。地宫全部为石结构的拱券式，潞简王的棺椁安放在后殿。中间庭堂正中置石条案及石雕五供，主墓室宽广高大，正中为青石砌成棺床 。该墓原为木棺石椁，均在 1938 年被盗时毁坏，石椁残块尚存，墓志保存完整无残，志盖阴刻“大明敕封潞简王圹志”。

潞王陵以宏伟的规模，精美的石刻，博大的中国明代藩王制度及陵寝建筑文化内涵，成为中国现存规模最大，最完整的明代藩王陵墓，是同期其他任何明代藩王陵寝甚至一些帝王陵寝所不能比拟的。

2.【琉璃阁商周墓地】

琉璃阁商、周墓地位于辉县东 1 公里，2013 年国务院公布为全国重点文物保护单位。这里有一座建于明代，重修于清代的两层重檐的文昌阁，屋顶使用绿色的琉璃瓦，所以当地群众称之为“琉璃阁”，故该遗址取名为“琉璃阁遗址”，在其附近发现有一批商周时期的墓葬和文化遗迹。

辉县在太行山脉东麓，南以卫河为界。此地即殷墟卜辞与商金文之“龚”地，西周时卫僖侯之子共伯和之封地，春秋属卫，战国属魏。1935年12月至1937年春，中央研究院曾经也在这里进行过三次考古发掘，发现52座战国墓，4座车马坑，后因抗战爆发，发掘工作被迫停止。解放后，1950年秋和1951年秋，两次又发掘出27座战国墓，一座车马坑。综合上述五次发掘，可以证实此处是东周时期的贵族墓葬，时间自春秋延及战国，大约为公元前445年魏文侯立国至公元前225年魏被秦灭断断续续220年间。同时，这些战国墓自东向西分三组排列，从墓葬的物器组合上，也可以看出其演变轨迹，整个墓地以东面的时代最早，中间次之，西面的最晚。这些战国墓葬有大墓10座，一般墓葬69座。大墓长7—11米，宽4.8—10.3米，深6—10米以上，而一般墓为长2.6米、宽1.7米左右，深约3—5米。

琉璃阁墓地最为著名的应为甲、乙二墓，琉璃阁甲墓东距琉璃阁626米，乙墓距甲墓4米，二墓并列。甲乙二墓均为坐东朝西的长方形竖穴，甲墓东西长11米，南北长10米，乙墓长约9米，宽约7.6米。甲乙二墓无棺，以柏木为椁，保存较好，乙墓椁室明显小于甲墓。甲乙二墓随葬品十分丰富，以1936年前河南省博物馆发掘的墓甲为例，计有铜编镈、铜编钟、石磬等乐器；鼎、鬲、甗，簠、鬻、豆、爨、壶、尊、鉴、盘、匜等青铜礼器；戈、矛、斧、剑、削、镞等青铜兵器；车、辖、马衔、环、銮、铃等车马器；瑗、璜、环、珏等玉器和玉饰。这些墓葬既有国属，又有时间早晚，出土器物又丰富，实为战国考古的重要发现。

抗战爆发后，甲、乙二墓出土的文物自抗战爆发，便开始颠沛流离的转移，先后转移至开封、南阳、武汉和重庆。1949年国民党将甲、乙二墓文物由重庆运往台湾。由于解放军进军迅速，快速抵达重庆，部分古物得以保留。目前，甲、乙二墓的文物多保存在台北历史博物馆、河南博物院、故宫博物院和中国国家博物馆等国内著名博物馆。

自琉璃阁墓葬被发现以来，郭宝钧、杨育彬、李学勤、朱凤涵等许多学者一直在对琉璃阁东周墓葬的国别族属进行考证。由于当时的挖掘资料不完整，及墓葬位置、器物组合的特殊性，目前专家学者对该墓葬的国别族属有三种说法，具体为战国魏国贵族墓地、春秋中晚期至战国的卫国公室墓地、春秋战国之际晋国的范氏卿族墓地。

1950年秋，中国科学院考古研究所在这里发掘出53座商代墓。按其分布的地点分北、中、南三区。北区28座在黄家坟，中区9座在黄家坟南，南区16座在岗上。墓葬有大墓1座，中型墓4座，小墓48座。这些墓葬大多被盗，但也在墓内发现青铜器、陶器、玉器等随葬品，在墓内还发现人类和动物的骨骼。上述商代墓葬有些较早，属于二里岗期上层，有些较晚，属于安阳小屯前期。

3.【山彪镇战国墓群】

山彪镇战国墓群，位于卫辉市西约10公里的山彪西南地，约在3万平方米的范围内埋藏着大量战国时期魏国墓葬，1986年河南省人民政府公布为省级文物保护单位。1928—1935年，曾先后出土许多战国器物。1935年7月，中央研究院进行了发掘，共发掘大墓1座，小墓7座，1959年出版了《山彪镇与琉璃阁》发掘报告。

大墓在墓区西北，小墓分布在大墓的东南两侧约100米处，占地面积50余亩。除8号墓为加洞穴外，其余皆为长方形无墓道的竖井墓。其中1号墓最大，出土器物最多。大墓的墓底铺一层石块，上置木椁，椁周填石子，外层又填木炭，椁内放棺，棺内有尸骨及随葬品。

山彪镇战国墓群出土器物可分为青铜乐器类、青铜礼器类、青铜兵器类、生活用器类、陶器类和玉器类。其中有编钟两组，一组5个为蟠螭纹编钟，另一组为9个散虺纹编钟，两组编钟形状略同。列鼎5件，形状相似，尺寸依次递减，形扁圆，附耳，三足。盖上环钮，耳面有云纹。壶7件，共分华盖式、钫式、提梁式、瓠式4种。除此以外，还有鉴、盘、匜、勺、铜镜、车马饰、兵器、陶器、玉器、石磬、石尺和海贝等。出土器物尤以用红铜丝镶嵌的水路攻战图铜鉴最佳，驰名中外，为战国青铜器中佼佼者。器表面分了三层画像图案，292 人以舟和鱼等图像，组成徒卒战、舟师战、短兵交手战、长枪大战、仰攻战、云梯战和投石战、旗鼓相当的阵地战等画面，生动逼真，是东周战况的真实写照。西周至春秋，按礼制规定，天子死后殉九鼎，诸侯七鼎，大夫五鼎，士为三鼎。春秋后期，礼崩乐坏，各地诸侯纷纷僭越。该墓殉以五鼎，且墓内兵器较多，死者生前应在诸侯国中地位显要并且掌握兵权。

该墓地出土的铜编钟及石磬，是研究我国古代音乐的重要资料。水陆攻战铜鉴不仅是研究古代战争的重要资料，还是研究我国的青铜铸造镶嵌工艺的重要资料。所有出土器物上的图案装饰精美，又是研究古代艺术的重要资料。

4.【刘伶墓】

刘伶墓位于获嘉县亢村镇郭堤村，2016 年河南省人民政府公布为省级文物保护单位。刘伶，字伯伦，西晋沛国（治今安徽淮北）人，生于魏黄初二年（221），卒于晋永康元年（300），曾为建威参军。刘伶与嵇康、阮籍、山涛、王戎、向秀、阮咸同居山阳，结自得之游，史称“竹林七贤”。嵇康遭权奸钟会陷害被杀，阮籍病死，其余五人各奔东西。相传，刘伶携家人来到获嘉县南黄河占堤之上赵岗村落足，刘妻劝说丈夫为官，刘伶不从，便在此安家开店，糊口养家。刘伶经营有方，还保护过往行人客商的安全，刘伶广受赞誉，名声在外，此地被称为刘伶店。在获嘉郭堤村还有刘伶井、刘伶墓、刘伶祠等与刘伶相关的历史遗迹。

民国二十四年《获嘉县志》记载：“刘伶墓，在县南三十五里郭堤东北二里许，东西十三步，南北十步，高约三四尺，传为刘伶卒，葬于此。村之刘姓十余户，皆其后也。”获嘉县亢村镇刘固堤村有刘伶祠，该祠东西长 45 米，南北宽 25 米，面积为 1125 平方米，为刘氏后人纪念先祖刘伶创建，中间世次已不可考。另有明成化元年刘伶画像碑一通，现在村中存放，由其后代刘氏家族人保管。该祠现有清至民国时期碑刻十二通，该石刻群的保存和保护对研究古代石刻和“竹林七贤”之刘伶其人有极高的参考价值。

5.【崔景荣墓】

崔景荣墓位于长垣县苗寨乡东榆林村南，2016年河南省人民政府公布为省级文物保护单位。因几经水淹，被淤埋于地下，未遭破坏。崔景荣曾任万历年间吏部尚书，为长垣七尚书之一。

崔景荣（1565—1631），字自强，明万历十一年（1583）进士。初授平阳府推官，后累官四省巡按，平播监军，宁夏巡抚，兵部右侍郎，右佥都御史，兵部尚书，吏部尚书等职。崔景荣一生为官廉洁，刚直不阿，特别是在天启四年（1624）升任吏部尚书后，不畏阉党权势，多次回绝魏忠贤的宴请与拉拢，并在官吏设置与任用等方面，同魏忠贤进行了卓有成效的斗争，终因庇护杨涟、左光斗等著名东林“六君子”而被夺职，遂辞朝还乡。直到崇祯改元，魏党垮台方被重新启用，官复原职。崇祯四年（1631）逝世，归葬故里。

6.【固围村战国魏王室墓】

固围村位于辉县市城东6里，战国墓地在村东2里许，北距共头山4里。经调查，此处墓地范围较大，方圆约600米，墓地中心为隆起的平台式高地，东西宽150米，南北长135米，四边为断崖，高出周围2米余，是以岗坡为基地，稍加人工建造的一座回字形陵园。

墓地北望方山，东望黄花山，西望苏门山，卫河自百门泉下注，远绕西南两面，经新乡向东北流去，是一个山环水抱，形势雄伟的地方，正是古人认为定茔的好处所。墓地中心存留着三座大墓，东西并列，中间一座最大，东西两座略小并基本相当，应为陪葬墓，从墓葬规格推断这三座墓应是魏王和王后的陵墓。此处墓葬都是用河卵石或石板砌成的方围形墓口，下压墓室。1950 年 10 月至 1951 年 1 月，中国科学院考古研究所在新中国建立后，首次在此进行了考古发掘，三座墓由西向东依次编为第 1 号墓、第 2 号墓、第 3 号墓。三座墓葬随被盗掘，但在三处墓葬中的棺椁、壁穴、墓道和祭坑中出土大量铜器、铁器、陶器、玉器等珍贵文物。

墓上原覆盖享堂建筑，其基址的范围略大于墓圹。2 号墓的享堂基址长约 27 米，现堆积有厚约 0.5 米的瓦片层，根据残存的柱基推测，这座享堂原是七开间的方形瓦顶建筑。3 号墓享堂边长 19 米，1 号墓的边长 18 米左右，都是五开间的建筑。

固围村战国大墓的发掘，为我们了解战国王族墓室结构、积砂制度、夯土技术、庙堂制度、埋玉制度及错金银工艺等提供了实物资料，特别是首次发现了大量战国时期的铁质生产工具，为我们研究战国时期农业经济的发展及研究中国社会制度发展史，提供了珍贵的实物资料。此外，这三座大墓都在墓室正顶，圈起方形的石基，摆上规则的石础，用大板瓦、筒瓦建造起规模巍峨的墓上建筑——庙堂（后世享堂的前身），也是第一次发现，具有重要的意义。

7.【卫辉汲冢与汲冢书】

汲冢位于今天卫辉市孙杏村镇娘娘庙村南约 200 米处，自东至西有七冢，均为战国时期魏国墓葬。因西晋时这里为汲郡所辖，郡治又在汲县（今卫辉市），所以被称为“汲冢”。西晋武帝时，在汲冢中发现并出土的一批竹简古书，后人称为“汲冢书”。汲冢书的发现与殷墟的甲骨文、孔子旧宅夹壁中发现的古文经、敦煌藏经洞一并誉为我国文化史上的四大发现。

《晋书·束皙传》记载：“太康二年，汲郡人不准盗发魏襄王墓，或言安釐王冢，得竹书数十车。”“冢中又得铜剑一枚，长二尺五寸。漆书皆蝌蚪字。初发冢者烧策照取宝物，及官收之，多烬简断札，文既残缺，不复诠次。武帝以其书付秘书校缀次第，寻考指归，而以今文写之。”[①]这是史料中对汲冢的发现和汲冢书的出土最为翔实的记载。汲冢书发现后，晋武帝下令整理这批竹简，并让担任中书监的荀勖和他的助手中书令和峤负责此项工作。惠帝时，著名学者束皙也都参与了竹书的考证工作。一直到永康二年（301）整理工作方告完成，前后历时二十余年。

据史料记载，当时共整理出文献17种，计75篇。除经史类的《周易》《竹书纪年》和卜筮书之外，还有辞典类的《事名》、画赞属的《图诗》、神话小说《穆天子传》等，其中尤以《竹书纪年》与《穆天子传》最有价值。《竹书纪年》因为它是写在竹简上的，又是编年体记述的，所以称为《竹书纪年》。《竹书纪年》作为战国时魏国的史书，也是目前发现的最古老的通史性编年体著作。“记夏以来至周幽王为犬戎所灭，以事接之，三家分，仍述魏事至安釐王之二十年。盖魏国之史书，大略与《春秋》皆多相应。”书中记载诸多先秦历史大事：“夏年多殷；益干启位，启杀之；太甲杀伊尹；文丁杀季历；自周受命，至穆王百年，非穆王寿百岁也；幽王既亡，有共伯和者摄行天子事，非二相共和也。”[②]《竹书纪年》史料丰富，内容翔实，具有较高的学术价值和文献价值。《竹书纪年》的最大特点，就是它所记载的史实与其他传统史书记载不大一样，而与甲骨文、青铜铭文记载却一脉相承。它的发现纠正了先秦历史古籍中出现的错误，如《尚书·无逸》篇中所提到的商代的“中宗”，《史记·殷本纪》及其他典籍都认为中宗即商王太戊，而《竹书纪年》却认为是祖乙。后来在清朝末年发现的甲骨文上确有“中宗祖乙”的称谓，这证明《竹书纪年》的记载是正确的。可惜的是，《竹书纪年》原简早已在漫长的战乱岁月中散失，今天我们所能看到的，只有后代学者从各种古籍中的点滴辑录。

---

① 《晋书》卷51《束皙传》，中华书局1974年版，第1432—1433页。

② 同上书，第1432页。

与《竹书纪年》相呼应的《穆天子传》，同样是我国文学史上一部重要作品，也是我国目前所发现的最早的传奇小说。由于历时太久，它的写作时代及作者，后人都难以考证。从它的内容看，是一部描写周穆王西征的神话故事。

虽然汲冢的具体位置目前没有有力的证据进行佐证，但位于新乡地区是毋庸置疑的。汲冢书所蕴含的巨大历史文化价值对中国历史和中华民族的影响是深远的，汲冢鲁壁早已被我们的先人视为民族的瑰宝。

8.【杨岗战国两汉墓地】

杨岗得名于新乡市区东北方向的一块高台地，现为河南省第二监狱所在地。在1950年以前高出周围地面6—7米，现仍高出5—6米，面积约6万平方米。1984年6月，新乡市博物馆配合河南省第二监狱的基建工程发掘清理了20座西汉至东汉时期的土洞墓、空心砖墓和砖室墓。土洞墓均有墓道，为竖井式。空心砖墓的墓道也为竖井式，墓室为掏洞，洞中叠砌空心砖为棺椁。砖室墓为穹隆顶，有的多室，长斜坡墓道。出土了大量精美的彩绘陶器，有鼎、盒、钫、壶、小壶、罐等。特别是在一座大型的砖室墓中，随葬器物整齐的放置在墓室两边，一切都保持着原状，其中的9个陶仓内存放着虽已风化但仍颗粒完整的粮食，有谷、粟米等。这对研究新乡汉代时期的农业发展提供了可靠的实物资料。

1985年2月新乡市博物馆又发掘了战国中期至东汉时期的竖穴、土洞、空心砖和砖室墓7座。竖穴墓为土坑墓室，屈肢葬，随葬器物组合为陶鼎、豆、壶、盘、匜等，年代为战国中期到晚期。土洞墓和空心砖墓均有竖井式墓道和掏洞墓室。土洞墓出土器物为陶鼎、盒、钫、小壶、铜带钩等，空心砖室为陶鼎、盒、壶、小壶、俑头、罐等，年代为秦至西汉早期。砖室墓遭破坏，形制不清，出土有东汉五珠、铁棺钉和陶仓片，年代应为东汉时期。因此，杨岗这块高台地被文物工作者定为新乡市市区现存最好的战国、两汉墓地，也是我市现存规模较大的空心砖墓地。

杨岗战国两汉墓地的两次发掘都出土了空心砖墓，空心砖是专门为墓葬烧制的，在烧制前用模子压印出车马出行、五珠钱、铺首、几何图案等纹饰，通体图案，非常精美，有一定的科学、历史和艺术价值。由于空心砖较大，制作工艺较高，数量也就不多，在我市已发掘的古代墓葬中空心砖墓仅出现于西汉早期，其他时期的墓葬均不出空心砖。空心砖墓流行的时间也很短，保留下来的也就更少。因此，杨岗的空心砖墓具有极大的历史和考古价值。同时，杨岗是新乡历史的一部分，他记录着新乡历史的变迁，在此所发现的战国、两汉墓对于研究新乡一带的葬俗及其社会生活、手工业发展提供了可靠的实物资料。

9.【凤凰山两汉墓地】

凤凰山属太行山余脉，位于新乡市北部约 15 公里的凤泉区。两汉墓地则位于凤凰山南侧，地势北高南低，坐北面南，土质层次分明，是各朝代先民较为理想的丧葬之地。凤凰山墓地最早发现于新乡火电厂一带，东有五陵村汉墓群与山彪战国墓地，并和卫辉市唐庄镇汉墓群相连，西有王门古墓葬群、张门古墓葬群等，绵延数十公里，南到新乡市何屯新石器遗址和京广铁路，宽约 3—5 公里，古墓葬分布密集。

20 世纪 60 年代，新乡火电厂二期扩建工程时，新乡市老一代文物工作者发现这一地区有大量的古代墓葬，并配合基建工程发掘清理了 50 余座古墓葬，这也是第一次对凤凰山墓地大面积的发掘工作做记录。因此，从新乡火电厂古墓葬的第一次发掘开始，揭开了凤凰山墓地考古发掘的序幕，而后这一地段配合基建的考古发掘工作连年不断，延续至今。1985 年新乡火电厂在五陵村西进行三期扩建工程时，市文管会对属扩建工程范围内的建筑工地进行了文物钻探，在四个工地钻探出墓葬 137 座，新乡市博物馆对这批墓葬进行了考古发掘。这 137 座墓葬中，其中战国墓 7 座，为竖穴土坑墓；西汉墓 106 座，为土洞墓，墓道多为竖井式，个别为斜坡式；东汉墓 24 座，为砖室墓，墓道均为斜坡式。1986 年再次配合新乡火电厂基建工程并经新乡市文管会发掘了 168 座两汉墓葬，1988 年新乡市文物工作队发掘了 80 多座，1994 年又发掘了 85 座，2000 年市文物工作队发掘了 12 座，这几次发掘的墓葬均为两汉时期。2003 年 6 月至 2004 年 3 月，新乡市文物工作队在新乡火电厂第四期扩建中配合基建工程发掘了 274 座战国两汉时期的墓葬，这也是火电厂一带发掘墓葬最多的一次。发掘的竖穴墓和土洞墓形制较大，砖室墓则很少，个别土洞墓的墓道宽 1.8 米，长 3.2 米，深 8 米，少量土洞墓的墓室有二室或三室。

1980 年发现王门、张门古墓群，1984 年文物普查时进行了测绘、调查工作，发现断壁上有土洞墓的墓道或墓室和暴露出来的砖室墓，还有一些陶器、铁器散落于农田里。1985年新乡市博物馆发掘王门村墓群的两座穹隆顶砖室墓，均为长斜坡墓道，前后两室，出土的文物有陶井、案、樽、耳杯、盒、灶、罐等，铁器有剑、斧形戟、剪、刀等，年代为东汉中晚期，所得文物收藏于新乡市博物馆。2004年4月在王门村西南建新乡市垃圾填埋厂时，经文物钻探发现了257座古代墓葬，新乡市文物工作队对所发现古代墓葬进行了考古发掘。墓葬形制有土洞墓、砖室墓，砖室墓较多，但大部分被严重破坏。另外发掘了两座晚晋时期的砖室墓，长斜坡墓道，有天井，墓室分前后两室，首次出土了汉画像石墓门，填补了新乡无画像石的空白。出土了大量的陶器，有鼎、盒、壶、樽、奁、枭瓶、仓、灶、案、耳杯、罐等，还出土了一定数量的铜镜、铁刀、铁剑等，所出文物现存新乡市汉风博物馆。唐庄镇汉墓群位于卫辉市唐庄镇，往西3公里即是山彪镇战国墓群，南3公里即卫河和汉代汲郡治所汲城。2002年唐庄镇扩路时曾发现有大批砖室墓、2003年唐庄镇107国道两侧进行绿化带工程建设时发现了一座较为大型的东汉时期的砖室墓，新乡市文物工作队与卫辉市文物旅游局联合对其进行了发掘。墓葬形制为穹隆顶砖室墓，长斜坡墓道，石封门，墓室分前后两室和一侧室。出土的器物有陶案、猪圈、耳杯、仓房、套盒、甑、罐、瓮、绿釉罐等，还有金片、鎏金铜刀柄、铜弩机、盖弓帽、铺首等，铁器有铁刀、釜、剪、铲、灯等。

这些墓葬的随葬器物在组合关系上也存在着明显的变化规律，竖穴墓的随葬器物多是仿铜礼器的陶质明器，由鼎、豆、壶、盘、匜等组成，这些器物的形制明显地仿制同时期的铜器。土洞墓的随葬器物则主要承袭战国时期的仿铜礼器的陶器，但器物的种类上有一定的变化，反映生活方面的器物逐渐增多。后仿铜礼器的陶器逐渐消失，续之到砖室墓时，随葬器物则以反映生活用具和模型类器物为主。

新乡市凤凰山战国两汉墓地延续时间较长，在某种程度上大致反映了新乡一带中、小型地主和平民百姓问丧葬习俗的演变规迹。其演变规律给中原地区墓葬形制及随葬器物演变的深入研究，提供了珍贵的资料。墓葬分布、丧葬习俗、随葬品的摆放位置，都为研究中原地区人们的生活习性增添了新的资料。各类随葬品、纹饰等，又对了解豫北地区这一时期的手工业水平、规模及当时人们的生活理念，以及传统礼制对当时人们生活的影响都具有相当重要的参考价值。对解决新乡市一带墓葬分布的规律、人口发展、城镇规模等，以及中原地区战国两汉墓葬时代序列的建立提供了重要资料。

10.【辉县西晋墓葬】

西晋古墓位于辉县市西偏北14公里，在洪州乡所在地西偏南300米处，此地是洪水河道，周围1.5公里皆为砂石沙滩。1987年2月，在施工时被群众发现。此墓由墓室、甬道、墓道三部分组成，全长9.2米，方向15度。墓道位于墓室南偏东处，为斜坡式，宽1.1米、长5.5米，最深处距地表3.4米。甬道进深0.9米、宽0.83米，顶部已破坏，据了解为券顶，高不详。墓室为方形，单室，盈顶，人字形砖铺地面，长、宽各为2.6米，墓底距墓顶2.8米，封顶砖距地表0.45米。出土物皆为陶器，器形有：镇墓兽、牛、狗、灯、仓库、水斗、车辕共7件。此墓内没有发现有明确纪年的遗物，墓室结构同东汉时期流行的复斗式盝顶墓相似，这就确定了此墓的上限，出土器物为西晋墓常见之物，为研究西晋社会生活提供大量实物资料。

11.【新乡唐墓】

自1976年以来，新乡市陆续发掘唐代墓葬30余座，发表资料的有13座。这30余座唐墓包括：风泉区鲁堡唐墓1座、王凤泉区西张门唐墓1座、市电机厂唐墓1座、市白鹭化纤集团荣校路住宅区2座、市人民医院2座、新乡机电专科学校2座、市强业公司南华小区5座、凤泉区王门垃圾处理厂20余座。

新乡唐墓除王门垃圾处理厂的20余座为土洞墓外，其余14座均为砖室墓。在土洞墓方面，王门垃圾处理厂出土唐墓形制较小，均为短斜坡墓道土洞墓，方向东西向，墓室长方形（接近方形），墓门有数块大石头封堵，比较简陋。在砖室墓方面，3座东西向，余皆为南北向。这批墓葬按底平面可分为长方形多室墓、长方形单室墓和方形单室墓3种；按墓室顶部可分为四角攒尖顶、穹窿顶和顶部不明3种。这批墓葬均有斜坡式墓道，南北向的墓葬墓道位于南部，东西向墓葬，墓道位于西部。墓砖长度在31—32厘米、宽15—15.5厘米、厚5.5厘米左右。墓中的随葬品一般放置在祭奠处，也有因墓室内进水飘移到棺床上，新乡唐墓出土随葬品数量虽然不多，但种类很多，器形别致，基本表现了凝重、大气的大唐风格。综合唐墓的发掘资料，为研究唐代新乡地区风俗和社会经济现状提供了可靠的资料。

在凤泉西张门张枚墓中有石质墓志上有“大唐张君墓志并序……汲郡新乡人也”，墓主夫妇二人于“麟德元年十一月廿八日”同葬于“贵德乡”。说明该墓年代是麟德元年（664），凤泉西张门之地在唐代属“贵德乡”，也即明代《新乡县志》中的新乡县归德乡。同时在位于新乡市东北区域的新乡机电专科学校唐墓中出土一块墓志砖，上有墨书“卫州新乡县清润乡……赵大娘去开元廿五年”，说明该墓葬确切年代为开元二十五年（739），机电专科学校所在的新乡市东北一带在唐代属新乡县清润乡。而在明代及民国《新乡县志》中，均没有清润乡，说明唐朝到明朝之间，新乡地域地界是有变化的。在位于新乡市南华小区唐墓中，出土的墓志砖上有唐代开元、大历、元和等年号和新中乡。从志砖中可以确定，新乡市东南隅在唐代属新乡县新中乡地域。综合这些唐墓的发掘资料，为研究唐初到唐中晚期新乡地区的行政区划和历史沿革提供了翔实资料。

12.【辉县百泉金墓】

1985 年 12 月初，河南省辉县市百泉村农民在村东新规划区修路起土时，发现一座金代墓葬。该墓为仿木结构的八角形单砖室墓，南北向，由墓道、甬道和墓室三部分组成。墓道为竖井式，长 5.4 米、宽 1.6 米。墓门为圆券形，宽 0.92 米、高 1.4 米，门墙与墓道同宽，墙高 1.86 米。墓门上有砖刻而成的两个柿蒂形门簪，甬道长 0.88 米。

墓室平面作八角形，南北长 3.18 米、东西宽 3.14 米、高 2.9 米，墓室底部由灰砖铺地，近墓门处有灰砖铺成的八字形图案，墓底铺砖较甬道高出一层，从而形成“n”形棺床。墓室各壁宽度均在 1.2—1.3 米，转角处由灰砖砌成形制独特、高约 1.4 米的倚柱，柱头上承普柏枋，其下为灰砖内凹而成的阑额，斗栱为四铺作单抄重栱计心造，斗栱之上有灰砖雕刻的檐椽和重唇板瓦。墓顶为圆形叠券而成，共三十层，顶部正中有一青石盖口。墓室各壁面均有雕砖图案，自南向西第一面为甬道，第二面正中靠上为格棂窗，第三面为一灯台，第四面中下部有一桌子，第五面正中稍下有一只板雕砖，第六、七面为砖雕桌，八面上部有一直棂窗。在墓室内发现木棺、陶棺共三具。该墓随葬品极少，仅在甬道近底部发现有一个白瓷片，另处还发现有五片磁州窑系的瓷杯（盂）残片，经复原，其口径为11厘米，胎壁较薄，外壁白底上饰酱色勾叶和带状图案。辉县金墓具有明确的纪年，它的发掘对于我们认识研究宋金时期的同类墓葬具有重要的意义。

13.【明代壁画墓】

新乡明代壁画墓，主要在获嘉县和新乡县两地发现，其墓葬结构与周边明代墓葬不太一样，平面呈长方形，顶为弧形，其为白灰加沙石总体夯筑而成。四壁及顶用白灰抹平，阴干后，在其上通体绘画，多数为墨画，个别为彩绘。

1986年，在河南获嘉县城西十里铺发现一处明代墓地，其中有两座壁画墓。一座因水浸腐蚀，壁画脱落严重，已经看不清楚图像，仅顶部保存较好，绘有彩绘云纹；另一座保存较完好，壁画绘在墓壁的白灰皮上。壁画全部用白描手法墨绘而成，墓的顶部绘有四只仙鹤，展翅飞翔，遨游云空，颇具情趣，技法近似工笔，象征着墓主人仙逝升天。北壁绘幔帐、牌位。东壁绘一组人物，从北向南依次为手端香炉的侍女、托巾侍女、举盒男僮。西壁与东壁相对应，从北向南依次为捧牡丹花瓶的侍女、托盘侍女、举盒男僮。这些人物均用白描手法绘制，人物简练生动，技法纯熟，人物表情丰富，侍女清秀端庄，是不可多得的明代白描人物图。

2005年6月，在新乡县合河镇西元丰村，发现一座明代彩绘壁画墓，其结构与获嘉县十里铺明代壁画墓相同。整个墓室顶部绘满缠枝莲花，正中绘变形太极图，墓门两侧绘花瓶莲花。东西两壁各绘两匹踏云奔腾的骏马，前面一匹回首眷顾，后面一匹快步紧随，周边布满飘逸的祥云，两匹马形象生动，前后相随，神态刻画得淋漓尽致，象征着墓主人生前恩爱，死后到天国也要紧跟相随的意愿。北壁绘有一只体格雄健、虎足龙首的瑞兽，脚踏群山林木，朝着前方的太阳昂首怒吼，一副壮志未酬的悲壮神态。绘画颜色有红、黄、黑、白四色，非常鲜艳，其布局合理，突出主题，具有较高的艺术水准，是一幅寓意深刻的写意佳作。

新乡明代壁画墓，内容丰富，反映了当时社会的经济，文化艺术及思想状况，为研究明代社会生活、宗教思想、文化生活及绘画艺术等提供了珍贵的实物资料。

第三节　古代建筑

新乡地区现存古建筑大多为明清所建或重修，这其中不乏精品。卫辉的比干庙设计风格肃穆，造型壮丽严整，中轴对称，功能完备，是一座优秀的明代建筑群。新乡的清代建筑大多为非官式建筑，所以建筑风格更为自由，更为注重装饰和艺术效果。新乡辉县的山西会馆是新乡本地清代建筑的优秀代表，其从内到外遍布精美的木刻、砖雕、石雕及绘画图案。这些逼真的人物故事场景，形象的动植物、花卉图案代表了清代会馆类建筑雕刻、绘画艺术的水准。清代的民居大院也颇具时代特色，原阳夏家大院、卫辉的小店河古村寨都是保留下来基本完整的古建筑群。这些民居继承了传统的四合式院落，层层院落相套，不仅体现了封建礼制，还体现了良好的封闭性。

1.【比干庙】

比干庙位于新乡市东北 20 公里处卫辉市境内的顿坊店乡，俗称忠臣古庙，1996 年国务院公布为全国重点文物保护单位。比干，子姓，比氏，名干，商王文丁的次子，帝乙的弟弟，帝辛（商纣王）的叔叔。比干为人正直、忠诚爱国，敢于直言劝谏，被称为“亘古忠臣”。《史记·殷本记》记载：“纣愈淫乱不止。微子数谏不听，乃与大师、少师谋，遂去。比干曰：‘为人臣者，不得不以死争。’乃强谏纣。纣怒曰：‘吾闻圣人心

有七窍。’剖比干，观其心。”[①]《史记·宋微子世家》也有相关记载：“王子比干者，亦纣之亲戚也。见箕子谏不听而为奴，则曰：‘君有过而不以死争，则百姓何辜！’乃直言谏纣。纣怒曰：‘吾闻圣人之心有七窍，信有诸乎？’乃遂杀王子比干，刳视其心。”[②]周武王灭纣后，为其封墓。北魏孝文帝太和十八年（494），因尊比干直言敢谏的品德，在其墓冢前修建了庙宇。此后，唐太宗下诏封谥、宋仁宗为其题诗、元仁宗为比干立像、明孝宗重建比干庙、清高宗亲写祭文，清宣宗再修比干庙。历代君王崇敬比干，皆以“太牢”“少牢”祭祀比干，希望自己的臣民效忠自己、效忠朝廷。

现存的比干庙为明孝宗弘治七年（1494）重建，清代又对比干庙进行过大规模的修葺。目前，在比干庙的中轴线上，自南而北现存照壁、二门、木坊、碑廊、拜殿、大殿、石坊、墓碑亭及东、西配殿、厢房、墓冢、古柏等建筑古迹。

照壁在大门前，高 3 丈，宽 5 丈，上为绿色琉璃瓦顶，正中镶嵌着由 24 块琉璃方砖砌成的花卉图案，构图精巧，色彩绚丽。照壁北为山门，面阔三间，进深一间，明式歇山，琉璃瓦顶。古朴典雅，额上书“殷太师庙”四字。木构件均已彩绘，着色讲究，古朴大方。山门左右有昂首张口的蹲狮一对，造型优美，形象逼真，雕刻细腻，栩栩如生。信步踏上九级石阶，便可步入山门。

门内有坊，二柱一楼，黄绿色琉璃瓦顶。檐下置七彩重昂翘斗拱，两柱下面均有制作规整的抱鼓石，上雕折枝花卉图案和栩栩如生的石狮，把木枋固定在抱鼓石之中。木构件均彩画，内容为二龙戏珠，花卉图案人物故事等，额坊上书“殷太师庙”四字。

拜殿位于大殿前．和大殿紧紧相连，面阔三间，卷棚绿琉璃瓦顶，梁架，额枋等均彩绘。大殿面阔五间，进深三间，九脊歇山顶，纯木结构，蔚为壮观。额心绘“二龙戏珠”“宋锦”等图案。遮檐板分别绘“火焰三宝珠”“龙凤”等图案，沥粉贴金，富丽堂皇。面门为六抹隔扇三间，余为隔扇，裙板、穿板和格心皆木雕。格心雕三交碗图案，俗称“雪花

① （汉）司马迁：《史记》卷 3《殷本纪》，中华书局 1959 年版，第 103 页。
② （汉）司马迁：《史记》卷 38《宋微子世家》，中华书局 1959 年版，第 1610 页。

棱”。殿顶用绿色琉璃瓦覆盖，正脊素面，两端置龙尾大吻，四条戗脊均饰龙、凤、狮、海马、押鱼等走兽，千姿百态，异常生动。大殿后，在两棵千年古柏之中有明代石坊一座，面阔一间，两根石柱下有制作工整的抱鼓石固定。额枋上雕刻“殷太师比干墓”六字。石柱上其对联是“孤忠心不死”“故社柏犹存”。石坊顶端中央装一心，左右装日、月，名曰“丹心照日月”，象征比干的赤胆忠心，与日月同辉，同社稷共存。石坊后为墓碑亭，面阔一间，进深一间，单檐歇山式建筑，内竖宣圣真笔石刻一通。位于墓碑亭外的比干墓，墓冢直径20米，高20余米，为一座高大的山丘，植古柏300余棵，郁郁葱葱。

木坊东西两侧为碑廊，东西总长达60米，宽18米。碑刻林立，共竖立、镶嵌珍贵碑刻86通，大都出自历代帝王著名官吏和文人学士之手笔。著名的有《皇帝吊殷比干文》碑，高2.56米，宽1.03米，北魏太和十八年（494）立。孝文帝元宏撰文，无书者姓名，相传为崔浩书。碑文首先指明时间，“维皇构迁中之元载，岁御次乎阉茂，望舒会于星记，有四日”，即494年11月14日，孝文帝在迁都洛阳的路上，路过比干墓“怅然悼怀”，遂写了这篇骚体悼文。孝文帝以犀利的笔锋，无情地揭露和鞭挞了殷纣王的“猖败”和将比干“剖心”的残忍，以及在他当政时的黑暗，对比干则颂扬了他的忠贞、正直，抒发了孝文帝本人对比干的敬仰与怀念之情。

2.【百泉】

百泉位于辉县市区西北3公里百泉镇村西北侧，是我国北方著名的、河南省仅见的自然水古典园林，百泉由苏门山和百泉湖组成，苏门山为太

行山余脉，百泉湖为卫河源头，其内现保留了大量明、清时期的古建筑和碑刻等文物古迹，2001年国务院公布为全国重点文物保护单位。百泉历史悠久，在商周时期已闻名于世。《诗经·卫风·竹竿》记载："泉源在左，淇水在右"。[1]这里的"泉源"据朱熹解释即为百泉。秦时始有人文建筑，隋代在百泉湖北建立卫源庙，唐代逐渐增多，清朝中期已形成园套园的园林规模，现存古建筑47座200余间。

百泉总面积达70余万平方米，分为苏门山和百泉湖两大部分，苏门山海拔184米，因其两峰对峙，山形似门，樵苏之人来往进出，故为"苏门山"。苏门山南麓，冒出泉水百道，汇成一股碧波，因其泉眼众多，故称"百泉"。百泉具有园中园特色，依据不同的环境可分为苏门山、天爷庙、百泉湖、清晖阁和白露园5个不同特色的小园林景区。

百泉湖为百泉的主要水域景观，无数泉眼从湖底喷出串串水珠，水质清澈见底。湖西岸有邵夫子祠，建于明，为纪念宋代名儒邵雍所建。祠南有为纪念明末清初中国三大儒之一的孙奇逢所建的孙征君祠。湖东为太极书院，建于五代，明时改为百泉书院，清乾隆年间改作乾隆行宫。

百泉湖畔的"清晖阁"，始建于元，阁顶为重檐卷棚，翼角反翘，造型优美。清康熙二十九年（1690），又于阁前建"飞虹桥"一座，桥南端有船房一座，颇似水中游船。阁周有参天古柏，为明代所植。湖畔有"涌金""喷玉""灵源""课桑""放鱼""下马"诸亭。诸亭设计古朴，玲珑秀丽，其中以"涌金亭"为最。亭内四壁镶有宋、元、明、清诗赋刻石50余块。苏轼、许衡、乾隆等人的题刻保存完好。凭栏可见串串水珠从湖底冒出，经日光折射，金光闪闪，绚丽多彩。

湖东北有碑廊一处，系1974年修建，搜集散失的北魏、唐、宋、元、明、清碑刻壁画142块。有宋崔白的布袋僧像，苏轼在题记称"妙乃过吴"，岳飞的四幅石屏，元赵子昂"玉虚观碑"、盘谷序碑，明唐寅的扇面碑，乾隆的亲笔御碑，清郑板桥、王所宾的壁画，都是历史珍品。

苏门山系太行山支脉，与百泉并誉。海拔约180米，背依崇山峻岭，俯临碧波清流，山上翠柏茂密，许多古迹掩映期间，景色奇异有趣。山顶有啸台，是魏晋时孙登隐居长啸处。孙登字公和，号苏门先生，土窑居

---

[1] 周振甫：《诗经译注》，中华书局2002年版，第87页。

之，夏则编草为裳，冬则披发至腹，擅长啸，好易读，扶一弦琴，人见之与语不应。有村人将其高高抬起抛入湖中，观其怒，登从水中爬出，大笑而去。竹林七贤中的嵇康曾从游三年，问其所图，终不答。卫源庙位于湖北岸，依山傍水而建，是过去祭祀河神的地方，该建于隋，宋、金、元、明、清均有整修，庙中有山门、拜亭、清晖殿和寝殿，两旁有钟鼓二楼，为明代重修，并留有柱础等唐宋时期遗物，是百泉现存最早最完整的古建筑。正面悬挂的《灵源昭瑞》，为雍正皇帝亲题。孔庙位于苏门山腰，建于明代，有四柱三间的石牌坊挺立于庙前密林中，庙内的大成殿为典型的无梁殿建筑。除以之外，还有辉县人民为感谢皇恩所建的龙亭和明末清初爱国志士彭了凡的墓葬，以及冯玉祥、徐世昌等民国要人所题的碑刻。

天爷庙位于苏门山西侧山中，天爷庙亦称玉皇殿，建于明。因每一座殿宇都是纯石结构，故称无梁殿。整个石质仿木构件造型惟妙惟肖，为目前河南仅存的阴代无梁殿建筑群。天爷庙的左侧有安乐窝和长生洞，为宋代名儒邵雍的居所与读书之处。整个天爷庙环境静幽，别有天地。

白露园位于百泉湖东南隅，百泉湖水南流至此，忽分两道，过此复合，形成水中一块陆地，称为“白露洲”。清时在此洲上建园，园内翠竹茂密，不见日色，桂花开时，香飘数里。白露时节，景色尤佳，四周肃杀一片，唯此处竹叶常青，使人观之心情振爽，故称为“白露园”。乾隆十五年（1750）秋天，乾隆皇帝游百泉时曾入住白露园。

百泉是河南唯一我国北方重要的真山活水古典园林，具有重要的历史、艺术、科学价值，这些建筑遗址为研究我国北方古典园林提供了重要的实物史料。

3.【白云寺】

白云寺原名白茅寺，又称梦觉寺，位于辉县市区西约 32 里处的太行山南麓冠山峰下，创建于唐朝高宗年间，后周、金、元多有修葺。明洪武二十四年（1391）大加修葺，并改名“白云寺”，万历、崇祯年间又有修葺，又改名“白鹿寺”，清康熙年间屡加修葺，乾隆帝曾携母巡游于此，并御题“白云自在”，又改名“白云寺”。白云寺建筑面积 4000 平方米，总占地面积 21.4 万平方米。白云寺是新乡西北太行山区建筑最早、规模最大、保存最完好的佛教寺院。2006 年国务院公布为全国重点文物保护单位。

白云寺坐北向南，依山势而建。寺院周围为白云寺林场区，树木茂密，郁郁葱葱，环境优雅，风光宜人。白云寺整个院落为中轴式群体建筑，总体为明清建筑风格，现存主要建筑有山门、天王殿、大雄宝殿、左右配殿、东西陪楼、东西厢房、钟鼓楼等60余间。周围现存文物有宋碑一通，元石塔两座，宋、明砖塔四座，另有古银杏树6株，竹林数亩，金沙、银沙二泉。

山门，建在一石砌高台之上，砖木结构，面阔三间9.9米，进深二间6.6米，两侧各有一间小掖门，为单檐硬山式建筑，灰瓦盖顶。山门前高台两侧设有坡道，台前下东西横排有古银杏树五铢。

天王殿，面阔三间12.4米，进深一间9.7米，砖木结构，硬山顶建筑，上覆灰色筒瓦，正脊为高浮雕行龙，垂脊饰荷叶、荷花，两山为青砖博风，前檐下柱头置异形斗拱。明间前后辟门，装六抹头格扇门六扇，次间各装四扇。其左右两侧分别设门一道，东门称“白云禅院”门。

大雄宝殿，面阔五间16.2米，进深三间13.75米，砖木结构，为单檐悬山式建筑，上覆灰色筒板瓦。殿内用五架梁。檐下为五踩单昂斗拱，琴面昂嘴，明、次间的平身科斗拱各为一攒并用斜拱。平板枋硕大，阑额和雀替均为花卉透雕。梁上均有彩绘，两山上有人物故事壁画。正脊、垂脊均为高浮雕琉璃件，正脊雕有八条行龙和数朵荷花，两端置正吻，东、西两山用琉璃悬鱼惹草及博风。殿前为宽大月台，大殿左右各有面阔三间的两层配殿，硬山式，灰瓦盖顶，出前廊，外设木楼梯。其前各有重檐硬山布瓦顶陪楼五间，再前为东西厢房各三间。

寺东96米处立“五百罗汉碑”一通，该碑通高2.98米，宽1.01米，厚0.29米，螭首龟趺，立于宋大中祥符元年（1008），碑文行书，庆珍撰文。如京使紫光禄大夫检校工部尚书兼御史大夫上骑都尉东海郡开国侯食邑一千七百户曹翊篆额，讲经论僧清智书丹。碑文详细记述了五百罗汉名称由来及白云寺内塑造五百罗汉像的经过。同时，印证了白云寺名称的历史沿革，具有一定的史料研究价值。

寺后有元、明、清等时期的僧塔6座。其中，元代普照大禅师石塔，建于元二十九年（1292），为喇嘛式塔。“徽公塔”建于南宋淳祐六年（1246），密檐式纯砖结构。塔前镶石刻碑文，为生前好友大文学家元好问所撰，叙述了徽公禅师的生平经历以及声望。

白云寺不仅是历史悠久的佛教文化圣地，还是革命史迹纪念地。1943年冬，八路军为拔掉薄壁日伪军据点，皮定均司令员在白云寺建立了前线指挥所。1947年，太行军区遵照党中央、毛泽东的指示，在此成立了师范学校即“辉县师范”，也称“白云寺师范”，学员数百名，为解放战争培养了大批的优秀干部。

4.【望京楼】

望京楼是我国目前保存规模最大、设计科技的无梁殿建筑，位于卫辉古城东北隅，是明代潞王府重要遗存之一，为明潞简王（朱翊镠）思母所建，2006年国务院公布为全国重点文物保护单位。

望京楼于万历十九年（1591）年冬动工，万历二十一年（1593）秋竣工，迄今四百余年。望京楼原名“崇本书楼”，建筑雄伟，高大宽敞，二层原有五间歇山式大殿，清初毁于战火。这座精美典型的无梁殿高大建筑，成为潞王府现有唯一的古建筑。

该建筑高33米，宽30米，进深19米，平面呈长方形，坐北向南，砖石结构。楼分两层，外壁用青石砌筑，内壁用白石镶筑，外壁中间有白石腰檐。第一层东、西、北三面共有四窗，为券顶，青石窗棂残迹尚存。在东、西南角各辟一石券门，青石门框，由两门青石踏步可登至第一层楼。首层建十字拱券，四面辟门，高大宽敞。每券门上有两道木栏杆槽，下有一道石栏杆槽。北券有四门，均为青石门框。由东西两门沿青石踏步可登至第二层楼。第二层原有五间歇山式大殿，名曰“崇本书楼”，是供潞王父子藏书和习书画的宫室。崇本书楼已毁，大殿柱础尚存。大殿前、左、右有回廊，殿后有两个小门。

另存石牌坊一座，该石坊东西向，立于青石基座之上，系三间四柱，宽4.85米，高约5米，石柱和额枋之上皆雕有“二龙戏珠”“四龙戏珠”“莲花”“亭台楼阁”“十长老祝寿图”等。这些雕刻图案精美，技艺精湛。石坊的四根柱子均为方形，上刻对联。南面中间为“画栋耸青霄依凭日月，雕檐接碧汉会台风云”；两侧为“云楼壮万国雄观，宝殿建千年胜概”；北面中间是“高阁端严沐九天雨露，崇台镇肃瞻万象光辉”；两侧是“南连地脉嵩衡秀，北观天枢斗极辉”。每根石柱下面南北两侧均有制作规整的抱鼓石，抱鼓石两侧刻有折枝花卉图案，上端各刻一昂首蹲狮，造型优美。

望京楼形体高大，结构坚固，内砖外石，端正浑厚，砌筑工整，设计科学，雕刻精湛。在建造技术上有其独特的艺术手法，特别是高台无梁拱券建筑成为全国目前保存完整、规模最大，具有重要的历史、文化价值。

5.【玲珑塔】

玲珑塔位于平原示范区原武镇东街，2013年国务院公布为全国重点文物保护单位，建于北宋崇宁四年（1105），明万历辛丑年（1601）重修。原为善护寺内建筑，清代寺毁塔存。该塔是一座富有民族建筑风格的楼阁式砖塔，造型美观，观之赏心悦目，为宋代寺院之佳作。登上此塔可以南望黄河波涛，北眺太行峰峦，东见浩瀚云海，西览万顷碧绿，真可谓妙趣横生，蔚为奇观。1983年有关部门测量得出塔身向东北方向倾斜13度，被誉为“中国的比萨斜塔”。

玲珑塔为平面六角形十三层楼格式砖塔，全塔高 47 米。现底层已被泥沙淤在地下，在地面上只能看到十二层。据明万历二十九年（1601）《重修宝塔记》记述，善护寺原规模宏大，有大雄宝殿及众多僧人。重修宝塔由虔诚会首师君士和僧人悟节主持，善人赵仁偕、赵九时、赵九思等人施工。

该塔的轮廓为抛物线形，砖木结构建筑，斗拱、层檐、装饰假窗均为雕砖垒砌。底层塔室呈六角形，进深 2.3 米，高 3.2 米，每角都有砖柱。塔身自下而上，面阔与高度递减。塔内有 0.60 米宽的砖梯塔道，可拾级而上至塔顶。一至八层设穹顶塔室，上面五层塔室为木板棚底，中心置直径为 0.60 米的木刹柱。塔顶铁刹、覆钵、相轮犹存。每层角梁系木制，突出塔身外部，上有铁鼻，悬挂风铎，微风过处叮当作响。该塔原为一层北向辟门，现门面南，为第二层塔室的券门所改。1979 年，在塔根下发现一块“重修宝塔记”碑，此碑为修塔碑记，上刻有善人，石匠姓名，施财人姓名。碑长 96 厘米，高 42 厘米，上刻小楷书 13 行，每行 13 字，碑四边雕有波浪图案。

令人惊奇的是，这座古塔很明显地向东北方向倾斜。不管是从远处眺望，还是从近处直视，倾斜的古塔好像随时都会倒塌。其实，这座古老的斜塔已饱经千年的风雨。据传说，这座塔的方位正处于风口地带，为了抵御东北风，在建造该塔时，当时的能工巧匠就故意使塔往东北方向倾斜。后来因为黄河泥沙浸泡，塔身向东北方向倾斜的角度就更大了，并且还有继续倾斜的趋势。在其西北方向看最为明显，国内独一无二，也是目前世界上发现的最古老的斜塔，比著名的比萨斜塔还要早 69 年。

玲珑塔造型挺拔秀丽，气势庄严雄伟，塔形与细部均为宋代特征，是研究宋代建筑的佳作。该塔建成距今已有九百余年的历史，经历过无数次水患和 10 多次地震，1938 年还曾遭到日本侵略军的炮击，但因结构严谨科学，至今巍然屹立，足以说明我国古代劳动人民在建筑科学和艺术上的聪明智慧，体现了古代建筑高超的结构技术成就，为宋代寺院佳作。

6.【广唐寺塔】

广唐寺塔又称白马塔，位于延津县石婆固乡塔一村，2013 年国务院公布为全国重点文物保护单位，创建于北魏宣武帝永平年间（508—512），距今已 1500 余年。史料记载："唐天宝古塔在广唐寺虚内数层，塔顶容数十人登，旱祷雨即应，人呼为灵祠。"[①] 北宋、明朝重修白马塔。从塔内题记和建筑风格看，该塔重建于北宋中期。相传，为镇河水泛滥而建。

广唐寺塔为一座平面六角七级仿楼阁式砖塔，自地面以上通高 26.8 米，底层直径 9.6 米。塔外形高耸挺拔，自首层塔身以上宽度逐层收敛，高度均匀递减，使塔体外形轮廓呈秀丽的抛物线形。塔身檐部完全仿木结构做法，皆置砖制五铺作双抄斗拱。每层塔身转角处均砌倚柱，用于承托转角辅作，增强塔体稳定性。第二层以上各层均辟有半圆拱券门，并饰有网纹格棂窗，券门外壁下沿均施木骨。七层塔顶已毁，只存一平台，残留部分塔檐。塔内置塔心室、塔心柱、过廊、梯道，沿梯道、过廊拾级而上可直达顶层。塔内刻有较多的游人题记，宋、金、元、明、清年号皆有出现，其中以金年号居多。

广唐寺塔形体高耸挺拔，气势雄伟壮观，造型优美，斗拱磨制细腻，棂窗雕刻富于变化，建筑形式、结构、檐部斗拱做法及比例体现了典型的宋代特征，为研究宋代砖石结构建筑提供了宝贵的实物资料，具有较高的历史、科学和艺术价值，为研究宋代建筑史、科学技术和艺术等提供了宝贵的实物例证。

7.【天王寺善济塔】

天王寺善济塔位于辉县市城内市委后院天王寺旧址上，西接百泉河，

---

① 延津县史志编纂委员会编：《延津县志 1986—2000》，中州古籍出版社 2009 年版，第 104 页。

南连卫河平原。2013 年国务院公布为全国重点文物保护单位。

元朝至元四年（1267）建，元、明、清、民国年间多次重修。善济塔至道光年间共经历了 13 次大地震，仍巍然屹立。该塔附近保留有元代“创建天王院碑”和民国“重修天王院塔记碑”等碑刻。

塔为七级六角形仿楼阁式砖塔，由塔基、塔身和塔刹组成，通高 24.3 米。塔基为六角形青石砌边，基高 0.45 米。塔身呈锥形，通高 21.2 米。第一层底部青石砌筑，之上六角均为砖雕棱柱，柱上各有四个须弥座形式装饰。东壁为半圆券顶塔门，两侧各开一个砖雕直棂假窗，中间设塔心室，砖砌叠涩顶，旁边设砖砌踏步绕塔逐层而上；该层檐部砖雕为斗拱、额枋和飞檐椽头等造型。以上各层形式布局基本相同，而每层高度、塔门和假窗位置的设置各异。塔通体嵌青砖浮雕，第五层塔壁东、东南、东北三面共雕砌 24 个壁龛，龛内均有佛像。塔顶为天门，上设塔刹，覆盆、相轮已毁，现存铁插杆。

天王寺善济塔瑰丽多姿，其建筑结构和风格富有民族特色。在外形上还吸取了喇嘛塔的建筑形式和装饰艺术，是研究元代宗教建筑和佛教历史的珍贵实物。

8.【文庙】

新乡文庙位于新乡市西大街新生巷，红旗区人民政府院内，1986 年河南省人民政府公布为省级文物保护单位。创建年代无考。据《新乡县志》载，宋熙宁元年（1068）庙废，元祐四年（1089）重建，金大定八年（1168）增修大成殿，贞祐年间毁于兵。元至顺二年（1331）重建大成殿，元末又毁于战乱。明洪武三年（1370）重建，后经明、清多次修葺。现仅存大成殿、明伦堂旧址、《大观碑》《重修新乡县儒学记碑》《重修文庙记碑》等残碑若干。

大成殿为文庙的主体建筑，坐北朝南，面阔五间 22.2 米，进深 3 间

12.3 米，庑殿顶，覆盖绿色琉璃瓦。大成殿三面环墙，墙厚 80 厘米，为大砖垒砌，方砖长 48 厘米，宽 24 厘米，厚 14 厘米，上有明代“正德拾年武陟县造”和“怀庆府修武县窑造”字样。该殿建筑结构严谨、木构件粗大，是市内仅存的庑殿顶建筑，至今还保留元代建筑的实物构建，在我省极为罕见。明伦堂是学宫建筑之一，初创于宋末，明代建造，清代重修，近年又修。面阔 5 间，进深 3 间，为单檐卷棚硬山式建筑。檐下施斗拱。山墙上嵌有石碑 7 通。记述了从明成华至清顺治时期学宫培养成名的进士、贡生等人的籍贯、职务和简历等内容。现存石碑 12 通，其中有“大观圣作之碑”，由宋徽宗赵佶撰书，是北宋王朝为学校制定的法规条文，明确提出办学宗旨，学生必须遵守的行为准则——“八行”“八刑”等。书体是宋徽宗的“瘦金体”，瘦硬挺拔，自成一体，是书法中的珍品。此庙对研究古代建筑提供了实物资料，具有较高历史价值。

9.【七世同居坊】

七世同居坊，位于新乡市平原路中段路牌坊街口，1986 年河南省人民政府公布为省级文物保护单位。清道光四年（1824），道光皇帝得知河南候选布政司经历赵珂七辈没有分家，家庭和睦，邻里称赞，特下旨准许赵家修建七世同居坊以光耀祖宗。

牌坊面南背北，横跨街心，青石结构，通体用细青石仿五楼四柱三重檐的木结构建筑雕刻而成，坊高10米，宽8.5米。明间为庑殿顶，刻有瓦垄、飞檐、梁架、斗拱等，正脊中部有一立狮，顶部两边各有一个吻兽。顶层檐下正中立一匾额，阴刻“圣旨”二字，周围有线刻龙纹，匾额两边各有两组斗拱，其下有三根歌功颂德梁，其间镶两面匾额。第一根横梁，南面浮雕为“天官赐福”人物故事，北面浮雕为“八仙过海”人物故事。横梁下的匾额南北两面相同，大小尺寸相同，阳刻欧体“旌表例授承德朗军功加正六品衔”“候选布政司经历赵珂七世同居坊”。右上题跋为阴刻小字“大清道光四年，岁次甲申”，左下边落款为“夏四月上斡，毂旦建立”，匾额周围有线刻二龙戏珠和几何花边文饰。

明间两边为造型对称的两个次间，次间为双层庑殿顶，每层顶上均有一个吻兽，下有两组斗拱。第二层顶上面的吻兽已毁，下有三组斗拱。下有两根横梁，中间镶一亮窗。西次间第一根横梁南北浮雕的是二龙戏珠图，东次间第一根横梁南北浮雕图案与西次间横梁相同。西次间第二根横梁南面浮雕图案是花草双鹤图，北面是玉兰树飞鸟图，东次间第二根横梁南面浮雕花草双鸭图，北面为荷花风鸟图。

坊的四根立柱东西排列，柱周有不同形制的贴面石相抵，与柱子相嵌制起稳固坊身、加固坊基的作用，其造型雕刻极富装饰性。四柱的南北两面上半部为浮雕缠枝牡丹，下半部为抱鼓石刻，东西两侧有长方形条石紧贴柱子，雕刻各种圆形图案。左右配坊的孔门上部有站楣两道，其间有镂空条石。门楣上刻有鹤、鸭、龙、凤等瑞禽兽，且有山、水、花、树相衬托。中坊门孔上有三道门楣，以题额相区隔。坊的正面雕刻天官赐福、刘海戏金蟾、合和二仙、双龙戏珠、狮子滚绣球等图案，背面加刻八仙过海图案，造型十分生动。抱鼓石刻有凤凰牡丹、仙鹤翠竹、鸣鹿仓松、喜鹊梅花以及各种花鸟图共六十幅。在四立柱周围的鼓形石刻上和条石上，共有立体雕狮子二十四个，或蹲或卧，摇头摆尾，妙趣横生。

此坊由百余个构件相互钳制而成，坊基由数成青条石交叉砌成，特别符合建筑力学科学原理，气势雄伟，厚重华美。坊通体浮雕、立体雕、镂雕、线刻多种技巧，镌刻各种图案80余幅，且结构严谨、形象准确、刀工净洁，是一座具有浓郁民族风格的石刻艺术建筑。该牌坊高大宏伟，图案雕刻精美，运用了各种雕刻技法，代表了清代石刻的杰出艺术水平，具有较高的历史、艺术价值。

10.【镇国塔】

镇国塔，位于卫辉市东南隅原千佛寺内，又名灵应塔。1986 年河南省人民政府公布为省级文物保护单位。明万历十三年（1585）卫辉知府周思宸所建。佛寺早废，唯塔独存。

该塔平面呈六角形，边长 4.85 米，直径为 8.7 米，共七层，高 33 米。塔身用青砖砌成，各层面阔与高度自下而上逐层递减，整体成锥状。每层檐下施砖雕放木结构的额枋、斗拱等装饰，斗拱上砖雕有方形檐椽和飞椽。塔身檐角挂有风铎，随风而动，响声清脆悦耳。第一层南北两面各辟一券门，高 2 米，宽 0.85 米，门楣上各嵌有石刻，南门篆书“灵应塔”，北门篆书“护国保民”，题款为“卫辉知府周思良”“大明万历十三年□月”。第二至七层每面各辟窗户 1 个，塔内自下而上设塔心室，塔心室为穹窿顶，门均向北，四面有佛龛 28 个。塔心室砌有螺旋形踏道，青砖砌成，每层 17 阶，共 102 阶，可达塔顶。

镇国塔整体设计精巧、结构严谨、形体高大、气势恢宏、做法古朴，是明代古塔中的精品之作。此塔为一座楼阁式砖塔，塔身全部用青砖砌筑，青砖上印制有产地铭文，如“辉”“胙”“汲”等。塔身局部砖雕丰满细致，斗栱与仰莲的制作，大小比例适当，制作光洁，砖雕艺术价值较高。由于明代制砖业的飞速发展，当时全国上下建造了大量的砖塔。明代砖塔以楼阁式为主，并出现了风水塔。

镇国塔便是一例风水塔，它单独而立，不在寺庙之中。明代造塔一般比较高大，要求具备较高的建造水平。砖塔平面以六角、八角居多，往往每层设塔心室，塔内构造以壁内折上式为主，塔之装饰基本仿木构建筑，每层皆出檐，与前代建塔不同，塔身减少了曲线，收刹度变化不大，故塔身较高耸平直。由此看来，镇国塔集历史、艺术、科学价值于一身，为明代砖塔的典型代表作，历经多次地震和洪水依然屹立，充分显示了古代匠师的高超建筑技巧，对研究建筑历史、科学和艺术提供了重要实例。

11.【夏家院民居】

夏家院位于原阳县城胜利路中段，是旧阳武县最大地方财主夏姓的私宅，2000年河南省人民政府公布为省级文物保护单位。该宅建于明末清初，是一处保存较为完整的古代建筑群。因房主人为夏姓，故称“夏家院”，因夏家由一位“寡妇”支撑家产，当地又把这处院落俗称为“夏寡妇院”。夏姓祖上既是官宦人家，又是儒商富户。房主为夏廷楷、夏联奎、夏绵祖祖孙三代，夏廷楷先后任罗山县教喻、湖北广济县知县、云庆知县；夏联奎，敕授文林郎，癸巳科举人；夏绵祖生于清光绪二十四年（1898），卒于民国十三年（1924），年二十六岁，未留下后代。夏家院民居建筑特点为中国北方标准的“四合院”建筑形式，整个建筑布局严谨、工艺精湛、古朴典雅、结构合理，堪称北方民居建筑的典范。

夏家院宅院坐东向西，有房屋150余间，占地8000余平方米，整座建筑分主院和配院两大部分。主院房房相衔，配院院院相通。夏家宅院留传至今，仅主院保存完整。主院位于建筑群的中部，紧临原阳县城南北大街。主院采用北方居民传统的四合院建筑形式，分三进院落，房屋74间，硬山顶。整个院落规划整齐，坐西面东，房屋五脊六兽，古朴典雅，浑厚严谨合理，站在夏家院建筑的中轴线上，环视四周，皆为对称式布局。

主院大门为典型金柱大门，屋顶高耸，脊兽各具形态，两边樨头雕刻精美。硬山垂脊末端做“扭头”，别有一番风趣。通过门楼进入前院，两侧厢房各三间。主厅位于夏家院的中心中轴线上，前院和中院之间。主厅明三暗五式，面阔五间，主厅用料讲究，四栋梁架规制相通。前檐通体木装修，客厅正门有屏风，木雕精细。穿过主厅到中院，两边各有厢房，都为三间，两层硬山无厦阁楼式建筑。园中有一石榴树，相映成趣。中院无正房，中轴线上为一月亮门。穿过月亮门，进入后院，后院均为硬山造无厦两层楼阁式建筑。两厢面阔五间，左右对称，并与主房相连相通。

夏家宅院曲径回廊，静雅深幽，不仅显示了建筑风格的情调和品位，而且也显示出了主人公富甲一方的财力和大气。院内木雕窗花，精细入微，刀法娴熟，图案精美；禽鸟栩栩如生，花木盈露滴翠。隔扇雕栏上刻有“金玉其相”“追琢其章”“桂森举立”等文字。偏门砖雕有“善宜”“施吉”等字样，还有各处壁雕，均显得线条优美，笔法苍劲，技法绝伦，刀法有力，具有较高的艺术价值。房屋木柱笔挺，屏风图案华贵，门窗巧辟蹊径，走廊错落环接，树木栽种有度，饰物布局得体。屋瓦鳞次栉比，结构严谨；脊兽搔首弄姿，长啸舒云。蒙天网后院紧护，檀板楼四面林立。整个建筑融华贵典雅于古朴庄重之中，是研究中国北方古代建筑、雕刻艺术以及了解黄河流域民风、民俗的弥足珍贵的活化石资料。

12.【老爷顶真武庙】

老爷顶真武庙，位于辉县市西 12.5 公里上八里镇回龙村的太行山老爷顶，2000 年河南省人民政府公布为省级文物保护单位。此庙相传为太上老君修行得道处，明嘉靖三年（1524）建真武庙，又称玄武庙，至清代又有增修，逐步形成一处较为完整的古建群。现存文物有大殿，圣公圣母殿，灵官殿。在通往老爷顶的道路两旁分别建有一天门（清峰关）、二天门、三天门（南天门）、天桥等古建筑。老爷顶真武庙的建筑大部分建于明代嘉靖、万历年间，另有摩崖题记三区 10 多方，明、清碑刻 30 余通。

老爷顶主峰高约 200 米，山腰处有一平地，凿壁为窑，面东朝阳，称暖窑。明万历间曾于此创建祖师庙，今仅存有万历、天启、康熙时的碑刻 5 块，另有抱鼓石、柱础、石狮等遗物。由此再向上，穿越两隧洞，达一宽敞地带，明代曾于此建“一天门”及“关公庙”，今存基石、残狮、柱础、龙柱、石吻等遗物。再沿山路到达“二天门”，原为三间牌坊式纯石建筑，现仅存石狮、莲花柱头等遗物，另于其近处山腰择平地建有“马爷殿”一间。由“二天门”向上，沿途有摩崖碑刻14处，多属明代。登主峰至最险处达南天门，今已不在，过此便可至山巅的真武庙。

真武庙大殿，面阔三间，进深四架椽，单檐庑殿顶，墙体及梁架全部用石材建造，为无梁殿建筑。顶覆筒板瓦、脊兽，所有构件为铁质，不少铁瓦上均铸有明确年号及捐施人姓名。正脊、垂脊亦为铁质，并铸有荷花及龙纹饰。前檐下有石雕斗拱，均刻有精美浮雕图案。大殿月台前的石栏杆均为明万历年间原有构件，月台上立一小型石牌坊，坊前有一铸于明万历二十四年（1596）的铁鼎。大殿周围另有配殿两座，卷棚顶，琉璃瓦覆顶。檐下有彩绘斗拱。圣公圣母殿位于大殿西侧，两层，纯石建筑。面阔三间，进深一间，硬山顶，灰瓦覆顶。上层室内以青石交叉叠涩而成穹隆顶，供奉圣母。上层正间各间开券形门，石门槛，槛西边立石柱，柱头位花朵形。老爷顶周围的山崖上刻满明、清两代朝山进香的题记。真武庙是河南省为数不多的有明确纪年的道教建筑，规模虽小，但保存完整，风格独特，具有较高的文物价值。

13.【山西会馆】

山西会馆位于河南省辉县市区南关大街西头路北，它是迄今新乡市区域内唯一一处规模最大、保存最完整的由山西商人建造的会馆古建筑群，2000年河南省人民政府公布为省级文物保护单位。山西会馆始建于乾隆二十五年（1760），嘉庆二年（1799）至十七年（1812）陆续增建，并予

以彩绘。大殿内曾塑有关羽、关平、周仓像，因此辉县人旧称其为关帝庙。清宣统二年（1910），辉县商会在会馆内成立。山西会馆现有建筑面积为2706平方米，为一座中轴对称的古建筑群，现存大门、二门及戏楼、拜殿、正殿、陪殿、陪房、钟楼、鼓楼等。

大门面阔三间，进深一间，单檐悬山式建筑。灰色筒瓦盖顶，六架椽，前后出檐，檐下有斗拱十四朵，柱为小八角，方形石柱，束腰方形柱础，正间开门。

山门过后是二门，二门与戏楼连成一体，面阔三间，进深一间。方形柱础，小八角形石柱，骑马雀替，檐下有雕花斗拱。单檐歇山式建筑，灰色筒瓦覆盖，主、垂脊有牡丹及龙纹饰。戏楼两边各连有配楼三间，通面阔28.8米，下层为门道，上层为戏台。戏楼为悬山顶，灰色筒瓦盖顶，北侧二层檐下有木雕雀替、木雕柱子及荷叶墩。主、垂脊为龙戏牡丹花脊，吻兽大都仅剩下半部，狮子宝瓶亦然。两侧配楼为硬山式、灰瓦盖顶，主、垂脊皆为孔雀荷花脊，保存较好。

钟鼓二楼，分置戏楼左右，平面为正方形，重檐歇山式建筑，檐下施斗拱。下层檐下雀替被砖墙掩没，上层有技艺精湛的高浮雕骑马雀替。各脊皆为莲花纹饰，脊兽大多不存。南北墙正中和牖窗边沿刻有砖雕行龙浅浮雕，砖雕精细，令人叹为观止。

拜殿原为亭式，面阔三间，进深二间，由14根柱子撑托殿顶。内柱为木质圆形柱，柱础为束腰鼓形。前后两排皆为小八角形石柱，柱础为束腰方形。前排石柱上刻有对联："秉烛春秋当日名高汉室，存心忠义至今威镇清时。""锡福锡命锡时绥万姓神功无极，司离司坎司艮宁四维庙食有常。"殿顶为卷棚歇山式，灰色筒瓦覆盖。垂脊为龙形浮雕，保存较好，翼角部分损毁较重。拜殿内雕梁画栋，前后檐斗拱华丽纷呈。

拜殿与大殿成勾连搭结构，大殿面阔三间，进深一间，砖木结构，悬山顶，灰色筒瓦盖顶。拜殿后檐柱与大殿前檐柱之间用横梁相连，增强了两者的牢固性。檐柱为木质圆形柱，束腰鼓形柱础。檐下有斗拱，斗拱形制与拜殿相仿。雀替额枋木雕精致繁复，梁枋皆施彩绘，美轮美奂。大殿垂脊为高浮雕莲花，主脊为前龙后风高浮雕。吻兽残损，两山檐下有铁质悬鱼。

辉县山西会馆从内到外遍布精美的木刻、砖雕、石雕及绘画图案，其逼真的人物故事场景，形象的动植物、花卉图案代表了会馆类建筑的雕刻水平和绘画艺术水平。同时，山西会馆及配套建筑构成完整的古建筑群体，也成为我们研究清代山西商人在辉县乃至河南活动的珍贵实物资料。

14.【凌云寺塔】

凌云寺塔，又称鹿山台塔，位于辉县市西北 13 公里高庄镇高庄村北鹿台山顶凌云寺内，2006 年河南省人民政府公布为省级文物保护单位。凌云寺塔周围群山环抱，南有金掌山，北有佛领山，东有苏门等山，西为太行山，堪称胜境。因其属苏门山系，历史上又称“苏门凌云寺”。凌云寺塔自然环境优越，附近遍布众多的历史文化遗存。

凌云寺塔创建于元代，明正统七年（1443），苏门凌云寺主持上人省空重建凌云寺，鹿山台塔遂改名为凌云寺塔。重建凌云寺之前，其内旧有地藏段、玄帝庙，其旁有塔。成化年间在寺院南边凌云寺塔处又建起院落一所，形成南北两院。南院因其内有塔，又称塔院，塔东有钟楼，塔北有关帝殿、玉皇殿和地母殿；北院为地藏王殿及祖师圣殿，左右有东西陪房。寺院早已不存，现仅存砖塔一座。

该塔平面作八边形，为六级楼阁式塔，通高 11 米。由塔基、塔身和塔刹三部分构成。第一层檐下有砖雕重叠出跳斗拱，斗拱上方有砖雕假檐，八角处皆有砖雕转角铺作。正南向设一门。第二层周围辟有四门，分别朝向东、西、南、北四个方向。第三层至第六层四面各辟有一个假窗，并且有反叠涩砖檐。从第四层开始逐层收分。第六层之上有葫芦形塔刹收顶。塔体砌筑为砖缝不岔分，砖雕斗拱、假窗、檐部等构件均有明显元代特征，有较高的建筑艺术价值。另外，塔周围保存有 10 多通碑刻，是研究凌云寺的珍贵资料。该塔造型古朴大方，与鹿台山相映成趣。

15.【合河石桥】

合河石桥位于距新乡市区西 6 公里的新乡县合河村北门外，横跨卫河。合河村地处太行山前洪积扇和黄河、沁河冲积平原之间的交接洼地，因百泉河、小丹河会流于此而得名。此桥始建年月无记载，明嘉靖二十五年（1546）县尹邹翁、训导朱恭领导重修为五孔石拱桥，后毁于洪水。明隆庆六年（1572）县尹于应昌、耆老朱宠等负责重修为七孔石桥，即今合河石桥。2006 年河南省人民政府公布为省级文物保护单位。

合河石桥是一座七拱青石桥，拱桥采用框式分节横联式券法叠砌而成，较为规整。卫河在此段为由西向东流向新乡市区，石桥为南北走向，桥长 47 米，宽 6.5 米，高 6 米，桥中间拱最大，两侧拱逐次减小，券脸石间以铁活嵌牢，表面雕刻有两道装饰弧线，中间三拱的中央券脸石雕刻有吸水兽，较为精细。上下游均砌出分水尖。桥面中间铺有 2.1 米宽的条形红石，两侧有粗壮的条形栏杆，朴实大方。石桥拱券比例合理得当，桥面起伏较小，适宜车马通过。

合河石桥为卫河上现存唯一完好的明代古桥，也是豫北地区少有的大型石拱桥。石桥整体结构严谨端庄，造型优美大方，形体巨大，古朴壮观，气势恢宏，异常坚固，历经 400 余年而不毁。条石栏杆虽素面无雕饰，但却厚里实用，保证了石桥的坚固性。吸水兽更是雕工精湛，有明显的时代特征。合河石桥是明代石桥的典型代表，是研究明代石桥的珍贵实物资料，对研究明代建筑史、美术史、科技史都具有较高的参考价值。

16.【辉县文庙】

辉县文庙，位于辉县西大街东段路北，其背靠九山，南望平原，百泉河从西侧经过。2006 年河南省人民政府公布为省级文物保护单位。始建年代唐贞观年间（627—649），元、明、清先后重建 22 次。现存殿宇为清代建筑，一进三院。坐北朝南，南北长 91 米，东西宽 26 米，占地面积为 2366 平方米。包括棂星门、泮池、大成门、乡贤祠、西庑、至圣殿、敬一亭、泮桥、名宦祠、西官厅等建筑。

棂星门，四柱三间，小八角形石柱，中间两柱通高 6.67 米，两边两柱通高 5.9 米。泮池，为一半月形状的水池，池上有青石单拱小桥，称月桥。池虽小，但建筑精美，小巧玲珑。泮池为学宫的象征。大成门，面阔三间，进深一间，单檐悬山式建筑，灰色布瓦盖顶，两端各有侧门一间。名宦祠，面阔三间，单檐悬山式建筑，灰色布瓦盖顶，祠内原祀辉县历代有贡献的县令与地位显赫之人。乡贤祠，坐北朝南，面阔三间，进深一间，单檐悬山式建筑，灰色布瓦盖顶，内祀东周高柴，晋隐士孙登、宋明儒邵雍、元鲁国公姚枢、明翰林院侍读学士王衡、清征军孙奇逢等 26 人。西庑，坐西朝东，共九间，单檐悬山式建筑，灰色布瓦盖顶，有神厨、神库、祭酒、祭帛之处。至圣殿也称大成殿、先师殿，为文庙的主体建筑，主奉祀大成至圣文宣王先师孔子。大成殿面五间，进深三间，单檐歇山顶，琉璃筒瓦盖顶。殿内结构为五架梁，典型之抬梁式建筑。敬一亭，平面为方形，四角单檐攒尖顶，小八角石柱。

另外，文庙内有二十二通碑碣和五十一件石刻。其中既有乾隆御制碑、圣谕碑，又有《百泉赋》诗文碑，更有历代的修葺记事碑。文庙历史悠久，是辉县古城文脉源远流长的见证。为研究明清时期辉县城的城市布局和文化区的设置提供了宝贵的实物资料。辉县文庙在豫北地区县级文庙中，规模最大，被辑入《世界文庙博览》一书内。

17.【共城百泉书院】

百泉书院，位于辉县市书院街西段，2008 年河南省人民政府公布为省级文物保护单位。清道光十五年（1835）《辉县志》载："百泉书院旧在县西五里苏门山麓，百泉之左，即太极书院。始于宋代，借山水之灵秀，为求道兴学之佳地。历代名士景从学聚，苏门百泉名著华夏。"[①] 百泉书院创建于五代末年，原名太极书院，明代改为百泉书院。清乾隆十五年（1750），乾隆帝游览百泉，曾作为乾隆行宫，又称翠华行宫，其后恢复教育功能。民国时期仍办学不止，有着极高的景观价值和建筑艺术价值。

书院建筑为仿宫廷式建筑，坐北朝南，中轴对称布局，前后共三进院落，有六十二副楹联。午门前竖琉璃照壁，午门后有前殿和寝宫，两侧有左右朝房。四周砌筑红砖高墙，甚是巍峨壮观。前院匾额上题为"先贤祠"，里面供奉了周敦颐、邵雍、司马光、程颢、程颐、张载、朱熹、张栻、吕东莱、许衡 10 人；中院为"讲道堂"，左右为八排房；后院为"主敬堂"，左右为即四排房。

---

① （清）周际华：《辉县志》卷八，清道光十五年（1835）版。

百泉书院从五代末年创立到清代，历时近千年，从宋代开始，又数度成为中原地区理学研究的核心，在中国教育史上占有独特的地位。元代的百泉书院又有很大的发展，其中关键人物是姚枢。宋绍兴十一年（1141），姚枢辞官来辉隐居，耕荒种田，耕读自乐，自刊《小学》《论孟》等书，散之四方，以惠学者。慕姚枢之名，著名学者许衡、窦默也来到百泉，他们在太极书院内经传授课。不论学生出身贵贱、智商高低，他们都能因人施教，使求学者皆有所得。因当时的许多名臣和学者都曾受学于此，故后人在评说理学的发展时有“宋兴伊洛，元大苏门”。清顺治、康熙二朝，是百泉书院的又一个鼎盛时期。顺治七年（1650），一代大儒孙奇逢自河北来辉，在百泉书院主讲“夏峰之学”，四方学者，纷至沓来，使得百泉书院与襄城李来章主持的嵩阳书院、柘城窦克勤主持的朱阳书院三足鼎立，驰名中州。

18.【南湖寺】

南湖寺，位于辉县市沙窑乡白庙南湖村东部，2008年河南省人民政府公布为省级文物保护单位。寺院创建于汉代，盛于唐。明代时，寺院被诏封为“恩国寺”，并赐匾“恩国禅寺”。寺院地处侯兆川西部崇山峻岭间，背枕崇宁山龙处坡，面临水西沟山泉小溪，周边竹树苍翠。

寺院坐北面南，一进二院，占地面积3000多平方米。现存建筑为清代风格，包括山门即春秋阁、钟鼓二楼、中佛殿，大雄宝殿及配殿和配楼、禅堂、东阁楼、左右厢房、龙王殿、奶奶殿以及看经明月楼等11座30余间。寺院西侧保存寺院仓储室，寺院东、南两个方位的台地上分布着和尚坟，西南200多米处的崖岸处有一座和尚塔的构件，西北山坡上还存有尼姑石塔构件，均原址保存。该寺院是南太行腹地侯兆川一带三湖寺院之首，规模最大，而且是目前太行山地区除白云寺外唯一保存原有规模和历史建筑的寺院，具有重要的历史、艺术和科学价值。

19.【白鹿山寺院群旧址】

白鹿山寺院群旧址位于辉县市上八里镇鸭口村和马头口村的西北白鹿山山崖危岩间，2008年河南省人民政府公布为省级文物保护单位。后赵石勒时期天竺高僧佛图澄云游白鹿，挂锡于此，因峰构宇，凭岩考室，创建寺院玄极和白鹿两处。到了唐代，在白鹿寺东侧悬崖壁龛间先后建起法住寺、显阳寺。由此，以白鹿山南侧为中心，在东西不足2公里弧形悬崖岩龛间形成了四个带状分布的佛教寺院。这些寺院依岩凭洞，错落有致，云蒸霞蔚，鸟鸣猿啼，堪称佛家福地洞天。宋金交战、明末盗匪相继侵扰，寺院大多毁于兵灾之中，但是这些寺院保存了它们的建筑基址和众多的佛教文化遗物，构成了白鹿山佛教文化的重要内涵，是南太行地区著名的佛教圣地。

玄极寺遗址位于悬崖峭壁之上，分上下两院。上院包括山门、千佛洞、佛殿等。山门坐北朝南，青石垒砌。山门往西100米处便是千佛洞，是印度僧人佛图澄将一自然石洞凿造而成。洞口是石质牌楼式仿木结构形式，洞口两侧原立有圆雕力士两个，现仅存一个。洞口两侧墙上整齐排列着46个佛龛，龛内各雕有佛像一尊。洞口正上方扇形石上雕有一佛二弟子，大佛背后刻有双翼，造型独特。长方形洞室内置坐佛石像5尊，五佛呈团坐相，构成“五方佛”格局，五佛前边有明代的石供桌一张。五方佛背后为千佛碑，分碑帽、碑身、碑座，共雕佛像1032尊，现存完整1002尊。每尊佛像均置一佛龛之内，呈跏趺坐之姿。洞口右侧有北齐造像碑一通，碑阳从上至下分四层布局，每层五龛，龛内均雕佛像。碑座阳阴均浮雕帝王礼佛图及线刻供养主造像题记。其中，一龛佛像旁的题记为“帝相像主共县令袁秀妻口”，碑阴字迹不清，文中称此地为佛图澄顿步之处，提到本寺寺主有安东将军共县令袁秀。该碑造像精致，字体清秀，较汉隶稍变，书法价值较高，虽字迹泯灭不少，但史料价值极高，也是目前保存为数不多的北齐造像。

白鹿寺遗址现仅存山门与若干通碑刻，山门保存较完整，位于寺院的东南角，坐北朝南，为明万历年间所建。山门面阔一间，进深一间，硬山顶，门额上刻有“白鹿寺”三字。碑刻多为明清和民国时期，代表性的有明嘉靖三十七年（1558）进士通奉大夫浙江布政使司左布政原任浙江道监察御史蔡扬金撰文的《太行山白鹿寺重修记碑》。法住寺现仅剩遗址，占地面积约200平方米，现存明崇祯七年《重修法住寺记碑》通和佛塔石构件23件，佛塔石构件散存于寺院旧址崖下一条小路两侧。显阳寺仅存遗址，目前保存有明清时期的四个石香案，形制雄伟，雕刻细腻。另外，遗址内散存明清至民国时期碑刻19块。

20.【陈平祠】

陈平祠位于原阳县城东北九公里的阳阿乡阳阿中村，2008年河南省人民政府公布为省级文物保护单位。陈平祠相传建于汉武帝建元三年（前

138），明洪武二十三年（1390）重修，清乾隆二十二年（1757）补修，后又多次修葺。原有大殿、配殿、厢房、寝宫、戏楼等建筑。现今仅存有大殿三间，拜殿三间，并存有明代的《陈丞相雪诬辩碑》及《陈平故里碑》和历代的碑刻多通。陈平祠殿内明柱楹联："辅幼君摄国政纬绩冠乎当代，展奇计保炎汉芳声垂于千秋。"两边的大型壁画描绘了"陈平出山""鸿门设宴"等历史故事。陈平祠对研究原阳县民间建筑史及黄河流域的民风、民俗及建筑风格均有较高价值。

21.【封丘城隍庙】

封丘城隍庙，位于封丘县县城东大街路北，2008年河南省人民委员会公布为省级文物保护单位。封丘城隍庙始建于明洪武五年（1372），县丞张宗海创建。明、清时期多有重修扩建。民国十二年（1923），将大殿、寝宫两廊、皂君殿、老君殿、墙垣重修。1928年，塑像被废，设自治筹备处，继为民众教育馆。1936年，设初级小学。1947年，设中正小学。1958年，拆除戏楼，改建为大门3间和临街房4间，添建东西厢房各3间。

现存的一组古建筑房屋是清代建筑。有大殿3间带卷棚，殿前木质结构透雕，雕工精湛，造型美观，动物花果形象生动，东西厢房各10间，前墙为木质格扇。后院老奶殿3间，均为砖木结构，硬山顶，雕梁画栋，保存完好，体现了封丘县古代劳动人民的建筑艺术和绘画雕刻技巧。

22.【原武城隍庙】

原武城隍庙位于平原城乡一体化示范区原武镇东街村，2019年国务

院公布为第八批全国文物保护单位。该城隍庙在洪武二年（1369）便有明确记载，但始建年代不详。明洪武二年（1369），朱元璋体察民情，路过原武，敕封城隍“显佑伯”之职，官拜四品，颁敕文碑。此后，城隍庙规模逐渐扩大，修建有寝宫、后院和东西跨院。1938年该城隍庙遭到严重破坏，除大殿保存外，其他庙宇神像基本倒毁。

该庙坐北朝南，现存有前殿、中殿、拜殿、大殿4座古建筑以及明清石刻20余通。目前仅大殿保存较好，大殿前为一拜殿，与大殿成勾连搭形式。大殿面阔五间，进深两间，硬山瓦屋顶。大殿内部为殿堂造型，柱网排列整齐。檐柱与内柱平齐，上均置斗栱，檐柱与内柱粗壮有力。檐下斗拱宏大，用材等级高。大殿柱头与阑额上施有粗大的普柏枋，与阑额断面成“T”形。每间外檐补间铺作设两朵，五踩重昂，昂与耍头皆为足材，昂嘴成圭字形，耍头后尾插入垂莲柱中。补间铺作虽为假昂，但其后尾斜插檐檩下的垂莲柱内，起到了悬挑的作用。内柱上施有内檐铺作，其中正心枋隐刻华拱，枋中刻槽放置散斗。内外檐铺作上均保留有彩绘图案。大殿内梁架为草栿，大梁二梁等使用自然材，大梁上存有彩绘图案。脊檩两旁有叉手相扶，梁柱之间施角背或雀替，檩枋间或施襻间铺作。大殿梁枋、铺作、雀替上均施彩绘，从风格上看为明清地方彩绘。大殿内供奉有原武城隍，另有供桌一台。

城隍庙大殿做法古朴，体量宏大，铺作层规整，抗展能力强，是一座保留有元代风格的明代早期建筑。原武城隍庙是目前省内年代最早、规模最大的城隍庙，它的发现对研究城隍祭祀、明代木结构建筑历史具有重要的科学和艺术价值。

23.【获嘉文庙】

获嘉文庙，位于获嘉县城关镇二街村建设街，2016 年河南省人民政府公布为省级文物保护单位。文庙距今已有 800 多年的历史，文庙始建于北宋，金毁于兵。后历朝历代多有重修扩建，主要建有戟门、东西耳房、大成殿、明伦堂、文魁阁、崇圣祠、尊经阁、魁星楼、棂星门、奎文阁、文昌宫、教谕廨等。民国时期县党部设于文庙内，改建新式大门，归并神牌，作为办公室。中华人民共和国成立后，文庙划分为三处，前面戟门处归文管所管理，住居民；中间大成殿归广播站占用并管理；后面教谕廨、明伦堂归房管所占用并管理。

现存的文庙建筑只有戟门、东西耳房、大成殿、教谕廨等，共计 15 间。戟门坐北向南，面阔三间 8.4 米，进深一间 6.8 米；东西耳房各一间 5.2 米，进深各一间 6 米。大成殿坐北向南，面阔五间 19.2 米，进深四间 13.2 米。教谕廨坐东向西，面阔五间 14.8 米，进深一间 6.8 米。该庙是获嘉县建筑年代最早、规模最大、建筑艺术风格优秀的古建筑群，它对研究宋至清代的建筑构造、建筑风格、儒学默想及县学演变都是重要的实物资料。

24.【合河泰山庙】

合河泰山庙，位于新乡县合河乡合河村小学院内，合河泰山庙在卫河南岸，与合河石桥同在南北一条直线上，2016 年河南省人民政府公布为省级文物保护单位。

泰山庙创建年代不详，但据清嘉庆八年（1803）的《太（泰）山庙施

地碑记》的相关记载，泰山庙曾经规模宏大，香火旺盛。但日转星移，时过境迁，泰山庙逐渐萧条。东西厢房陆续被拆除，现存建筑仅有两座，一为戏楼，二为玉皇殿。

戏楼为清光绪二十九年（1903）重修，通高 7.6 米，面阔 13.6 米，为砖木结构，分上下两层。上层为舞台，下层为进入泰山庙内的通道。明间辟有洞门，兼作泰山庙大门。门上方镶嵌有用青石刻成的“泰山庙”匾额。戏楼明间及两次间悬山式构造，灰色布瓦覆顶。稍间灰色布瓦，硬山式构造，卷棚顶，元宝脊。稍间前方各开一圆形牖窗，山墙上各开一个六角形脆窗。北稍间系乐队伴奏之地，南稍间山墙上镶有青石滴水龙头，应为演员化装、出将之地。明间及两次间与两稍间的正脊不在同一直线上，两稍间正脊向后收约 0.6 米。墙体均系用青砖砌成，墙体厚约 0.7 米。墙体周围砌有滴水石，前后有青石台阶，正脊、垂脊上雕刻有连枝花卉。探头分三层：上、下两层为正方形，镂空花卉图案；中间为长方形，刻有花卉。戏楼正面有木柱四根，下置青石柱础。柱础雕刻分三层：第一层为鼓形，上、下分别刻有鼓钉，中间刻有花卉图案；第二层为束腰形，上为仰莲，下为覆莲；第三层为八角形，每面均刻有图案且内容不同。柱础整体雕刻细腻，具有很高的艺术价值。

玉皇殿，坐东朝西，通高 6.9 米，面阔三间，10.25 米，进深二间，7.04 米。硬山式建筑，灰色筒瓦，方形石柱础。明间外廊两侧为石柱，其他为木柱。房檩上写“大清光绪贰拾贰年”。

合河戏楼建筑朴素大方，艺术感强，砖木混合而建，结构科学，与市区留庄楼戏楼一样，是我市为数不多的清代戏楼建筑，反映了当时民间丰富的文化活动。该建筑的发现也为研究新乡县的戏剧设施及古建筑发展史具有较为重要的参考价值。

25.【同盟山武王庙】

武王庙始建于周末，元代毁于战火，重建于明洪武之初。明景泰七年（1456），清康熙八年（1669），道光八年（1828），民国二十一年（1932）先后重修。中华人民共和国成立以后历经多次修葺，现为省级文物保护单位。武王庙现存建筑有：山门、二门、拜殿、大殿、东西配殿、东西厢房、后殿等，并有唐槐一株、历代石碑多通。同盟山武王庙两旁有姜大公校阅台、诸侯演武场、诸侯井、饮马池等附属建筑。

武王庙山门面阔三间，进深五架椽，硬山结构，绿色琉璃瓦覆顶。方形石柱，柱础为石鼓刻花。明间金柱旁立两头石狮子，形态各异。山门两边各开腋门一间，东侧为“礼门”，西侧为“义路”。山门后有二门，硬山灰瓦顶。穿过二门即见一古槐，传说为唐武则天手植，至今已千余年。如今，历经沧桑的唐槐依然枝叶如盖，气势不凡。古槐两侧为东西配殿，也称文臣和武臣殿。两殿形制相同，各面阔三间，进深一间，硬山结构，灰筒瓦盖顶，覆盆式柱础。古槐后便是拜殿，拜殿面阔三间，硬山卷棚顶，灰筒瓦覆顶。柱上雀替为透雕花牙子，山墙墀头三面雕刻牡丹花纹，异常精美。东西山墙厚 80 厘米，牢固稳重。拜殿与大殿前后勾连搭结构，两殿之间挖有地沟，以便排水。

武王庙大殿，面阔三间，进深三间，平面近似方形。单檐歇山顶，绿色琉璃瓦覆顶，正脊吻兽硕大，垂脊、戗脊安有走兽，九条脊的脊饰皆琉璃雕刻。殿内平面采用减柱造，檐柱上出三踩单昂斗栱，平身科出斜栱，明间两朵，次间一朵。大殿梁架结构为六架椽屋，七架梁直接伏于前后檐斗栱上。额枋上有匾，撰“武王大殿”四个大字，殿内塑周武王坐像。后殿又称五皇殿，面阔三间，进深一间，硬山结构，灰筒瓦覆顶，柱础为刻莲花瓣，是武王庙建筑群中唯一带有明代风格的建筑物。

武王庙为三进院落，整体布局和谐整齐，单体建筑稳重典雅，具有典型的明清建筑特色。武王庙山门前数百级广阔平整的登山台阶，更是气势宏伟。武王庙周围为人造园林景区，苍槐翠柏，琼阁峨殿，朱垣碧瓦，巍然壮观。同盟山武王庙也是全国唯一祭祀周武王的寺庙，加之同盟山也是武王伐纣誓师的遗址，千百年来这里香火不断。武王庙寄托了人们对周武王功德的赞誉。武王庙建筑群雄伟壮阔的景色，被世人称之为“获嘉八景”之一。

26.【封丘东岳庙】

封丘东岳庙位于封丘县陈桥镇陈桥村西，此处也是宋太祖举行陈桥兵变黄袍加身称帝的地方，1986年河南省人民政府公布为省级保护单位。陈桥始建于五代，后晋时已有其村。相传，有一小桥失修，陈姓人家捐资修复，故名陈桥。后周时在此设驿站，名陈桥驿。

960年正月，北汉与辽联合南侵，后周大将赵匡胤率军出大梁（今河南开封），至陈桥驿（今封丘县陈桥镇），将士给他披上黄袍，拥立他称帝。陈桥兵变导致了后周的灭亡和宋朝的建立，推动了历史的发展，北宋京城开封留设“陈桥门”。五代时，宋太祖黄袍加身处为后周的驿站。崇宁四年（1105），宋徽宗把此处驿站改为“显烈观”，即“东岳庙”。元明清各代均有修缮，现存建筑为清朝末年重修，现存文物有大殿、东西廊房、碑刻、系马槐和古井一眼。

东岳庙大殿修建于明正统十二年（1447），清光绪十年（1884）重修，现保存较为完整。大殿坐北朝南，面阔三间，进深一间，为单檐歇山抬梁式建筑，绿色琉璃瓦覆顶。前檐及两山带回廊，有柱侧脚和柱升起，个别柱础为古镜式。柱上平板枋托有斗栱，斗拱、梁枋皆施彩绘。脊饰走兽，前墙装有八抹阁扇门八扇。前檐雀替透雕花卉人物，雕工细致。廊下有彩画，工艺精良。殿内供奉着赵匡胤的塑像，只见他身着黄袍，肩披斗篷，气宇轩昂，目光如电。大殿存有明清构件，有一定建筑和雕刻艺术价值。

系马槐相传为当年赵匡胤黄袍加身时拴马的一株古槐，在东岳庙大殿前，树干周长550多厘米，树前立有一块石碑，上书“系马槐”三个大字，系出自清代吴门张松孙之手。在此“系马槐”碑西，矗立着“宋太祖黄袍加身处”碑，碑阳镌刻有“宋太祖黄袍加身处”八个大字，碑阴镌刻着金梦麟题写的一首诗：“黄袍初进御，系马耀军威。翠盖开皇极，清荫护紫薇。风声惊虎啸，日影动龙飞。千古兴王地，擎天一柱巍。”在另外两块碑石上，镌刻着清代游人触景生情、怀古思旧而填写的两首词。一首是清代诗人顾真观填写的《满江红》：“何必江南，堪俯仰六朝遗迹，只此地，凄凉满眼，铜驼荆棘。五夜秋风花石冷，万家春水金堤溢。笑书生多事说兴亡，添追忆。朱仙镇，陈桥驿，相望处城南北，这两重公案有谁参得。前后班师同假诏，金牌字块黄袍色。送厓门雪浪抱香孩，魂空淑。”另一首是清张德纯填写的《念奴娇》：“市冷沙荒怪应有，古殿崔巍金碧，下马看碑知道是点检兴龙旧迹，身上黄袍，袖中禅诏，大业奠仓卒。说曾系马，枯槐瘦藓犹湿。当日香气帆营，紫云荫蝶，尽向尘埃识。笑杀华山龙蜇叟，小劫懵腾三百，良岳烟平，临安花谢，满眼兴亡迹。浊河留恨，向冰桂僵立。”这些碑刻对于研究宋代历史具有重要的参考价值，是珍贵的文物古迹。

第四节 古村落

1.【小店河村】

小店河村位于河南省卫辉市西北太行山东麓，是豫北地区规模最大、

原有风貌保持最完整的清代民居建筑群。2000 年河南省人民政府公布为省级文物保护单位，2012 年列入第一批中国传统村落名录的村落名单。

小店河村为闫氏家族所建，是清代中后期的一座村寨式建筑群，占地面积 5 万平方米。小店河始建于清乾隆十三年（1748），由阎氏第十世宗祖阎榜所建。据阎氏家谱记载，阎氏祖居山西林虑，几经迁徙，至第九世阎无党时举家由林县吕儿庄迁至汲县（今卫辉市），后又由其子阎榜兄弟二人于乾隆十三年（1748）迁至沧河沿岸，在沧河边上建一小店铺，故取名小店河。小店河环境优雅，三面环山，一面临水，地势更具特色，从远处看像一头巨龟，整个村寨建座在龟背上，龟头伸向沧河，这一优美的自然形势被风水学称为“神龟探水”。

小店河村坐西向东，纵贯南北，现存有寨门、寨墙、街道、院落等，共 28 套四合院，78 座房屋。村寨内房屋呈梯形，建筑风格采用流行于明清时期的硬山式建筑，复制了京城阁楼式建筑，修建了官式阁楼庄园，也具有清代中原“三门四户”的建筑传统特色，具有较高历史文化价值和研究价值。同时，整个庄园建筑规模宏大，有石块砌成的寨墙将整个庄园包围成一个完整的整体。寨门面阔一间，坐南面北，砖石结构，寨门以外为瞭望台。这些防御性措施有效的抵御土匪侵袭，使小店河村成为一座牢不可破的堡垒。

小店河村共有十个保存较为完好的院落，由北向南依次分为一号至十号院。这些院落均坐西面东，各个院落的规格、布局基本相似，整齐划一。院落皆呈中轴对称布局，依次为山门、厢房、过厅、上房。房屋皆为砖木石混合结构，硬山灰瓦建筑。以一号院和二号院为例。第一号院为阎氏家祠，建造于清嘉庆二十五年（1820）。当时建造祠堂的因素有三：一是人丁兴旺；二是家禽有财；三是出仕为官。正房面阔五间，进深一间，南北厢房各面阔三间，进深一间。第二号院的房主人是阎多澄，建于民国初年，为一进四合院，是整个建筑中最晚的一座院落。二号院地势比较高，门楼上有石碣“侨云山房”，意思即居住在极高的地方。正房面阔五间，进深一间，硬山灰瓦顶，二层砖石楼阁式建筑。

小店河民居，四周由寨墙环绕，内部是封闭的空间，构成一所官式与民间建筑交相辉映的清代村寨建筑群体，其建筑既体现了我国北方建筑的特点，达到了建筑的功能、结构和艺术的统一。其木雕、石雕、砖雕、雀替、斗拱等以艺术品的形象出现在建筑物上，给人异常深刻的印象。另外，这所建筑群随山势地形而宜，平面布局，纵向扩展，是中国古代民居建筑群的优秀范例。

2.【张泗沟村】

张泗沟村坐落在太行山东麓，位于辉县、林州和卫辉三市交界处，最高海拔近 900 米，现属辉县市拍石头乡所辖。2014 年列入第三批中国传统村落名录的村落名单。

张泗沟自明朝建村，至今已有 600 多年的历史。相传明初有一张姓农民来此采药狩猎，见林密草茂，水沛土沃，龙虎捍门，藏风聚气。随后，张姓农民便带领子孙在此安家扎寨，拓荒造田，繁衍生息。由于这里土地等资源有限，不断有人外迁，特别是辉县北部山区的拍石头、张村、常村、高庄等乡镇的张姓大都源于本村。

张泗沟四面皆山，金鸡岭将村子环裹其中。龙头山、虎头山之间的缺口，曾是村子与外界之间唯一的通路。在长久以来笃信风水文化的村民看来，这是一片"龙虎把门、金鸡岭绕"的风水宝地。

张泗沟村没有深宅大院，只有一间间乡间小院，小院的规模都不大，多为一屋一院的结构，多由山里开采的青石垒成。村里的有一栋二层建筑，是清代秀才张琳的故居，门上有"多文为富"门匾，语出《礼记·儒行》，昭示着屋主不求金银和以知识渊博为富足的文人情怀，也足见儒家思想对当地民风的影响。

3.【郭亮村】

郭亮村位于河南省新乡市辉县市西北60公里的太行深处沙窑乡、与晋城市陵川县古郊乡昆山村交界。郭亮村依山势坐落在千仞壁立的山崖上，地势险绝，景色优美，2014年列入第三批中国传统村落名录的村落名单。

相传，在东汉末年，连年灾荒，民不聊生，太行山区农民郭亮率部分饥民揭竿而起，农民纷纷响应，很快形成了一支强大的农民队伍。于是，官府屡次派兵镇压，只因山高路险，皆遭失败。后来，当时郭亮手下有一将领名叫周军，投降了官府。周军深知郭亮军中实情和进山的道路，官府得到情报后大肆进攻。郭亮只得退守西山绝壁，后因周军围困，粮草断绝，形势危机。郭亮急中生智，让士兵将战鼓与山羊悬挂在树上，羊四蹄乱蹬，鼓声咚咚日夜不停。同时，郭亮令士兵从山背后用绳索系下绝壁，安全转移。郭亮用此计骗过周军，人们为纪念郭亮功劳，在建村时便将村名取为“郭亮”，这便是郭亮村的由来和悬羊擂鼓的传说。除此以外，郭亮村还是抗日战争期间中共辉县县委和县抗日民主政府所在地，在革命战争年代郭亮村发挥了重要作用。电影《平原游击队》中李向阳的原型郭兴当年曾在这里学习、训练。

郭亮村人的祖先是为避难逃入此绝境，由此可见郭亮村交通极其不便。长期以来，村里出入的道路是一条完全由石块和直接在90度的石崖上开凿的石阶组成，仅容一人通行，无任何防护措施，出入非常危险。1971年秋，为了摆脱世代穷困的宿命，让身后的子孙不再行走险峻的天梯，在村党支部书记申明信的带领下，郭亮人发誓要凿穿绝壁，打出通向山外的大路。村里人自发卖掉山羊、山药，集资购买钢锤、钢锉。在无电力、无机械的恶劣条件下，历时 5 年，硬是在绝壁中一锤一锤凿去了 2.6 万立方米石方，1977 年 5 月 1 日，被人称为“绝壁长廊”的郭亮洞正式通车。

郭亮村现处辉县市万仙山风景区，这里风景壮丽，可谓雄、壮、险、奇、古、秀，山水秀美，奇石名木，猕猴攀跃，谷幽崖高，枫叶吐丹，是著名的风景名胜。

4.【里峪村】

里峪村位于卫辉市狮豹头乡一道深远的山沟中间，2019 年入选第五批中国传统村落名录。该村分为东西两个聚落，西边的聚落建筑较多，它是一依山而建的山寨，相传在呈弧形的寨墙上俨然有两只鱼眼，寨子美其名曰“鲤鱼”，后演变成了后来人们所叫的里峪村。

因受地理形势的影响，里峪村的院舍依山而建，并有寨墙环绕，且错落有致，有很好的立体效果。寨墙外面为山涧河底，寨墙上有寨门两个和若干瞭望孔。寨门修筑于 20 世纪 20 年代，由青石砌成，十分坚固。寨墙上的瞭望孔不仅起到了装饰的作用，更有采光、瞭望、射击之功效。在寨墙的西段，还有一座保存完好的房屋。

村内有魏长根老宅、魏六海老宅、郭新同老宅、张米堂老宅等许多古宅，多为石木结构的民居，古朴而淳厚。这里的几处老宅均为四合院，个别的还有内院与外院之分。在魏长根老宅内，“云深处”三个大字，刻在大门的上方，至今清晰异常。正屋门的上方是民国六年（1917）镌刻的“诗书门第”，另一屋门上则为民国二十七年（1928）镌刻的“累洽重熙”。房屋结实完好，地面石块砌得严严实实。还有一所院落，门额上书“忠厚传家”和“九世同居”。在“九世同居”的门额上还配有一副楹联，为“苔痕上阶绿，草色入帘青”。另一扇大门上，题刻着“山为壁”。这些门额上的石刻，不仅传递着一种浓厚的文化气息，且有着相当深厚的书法功底，有着很高的书法价值。

5.【新庄村】

新庄村位于辉县市西北部 60 公里的沙窑乡，2019 年入选第五批中国传统村落名录。新庄村依山而建，村内建筑整齐地分布在青山绿水之间。层叠的瓦顶、斑驳的土墙、黄绿相间的田野、连绵起伏的山峦，这些元素相映成趣、浑然一体。村内现存古村院落的传统建筑基本完整，房屋有 703 间，建造于清代，距今有 300 年历史。整个村落布局合理，建筑工艺精湛，是豫北太行山区古村落的典型代表。村内建筑工艺特点均以当地石木结构为主，古村落东西长 530 米，南北宽约 150 米，占地面积约 119 亩。新庄村部分民居、石刻、砖雕、木雕现保存完好，具有一定的文物保护价值和艺术研究价值。

6.【齐王寨村】

齐王寨村隶属于辉县市南寨镇，位于河南与山西两省交界处的河南一侧，距辉县 45 公里，是巍巍太行山中一个风景秀丽的小村落，2019 年入选第五批中国传统村落名录。相传春秋战国时期齐王曾在此隐居，故而得名齐王寨。齐王寨村是个只有几十户人家的村庄，但极具特色。一是石材建筑用具多，二是古文化浓郁。村寨内建筑多就地采石而建，厚重古朴，与周围大山巨石混为一体。村寨内遗存有历朝各代的石碾、石磨、石桌、石凳等石材用具，极具研究价值。

第五节　古代石刻

中国古代的石刻是一个相当丰富的文化宝藏，品种繁多、数量浩大，分布范围更是十分广泛。几乎可以说自先秦以来，无石不刻，无地不刻。新乡的古代石刻范围包括镌刻有文字、图案的碑碣和各种宗教造像，年代多为北朝、唐、宋时期。随着佛教的盛行，新乡地区在这一时期出现许多佛教造像，这些造像在很大程度上反映了这一时期新乡当地佛教盛行和人们崇信佛教的习俗。同时，新乡现存的《魏孝文帝吊比干文碑》《大观圣作之碑》《临清驿造像碑》等石碑，为探究新乡历史乃至中国历史提供了大量宝贵资料。

1.【魏孝文帝吊比干文碑】

魏孝文帝吊比干文碑位于卫辉城北 7.5 公里比干墓（庙）内，1996 年

国务院公布为全国重点文物保护单位。北魏太和十八年（494）十一月刻立。原碑已不存，宋元祐五年（1090）九月重刻。高2.65米，宽1.03米，篆额“皇帝吊殷比干文”7字。碑文为孝文帝元宏撰文，无书丹者姓名，传为崔浩书。碑文楷书，28行，每行46字。碑阴刻文4列，前3列从吊官82人题名，最后1列为宋吴处厚所撰“原阴记”。记中说，北魏所立《吊比干文碑》“久已为乡民毁去，赖民间偶存其遗刻”“幸遇圣振，再获刊勒”，并对孝文帝来比干墓吊祭的时间作了考释。

孝文帝吊比干庙之事，据《魏书·高祖纪》载：“太和十八年十一月，车驾幸邺。十四日，经比干之墓，亲为吊文，树碑而刊之。”[①] 碑文字体方整，笔画瘦硬峻直，两端方而粗，犹如硬骨。杨守敬《学书迩言》赞评其“瘦削独书，险不可近”，为“北碑之杰作也”，故为书家所珍重。[②]《金石录》《金石萃编》《宝刻丛编》《金石文字记》《观妙斋藏金石文考略》《中国书法大辞典》等书均有辑录。

《吊殷比干文》全文如下：

唯皇构迁中之元载，岁御次乎阉茂。望舒会于星纪，十有四日，日维甲申。予扬和淇右，蹀驷鄘西。指嵩原而摇步，顺京途以启征。路历商区，辂届卫壤。泛目睇川，纵览观陆。遂傍睨古迹，游瞰曩风。睹殷比干之墓，怅然悼怀焉。乃命驭驻轮，策骥躬瞩。荆棘荒朽，工为绵蔑。而遗猷明密，事若对德。慨狂后之猖秽，作贞臣之婞节。聊兴其韵，贻吊云尔。

曰三才之肇元兮，敷五灵以扶德。含刚柔于金木兮，资明暗于南北。重离耀其炎晖兮，曾坎司玄以秉黑。伊禀常之怀生兮，昏睿递其启则。昼皎皎其何朗兮，夜幽幽而致蔽。哲人昭昭而澄光兮，狂夫默

① （北齐）魏收：《魏书》卷七下《帝纪第七下》，中华书局1974年版，第175页。

② （清）杨守敬：《学书迩言》，浙江人民美术出版社2018年版，第19页。

黕其若翳。咨尧舜之耿介兮，何桀纣之猖败。沉湎而不知甲兮，终或已以贻戾。謇謇兮比干，籍胄兮殷宗。含精兮诞粹，冥树兮英风。禀兰露以涤神，餐菊英而俨容。茹薜荔以荡识，佩江离而丽躬。履霜以结冰兮，卒窘忠而弥浓。千金岂其吾真兮，皇舆实余所钟。奋诚谏而烬躯兮，导危言以衅锋。呜呼哀哉！呜呼哀哉！惟子在殷，实为梁栋。外赞九功，内徽辰共。匡率衮职，德音遐洞。周师还旆，非子谁贡。否哉悖运，遘此不辰。三纲道没，七曜辉泯。天伦。怀诚赍怒，谠言焉陈。鬼侯已醢，子不见欤？刑侯已脯，子不闻欤？微子去矣，子不知欤？箕子奴矣，子不觉欤？何其轻生，一致斯欤？何其爱义，勇若归欤？遗体既灰，不其惜欤？永矣无返，不其痛欤？呜呼哀哉！呜呼哀哉！

夫天地之长远兮，嗟人生短多殃。往者子弗及兮，来者子不厥当。胡契阔之屯亶兮，值昏化而乖良。曷不相时以卷舒兮，徒委质而巅亡。虽虚名空传于千载，讵何勋之可扬。奚若腾魂以远逝，飞足而归昌。得比肩于尚父，卒同协于周王。建鸿绩于盛辰，启胥宇于齐方。阐穆音乎万祀，传冤业以修长。而乃自受兹毙，视窍殷亲。剖心无补，迷机丧身。脱非武发，封墓谁因。呜呼介士，胡不我臣。

重曰：世昏昏而混浊兮，日蔼蔼其无光。时坎廪而险隘兮，气憭戾以飞霜。子奚其不远逝兮，侘傺而阯故乡。可秉桴以浮沧兮，求蓬莱而为粻。衔芝条以升虚兮，与赤松而翱翔。被芰荷之轻衣兮，曳扶容之葩裳。循海波而漂飘兮，望会稽以归禹。纽蕙芷以为绅兮，扈荃佩而容与。写郁结于圣人兮，畅心中之祕语。执垂益而谈弄兮，交良朋而摅苦。

言既而东腾兮，吸朝霞而长举。登山比岩而怅望兮，眺扶桑以停伫。谒灵威以问路兮，乘谷风而扳宇。遂假载于羲和兮，凭六螭以南处。翥衡岳而顾步兮，濯沅湘以自洁。嚼炎州之八桂兮，践九疑而遥裔。即苍梧而宗舜兮，拂埃雾以就列。采轻越而肃带兮，切宝犀以贯介。诉淳风之沦覆兮，话萧韶之湮灭。召熊狸而叙释兮，问重华之风桀。尔乃饮正阳之精气兮，游丹丘而明视。揖祝融而求鸟兮，御朱鸾以修指。

因景风而凌天兮，回灵雏以西履。降黄渚而造稷兮，慰稼穑之艰难。访有郃之诜诜兮，遇何主而获安。然后陟崐崘之翠岭兮，揽琼枝而檠桓。步悬圃以溜浣兮，咀玉英而折兰。历崦嵫而一顾兮，府沐发于洧盘。仰徙倚于阊阖兮，请帝阍而启关。天沉寥而廓落兮，地寂漻而辽阆。餐沦阴以裨气兮，佩瑶玕而鸣锵。拜招矩而修莭兮，少踌躇以相羊。

祈骀虞而总缰兮，随泰风以飘扬。瞰不周而左旋兮，纵神驷以北望。寻流沙而骋辔兮，暨阳周以緤驾。靡芸芳以馥体兮，索夷杜而衹衔。奉轩辕而陈辞兮，申时俗之不暇。适岐伯而修命兮，展力牧而问霸。

歙沆瀣之纯粹兮，窥寒门之层冰。聆广漠之飔瑟兮，觌黔蠃而回凝。拥玄武以涉虚兮，亢神冥而威陵。象暧曃而晻郁兮，途曼曼其难胜。策飞廉而前躯兮，使烛龙以辉澄。归中枢而睇睨兮，想玄漠之已周。慨飞魂之无寄兮，飒翾袂而上浮。引雄虹而登峻兮，扬云旗以轩游。跃八龙之蜿蜿兮，振玉鸾之啾啾。搴慧星以郎导兮，委升轫乎大仪。敖重阳之帝宫兮，凝精魄于旋曦。扈阳曜而灵修兮，岂傅说之足奇。但至慨之不悛兮，宁溘死而不移。

2.【西明寺造像碑】

西明寺造像碑位于河南省新乡市西南14公里的新乡县翟坡小宋佛村西北。2006年国务院公布为全国重点文物保护单位。据清乾隆《新乡县志·名迹》载："石佛，在县西南三十里宋佛村，宋时有石佛，高丈余，黄河泛涨浮水至此而止，遂建西明寺。"[①] 今寺院已废，唯石佛造像遗存。

该造像建于北魏时期，通高4.8米，宽2.2米，下面为高0.4米的长方形基座，属单体石刻造像。正面雕刻一佛二菩萨三尊立像，背光呈莲花瓣形，左、右协侍为

① （清）赵开元：《新乡县志》卷十九，清乾隆十二年（1747）石印本，第663页。

观世音、大侍至，本尊为无量寿佛，面相清瘦，身着褒衣博带式袈裟，右手施无畏印，左手提香包，身体修长。两侧菩萨为观世音和大势主，统称“西方之圣”，菩萨像均头戴三叶高宝冠，身披“X”形披巾，下身着百褶长裙，立于狮子承托的莲台上。左侧菩萨左手执净瓶，右手握莲蕾；右侧菩萨双手握莲蕾。三尊像身后为火焰背光，雕刻有化佛、飞天。背光双侧上部各浮雕龙纹一个。背光背面线刻一帷幔，菩萨坐于方形莲座上，前有侍女，后有菩提树。佛像基座方形四面刻捐资人题名，下为宝装覆莲座。该造像碑整体雕刻细腻，线条流畅，表现出典型的北魏晚期造像风格，是北魏晚期造像碑中的精品，具有极高的科学价值，艺术价值和历史研究价值。该造像年代之久、形体之大、雕刻之精，被专家誉为中原之冠。

3.【五百罗汉碑】

五百罗汉碑位于辉县市区西 32 公里薄壁镇白云寺东侧山坡上，2006 年与白云寺一起被公布为全国重点文物保护单位。五百罗汉碑全名“白茅寺五百罗汉碑”，立于北宋大中祥符元年（1008），碑首、碑身、碑座保存完整。该碑通高 3.62 米，宽 1.01 米，厚 0.29 米，螭首龟趺，碑首阴阳两面上部均为二龙戏珠图案。阳面正中为圭形，篆额为“五百罗汉之碑”六个大字。阴面正中为一圭形佛龛，内雕佛像一尊，结跏趺坐于仰覆莲座上，呈禅定像。碑之阴阳两面均有文字，阳面首题“大宋卫州共城县白鹿山白茅寺五百罗汉碑”，碑文为行书，共计 1519 字。该碑由东京右街讲经论文章大德僧庆珍撰文庆珍撰文，如京使紫光禄大夫检校工部尚书兼御史大夫上骑都尉东海郡开国侯食邑一千七百户曹翊篆额，讲经论僧清智书丹。碑文详细记述了五百罗汉名称由来及白云寺内塑造五百罗汉像的经过。同时，此碑印证了白云寺名称的历史沿革，具有一定的史料研究价值。

4.【香泉寺石窟】

香泉寺位于卫辉市西北 20 公里处太公镇的霖落山上，2013 年国务院公布为全国重点文物保护单位。“香泉甘洌”为卫辉古八景之一，寺名就是因之而来。香泉寺战国时曾为魏安厘王的离宫，始建于北齐天保七年（556），隋大业五年重建（608），唐开元十六年（728）修圣经塔，元大德年间（1290）复修寺院，元延祐年间（1314）再次重修。清康熙三年（1662）建千佛碑一座。唐、宋、金、元、清历朝均有石刻、雕像，它虽没有嵩山少林寺那样远近闻名，但是在豫北地区却大有名气，素有“豫北第一古刹”之称。据寺内残存的碑文记载，唐贞观十九年（645），印度高僧曾在寺旁建过麻风病院，这在医学研究方面有一定的史料价值。1930 年，王炳程在此创办香泉师范，著名学者梁漱溟、黄炎培等到此讲学。1938 年，国民党汲县县政府曾设在这里。解放前，此处是卫辉市最早的革命根据地之一。

香泉寺分东西两院，中间为山沟所隔，寺院临山崖修建，规模宏大。东寺有泉水从石隙涓涓流出，由青石踏步七十二步可登至“南天门”，一座面阔一间、高四米的石坊枕崖而立。石窟有千佛洞一座，千佛洞开凿在山崖上，平面方形、平顶，石壁正中开窟门，圆拱形，上饰尖拱楣，高 3 米，深 3 米，宽 2.5 米。窟内正壁为唐代改雕的一佛二弟子像，释迦牟尼面部丰满，慈眉善目，垂肩大耳，神态自交足而坐，为唐代雕刻风格。弟子阿难、伽叶分立两侧，弟子阿难文静温衣着朴实，伽叶沉重认真。左右壁为北齐原雕，分别为一佛二菩萨、一弥勒二胁侍菩萨像，洞壁内还雕有小佛龛达千尊。窟外左侧华严壁上有北齐镌刻的摩崖《大方广佛华严经》，书法类于汉魏之间，笔势凌厉，风格俊俏，用笔挺拔，布局严谨，刀笔俊秀，比之著名的“孝文帝吊比干”碑刻毫不逊色。以此大面积摩崖，实为罕见，确是稀世之宝，异常珍贵。寺后筑有水池，方不及丈，为香泉之源。泉水由石佛脐孔和龙口中流出，因泉水涓涓不息，清凉幽香，故名香泉。泉旁石崖壁上，有“香泉”二字，“香泉”二字上部有阴刻篆书“潞国亲笔”。旁有线刻麻姑像，铁笔流畅，气韵潇洒，衣带欲飘，形象生动。署名为唐代著名画家吴道子所作，有“吴带当风”之誉。

西寺原有禅师殿，现仅存莲花柱础，殿前有唐塔遗址。据《大唐卫州霖落寺大德塔铭》记载，唐塔为垂拱元年（685），众弟子为安禅师所建。石塔残高3米有余，呈正方形，由塔座、塔身、塔顶组成。塔座四周有浮雕天王像、乐舞人，塔身正面中间开圆拱形窟门。塔门两侧各雕天王，上部雕有飞天、祥云。龛内一佛二弟子二菩萨，佛像后背有项光，面部丰满，表情严肃祥和，衣着袒胸袈裟，足踩仰莲座。二弟子朴实谦顺，二菩萨立于仰莲座上，面容丰腴，表情温厚亲切。另有千佛石阁一座，清康熙元年立，通体青石质，石阁内共刻佛像300尊。

香泉寺石窟是全国唯一的、规模巨大的、最具佛教特色的古代石刻群，具有重要的历史价值、文物价值和艺术价值，它对于研究北齐、隋唐、宋元、明清时期书法、雕刻、建筑、佛学、民俗等历史文化提供了重要实物佐证，价值巨大，全国罕见。

5.【陀罗尼经幢】

陀罗尼经幢位于卫辉市县前街，为五代后晋开运二年（945）创建宁境寺时所镌造，2013年国务院公布为全国重点文物保护单位。经幢通高6.66米，由幢座、幢身、幢顶三部分组成。

幢身系上细下粗的八角形柱体，高1.7米，上部每面阔0.2米，直径0.46米，下部每面阔0.22米，直径0.52米。在幢身正面首行正书阴刻“佛顶尊胜陀罗尼经序”九个大字，它的八面皆刻有陀罗尼经文，皆为楷书，每面刻九行，足行一百一十五字。

幢座由双层须弥座组成，总高 1.8 米。下层须弥座的下枋为方形，下雕有十六瓣覆莲装饰；中间束腰部分为八角形柱体，八个面上内雕使乐人像一尊；上枋雕成十五瓣莲花形状。上层须弥座束腰部分也为八角形柱体，八个角各雕有力士一尊，皆肩扛或手托顶部。

幢顶可分为七层，总高 3.88 米，上面环刻浅浮雕图案、包括五条盘龙、拱形佛龛、凌空飞舞的八个飞天、仰莲小座、六组狮首、力士像、八角形屋顶状宝盖、葫芦形宝珠等，刻工精细，比例协调。第三节幢身上刻楼台亭阁和仕女，再上两节雕有一佛、二弟子等佛像，现已模糊不清，最上为葫芦形宝珠。幢顶整体看来高耸挺拔，其雕刻使用了高浮雕、浅浮雕和圆雕相结合的手法，巧妙地利用四面雕出了四组建筑群，并在建筑群的空隙处以廊联结，又在回廊内雕出不同形象的人物活动。此幢顶部第一重伞盖下雕刻的飞天形象，采用了高浮雕的手法，雕出的飞天似有脱壁而出，凌空飞舞之感，给人以美的享受。

陀罗尼经幢布局严谨，人物造像逼真，造型挺拔俊秀，真实地展现了当时的佛教文化艺术成果，它巧妙地使用高浮雕、浅浮雕、圆浮雕相结合的手法，完整地体现了当时的雕造技术，具有较高的文物价值。后晋是短命王朝，石刻艺术存世不多，故十分珍贵。

6.【尊胜陀罗尼经幢】

尊胜陀罗尼经幢，又名水东经幢，位于卫滨区平原乡东西水东村之间的水东小学院内，2013 年国务院公布为全国重点文物保护单位。经幢所在地原为唐开元十三年（725）所建的定觉寺，寺现已无存，仅存经幢。经幢通高 6.2 米，由幢座、幢身、幢顶上下三部分组成。幢座高 1.86 米，由三层须弥座组成。第一层为方形，下部由三块方石组成基台；中部为束腰部分四角各雕力士一尊，四面每面雕俯身魔像两个；上部为一方石。第二层为八角形，下部雕刻成莲座，上边束腰部分八角各雕力士一尊，八面各雕坐佛一尊，头部皆有圆形头光。第三层也为八角形，下部为两块八角形石块相迭而成的小座，座之上立八角形矮柱，矮柱的每面雕小龛一个，其中四龛各雕坐佛一尊，佛端坐于莲花座上手印皆为一手仰置足上，另一手平伸五指扶膝；其余四个龛内各雕菩萨一尊。矮柱之上有八个斜面，每面都有阴刻的佛经故事。

幢身为八角形柱体，总高 1.77 米，下部有一圆形仰莲座，接于幢座之上。幢身每面宽 20 厘米，直径 50 厘米。幢身雕刻可分上、中、下三部分。上部八面刻八个尖拱形小龛，龛高 21 厘米，宽 14 厘米。龛内各雕坐佛一尊，有桃形头光，其中四尊各右掌压左掌．仰置足上当脐前，呈禅定像，其余四尊各一手置足上，一手平伸五指抚膝，呈降魔像。幢身中部阴刻经文，每面九行，足行五十五字，楷书。正南面首行刻有“佛顶尊胜陀罗尼经序”几个大字，以下即为经序正文，共刻五面，第六、七面因字迹剥落严重，已看不清楚内容。第八面从第五行开始刻“般若波罗蜜多心经”，共刻五行。幢身下部刻幢颂并序，每面刻九行，足行 11—12 字不同。幢顶高 2.25 米，由宝盖、雕龙、矮柱、宝珠四部分组成。宝盖接幢身之上，下部刻出帷幔形状，上部为八面挑角廊庑形状，上刻瓦垄。宝盖之上为一倒置的刻有帷幔的八角形小座，上立四条盘龙。盘龙上为一覆莲盖，覆莲盖之上有一八角形的素面小座，上立八角形矮柱，矮柱八面各雕一尖拱形小龛，每龛雕坐佛一尊，皆有桃形头光。八尊坐佛的手印与幢身上部的八尊坐佛相同，即四尊各仰置双掌放于足上当脐前，呈禅定像，其余四尊各一手置足上，一手平伸五指抚膝，呈降魔像。矮柱之上为一圆盘，上立葫芦形宝珠。

尊胜陀罗尼经幢是唐代经幢的代表作品，运用了浅浮雕、高浮雕和圆雕等多种雕刻手法，造型逼真，栩栩如生，雕刻比例协调，刀法娴熟，刻工精细，是建筑造型和石雕艺术的完美结合，具有较高的历史和艺术价值，为研究当时的历史、人文、艺术等提供了实物依据。

7.【大观圣作之碑】

新乡文庙大观圣作之碑简称“大观碑”，又称“御制八行八刑碑”。该碑高 4.47 米，宽 1.24 米，厚 0.42 米，位于新乡市西大街红旗区政府院内，2013 年国务院公布为全国重点文物保护单位。碑文由宋徽宗赵佶撰

并书，由书学博士李时雍摹写上石，碑额“大观圣作之碑”六字行书是当时的权相蔡京所题，正文和书题共27行，满行71字，全文1007字，碑的下部字体稍有损泐，经与《金石草编》所录碑文对照，缺损118字。

该碑的书法艺术价值极高，宋徽宗虽然是历史上有名的昏庸、奢侈、怯懦的皇帝，但他能书善画，在艺术造诣上很深。他很重视晋唐以来墨迹，自己又学习历代名家的书法，融会贯通，自成一家，他的“瘦金体”和他的绘画一样，历代评论者很多。《书史会要》记：“徽宗行草正书，笔势劲逸，初学薛稷，变其法度，自号‘瘦金体’。”大观圣作之碑便是宋徽宗所创“瘦金体”书法最为主要的代表。

该碑的史料价值也很重要，其内容是北宋王朝为学校制定的法度，为我们提供了研究宋代学校制度的宝贵实物资料。清人武亿曾说此碑所录八行及三舍之制较史为详，这里说的三舍之制是王安石变法中的一项内容，即把学校内分为外舍、内舍、上舍三个等级，外舍生成绩优良的升内舍，内舍生成绩优良的升上舍，上舍生成绩优良的可免试当官。但宋徽宗只是借“三舍法”之名，推行他的“八行”取士，以“孝、悌、忠、和、睦、姻、任、恤”所谓“八行”来限制学生，符合“八行”则可升舍以至做官，违之则以“不孝、不悌、不忠、不和、不睦、不姻、不任、不恤”的“八刑”予以惩罚，这实际上是对王安石变法的反对。

《大观圣作之碑》文：

学以善风俗明人伦，而人材所自出也。今有教养之法而未有善俗明伦之制，殆未足以兼明天下。

孔子曰：“其为人也，孝悌而好犯上者鲜矣；不好犯上而好作乱者未之有也。”盖设学校置师儒，所以敦孝、悌，孝、悌兴，则人伦明。人伦明，则风俗厚。而人材成，刑罚措。朕考成周之隆，教万民而宾，兴以六德六行。否则威之以不孝不悌之刑。比已立法，保任孝、悌、姻、睦、任、恤、忠、和之士。去古绵邈，士非里选，习尚科举。不孝不悌有时而容，故任官临政，趋利犯义，诋讪贪污，无不为者。此官非其人，士不素养故也。近因余暇，稽周官之书，制为法度。颁之校学，明伦善俗，庶几于古。

诸士有善父母为孝，善兄善弟为悌，善内亲为睦，善外亲为姻，信于朋友为任，仁于州里为恤，知君臣之义为忠，达义利之分为和。

诸士有孝、悌、睦、姻、任、恤、忠、和八行见于事状，著于乡里。耆邻保伍以行实申县，县令佐审察，延人县学。考验不虚，保明申州如令。

诸八行，孝、悌、忠、和为上，睦、姻为中，任、恤为下，士有全备八行，保明如令，不以时随奏，贡人太学，免试为太学上舍。司成以下引问考验，较定不诬，申尚书省取旨，释褐命官，优加拔用。

诸士有全备上四行，或不全一行而兼中等二行，为州学上舍上等之选；不全上二行而兼中等一行，或不全上三行而兼中二行者，为上舍中等之选；不全上三行而兼中一行，或兼下行者，为上舍下等之选；全有中二行，或有中等一行而兼下一行者，为内舍之选；余为外舍之选。诸士以八行中三舍之选者，上舍贡人，内舍在州学，半年不犯第二等罚，升为上舍。外舍一年不犯第三等罚，升为内舍，仍准上法。

诸士以八行中上舍之选，而被贡人太学者。上等在学半年不犯弟三等罚，司成以下考验，行实闻奏，依太学贡士释褐法。中等依太学中等法待殿试。下等依太学下等法。

诸士以八行中选在州县，若太学，皆免试补为诸生之首，选充职事及诸斋长谕。诸以八行考士为上舍上等，其家依官户法，中下等免户下支移、折变、借借、身丁。内舍免支移、身丁。

诸谋反、谋叛、谋大逆（子孙同）及大不恭，诋讪宗庙，指斥乘舆，为不忠之刑。恶逆诅骂告言祖父母、父母，别籍异财，供养有阙，居丧作乐，自娶，释服匿哀，为不孝之刑。不恭其兄，不友其弟、姊妹，叔嫂相犯罪杖，为不悌之刑。杀人、略人、放火、强奸、强盗，若窃盗杖及不道，为不和之刑。谋杀及卖略缌麻以上亲，殴告大功以上尊长，小功尊属，若内乱，为不睦之刑。诅骂告言外祖父母。与外姻有服亲，同母异父亲，若妻之尊属相犯至徒，违律为婚，停妻娶妻，若无罪出妻，为不姻之刑。殴受业师，犯同学友至徒，应相隐而辄告言，为不任之刑。诈欺取财，罪杖告嘱，耆邻保伍有所规求避免，或告事不干己，为不恤之刑。

诸犯八刑，县令佐、州知通以其事，目书于籍报学。应有入学，按籍检会施行。

诸士有犯不忠、不孝、不悌、不和终身不齿，不得入学。不睦十年，不姻八年，不任五年，不恤三年，能改过自新不犯罪，而有二行之实，耆邻保伍申县，县令佐审察，听人学。在学一年又不犯第三等罚，听齿于诸生之列。

大观元年九月十八日，资政殿学士兼侍读臣郑居中奏乞以御笔八行诏旨摹刻于石，立之宫学，次及太学、辟雍，天下郡邑。二年八月二十九日，奉御笔赐臣礼部尚书兼侍讲久中，令以所赐刻石。

通直郎、书学博士臣李时雍奉敕摹写。承议郎、尚书、礼部员外郎、武骑尉臣葛胜仲。朝散郎、尚书、礼部员外郎、云骑尉臣韦寿隆。承议郎、试尚书、礼部侍郎、学制局同编修官、武骑尉、陇西县开国男、食邑三百户、赐紫金鱼袋臣李图南。朝请郎、试礼部尚书兼侍讲、实录修撰、飞骑尉、南阳县开国男、食邑三百户、赐紫金鱼袋臣郑久中。

太师、尚书、左仆射、兼门下侍郎、上柱国、魏国公、食邑一万一千四百户、食实封叁千捌佰户，臣蔡京奉敕题额。

8.【鲁思钦妻浮图】

鲁思钦妻浮图，位于新乡市凤泉区东鲁堡村。1963年河南省人民政府公布为省级文物保护单位。该造像始建于唐代，后毁。据民国顾燮光《河朔访古新录卷六·新乡县第十》载："县北十五里鲁堡……又石浮图一，右侧刻唐开元八年十月鲁思钦妻贾造石浮图原文，左侧佛像并题名，阴刻佛像，上下题名四段。"新乡市博物馆藏有此浮图拓片一张，拓片应为碑阴，高84厘米，宽100厘米，内容不全，应为浮图原文上部。造像为线刻人物，题名三级。线刻人物共七人，分为两部分。左边一组为三个站姿出家人，皆面左而立。左边一组为四妇人形象。身穿披帛，头扎双髻，面部丰满，姿态安详。造像的右上、左上、左下皆有题字。这些题字为正书，杂以行草。此造像线条简洁有力，人物形象饱满，栩栩如生，是唐代石刻造像艺术日趋完美的一个代表。

9.【王法明造七级浮屠】

王法明造七级浮图，位于河南省新乡市红旗区小店镇（原属延津县）马屯村同和寺旧址，1963 年河南省人民政府公布为省级文物保护单位。该塔始建于唐开元三年（715），原为七级石塔，为信佛弟子太原人王法明及其家人在同和寺所建。宋天圣三年（1025）有张守磷及其家人造地宫一座，重修该浮图。宋庆历五年（1145），后人刘德、刘用及其家人又重修该浮图。清咸丰七年（1857）重修同和寺，中华人民共和国成立后寺被毁，七级浮图幸存。该浮图后遭破坏，仅存三级，残高 1.8 米。

浮图为方形密檐式石塔，坐北朝南，每层均由青石雕砌而成，由塔基、塔身、塔檐三部分组成。塔基为整块青石砌成的三层正方形按比例收分的如意塔基座。塔体分为两层，下层是唐代石刻，塔身正面辟半圆拱形门，火焰状门楣，门内为方形塔心室，室内后壁高浮雕一佛二菩萨，佛盘坐于束腰状莲花座上，背有项光，左右胁侍菩萨站立于莲座上。门两侧线刻花卉及仕女像，并附有供养人姓氏，背面线刻供养人像及姓氏。塔体上层是宋代重修石刻，有天圣三年（1025）、庆历五年（1145）重修浮图题记。塔檐为整块方形青石，每面刻有花卉图案。

王法明造七级浮图雕刻精美，塔身正面雕刻布局匀称，构图协调，线条简练自如，人物端庄丰满，形象栩栩如生，浮雕与线刻相间，富于变化，工艺精湛，具有一定的艺术价值。

10.【普照大禅师石塔】

普照大禅师石塔，位于河南省辉县市白云寺后北山坡，1963 年河南省人民政府公布为省级文物保护单位。此塔建于元至元二十九年（1292），为喇嘛式塔，为开山主持佛光普照大禅师的迁化灵塔。

该塔纯石结构，五层，通高 4.9 米。塔座和塔檐为八角形，塔身为鼓

形。北面塔铭记："敕赐开山住持佛光普照大禅师，寿至九十三岁，迁化灵塔。大元至元二十九年二月望日，嗣法门人像心妙觉。"塔基由双层须弥座构成。下层须弥座大半没入地表之下，仅露八角形的上枋，上刻伎乐飞天。上层须弥座的束腰部分刻四个壶门，每门内各刻一只卧狮，壶门之间刻饰牡丹花。下枭刻覆莲一周，上枭和上枋雕刻单瓣仰覆莲两层，每层八朵。上层莲瓣中各雕一尊佛像，均为结跏趺坐，呈禅定像。塔身高 80 厘米，共置佛龛上下两层。上层龛为尖拱形，四面八方共设七个龛。北方无龛，南龛内雕一佛二弟子，佛为结跏趺坐在须弥座上，二弟子双手合十立于莲座上；东南龛内雕一力士；西南龛内雕一天王；东龛内为骑象的文殊菩萨；西龛内为骑狮的普贤菩萨，手持如意状莲花；东北与西北龛内均为一手持莲花的菩萨立在莲座上。下层龛为半圆拱，共十六个。每龛内各雕有一尊坐佛，佛龛下部为线刻缠枝牡丹和莲花。塔身之上为塔脖子。上刻 8 个狮首，口衔花绳，颈系彩带。塔脖子之上为三层八角形盖状塔檐，翼角翘起。第一层檐高 0.30 米，檐边看面刻卷云纹，檐下雕有 8 个不露双足的飞天，其中有两个为双首。第二层檐边看面刻有花卉，檐下塔壁上刻四个尖拱形佛龛，北龛内一佛，呈说法像；南龛一佛，呈降魔像；东西龛各一佛，均呈禅定像。第三层塔檐刻山花蕉叶，檐下八角形塔壁上四个正面各刻一龛，龛内均有一佛。塔檐之上为塔刹。刹座为圆形，上刻莲瓣，其上置宝瓶状塔刹。此塔雕工精湛，为石雕艺术的精品，是目前中原地区乃至全国较为罕见的元代石雕佛塔。

11.【孝文皇帝造九级一躯碑】

北魏"孝文皇帝造九级浮图碑"，全称为"比丘法雅与宗那邑等一千人为孝文皇帝造九级浮图碑"，原碑在河南汲县（今卫辉市）以北二十里周家湾田野，后移入城内县前街图书馆内。1963 年河南省人民政府公布为省级文物保护单位。

该碑1918年被《河朔访古新录》作者顾直光在汲县周湾村田间发现，并收录该书和《河朔新碑目》。该碑被发现时，上部分文字多所磨灭，下部分有一半文字埋于土中较清晰。碑首为弧形，下刻一龛，龛下刻阴文篆书“孝文皇帝造九级一躯”，刻于北魏正始元年（504）正月七日。碑分为上下两部分刻文，碑文为楷书，上截28行，每行34字，下截28行，每行6字，刻有隋开皇五年《杨法贵移碑记》。碑阴杨氏诸人题名，书法精严，尤为茂密。该碑后被砸碎，荡然无存。河南省新乡市博物馆藏有1921年后拓本。

12.【太平兴国禅院碑铭】

太平兴国禅院碑位于辉县市沙窑乡后庄村西部永安山下中湖寺下院西侧，1963年河南省人民政府公布为省级文物保护单位。中湖寺位于永安山巅，介于南湖、北湖之间，故名中湖寺。目前寺内建筑大部无存，寺周围环境优雅，风光秀丽。

该碑刻立于北宋太平兴国六年（981），青石，螭首龟趺，通高2.43米，宽0.76米，厚0.26米。螭首两面上部均为龙爪戏珠，碑额阳面正中圭形部刻有篆书“大宋太平兴国禅院碑”九个字。碑额阴面正中圭形部刻有一尊佛像，为结跏趺坐，圆形束腰仰覆莲座。碑身长方形，阴阳两面均为行书。阳面首题“卫州共城县敕赐永安山太平兴国禅院碑铭”，僧智圆撰文。阳面碑文25行，满行48字，计1060字；背阴25行，满68字，共1186字。碑文详述了太平兴国二年（978）五月二十五日中湖寺重建情况、“太平兴国禅院”的名称由来，概述了寺院的历史沿革、重修经过、建筑规模、周围环境、四至边界以及圆觉禅师的生平经历。该碑具有重要的历史、艺术和科学价值。

13.【渡河词碑】

渡河词碑位于河南省获嘉县亢村镇西街村，面南背北而立，1986 年河南省人民政府公布为省级文物保护单位。该碑园首龟趺，通高 4.18 米，长方形，碑身高 3.45 米，宽 1.32 米，厚 0.66 米，驼碑之龟高 0.73 米。该碑满字 9 行，行书，共 169 字。此碑三分之二是一首词，三分之一是作者释文和落款，为明内阁首辅夏言在嘉靖己亥十八年（1539）三月，亲随明十二世帝世宗朱厚熜祭黄河望嵩岳南巡游幸，于己巳日圣驾渡黄河时所书。石碑镌勒后立于当时黄河北大堤上的河南卫辉府获嘉县亢村驿前，迄今 470 年。

石碑内容是夏言随驾在渡河日的进呈词：“九曲黄河，毕竟是天上，人间何物。西出昆仑东到海，直走更无坚壁。喷薄三门，奔腾积石，浪卷巴山雪。长江万里，乾坤两派雄杰。亲随大驾南巡，龙舟凤舸，白日中流发。夹岸旌旗围铁骑，照水甲光明灭。俯视中原，遥瞻岱岳，一缕青如发。壮观盛事，己亥嘉靖三月。”“右次东坡赤壁大江东去词一首，于渡河日进呈御览，已书留河上，用记岁月云。”“特进光禄大夫、上柱国、少师兼太子太师、礼部尚书、武英殿大学士、知制告国史总裁、贵溪夏言题。”

后碑被损毁。1984 年由新乡地区文物管理委员会拨款 2000 元，在原址上建高台碑楼，重树此碑。该碑为记事而立，有补正史籍的作用，词文跌宕，气势恢宏。作者借用词的形式，寓真实于浪漫之中，艺术地描绘了祖国的宏伟江山和嘉靖帝南巡渡河时的壮观盛况，碑文行书镌勒，词文、自注、落款挥之一体，布白自然，错落有致，颇具观赏价值。

14.【灵阳观记碑】

灵阳观记碑位于辉县市胡桥街道办事处南观营村西南 500 米灵阳观旧址，2000 年河南省人民政府公布为省级文物保护单位。该碑立于元至元二十五年（1288），碑通高 2.90 米，宽 0.91 米，厚 0.30 米，由碑首、碑身和碑座组成。六龙盘首，额篆“重修灵阳观记”六字。碑文为行书，计 24 行，满行 57 字。奉政大夫兼燕南河北道提刑按察司事太原白栋撰文，朝列大夫陕西汉中道提刑按察司大使程思廉书丹，通议大夫前中书工部尚书李秉彝篆额。碑文记述了灵阳观的地理环境、历史沿革、道观规模及道教活动等情况。从碑记可知，元大德七年（1303）八月六日，山西洪洞县赵城发生八级地震，辉县房屋动摇，该碑被震倒，后于元大德九年（1305）又重立此碑的增记。该碑不仅为辉县道教活动的兴废史作了注解，还为研究元代大德年间太行山地区的地震受灾情况提供了较宝贵的资料。

15.【高永乐造像碑】

高永乐造像碑位于新乡市卫滨区平原乡李村，2008年河南省人民政府公布为省级文物保护单位。该碑由一块青石雕成，高约1.2米，宽约0.8米。碑的正面为一佛二菩萨立像，纹路清晰可见。碑的背面主要为题记，题记两侧为连体桃形纹图案，其间填以莲花。题记为魏体，共23行，满行24个字。据史料记载，该碑距今已有1460年的历史。该碑作者为高永乐，《北史》《北齐书》均有记载。高永乐是东魏权臣高欢的宗亲，曾任北豫州刺史、济州刺史，封为阳州县伯，晋爵阳州公，死后追赠太师、太尉、录尚书事。

16.【临清驿造像碑】

此碑刻于唐开元七年（719），全称《大唐卫州新乡县临清驿长孙氏石像之碑》，原碑立于新乡县西南石碑村，现存于新乡市博物馆。全碑通高250厘米，宽90厘米，底座高40厘米，厚56厘米，宽113厘米。碑额四龙缠绕，刻工精湛，龙身涂有翠绿色彩，额中部有一龛雕造一佛二菩萨，碑的两侧面为团花莲枝纹饰，正面和背面上方为唐开元七年（719）建造此碑题记，背面下方为宋嘉祐二年（1057）重建此碑题记，此碑保存较好。清嘉庆十四年（1819），官编《全唐文》收录此碑文，可见此文价值不同一般，为唐代珍贵名碑之一。

此碑主为孙璧，临清驿长，笃信佛，为佛造像以示祈愿与诚信，此行为是佛门居士们通例，著名的《龙门二十品》多为造像之记，而卫州新乡地处平原，佛门造像刻碑之风所及，此碑可为见证。碑记赞颂佛法的同时对孙璧直属长官卫州别驾李温、县令韦胤、县尉卢节以及本人驿长孙璧的功德进行称颂。在他们的德政中，可以印证唐代驿路交通的发达。

第六节　近现代史迹

近代的新乡，继续延续新乡悠久的历史。随着社会的发展，大量新式的银行、医院和图书馆建立，展示出近代社会变革中的新乡。在革命斗争年代，随着党组织在新乡地区建立，革命运动风起云涌。抗战时期，在新乡西北的太行山区共产党领导的革命队伍开展游击战争，沉重打击了日本侵略者。这些历史活动都在新乡留下历史印迹，向人们诉说着新乡近代的历史。

1.【河朔图书馆旧址】

河朔图书馆旧址位于河南省新乡市卫滨区解放路办事处一横街北头的卫河公园内，2013 年国务院公布为全国重点文物保护单位。

1930 年，新乡行政公署专员兼新乡县县长唐肯建议修建河朔图书馆。1933 年 2 月，由新乡士绅暨省内党政军各界要人郭仲隗、杨一峰、张天放、王宴卿等筹备委员会，馆址选在县城西北卫河湾处，大楼由中国近代著名建筑大师杨廷宝设计。1934 年，一期工程即三层宫殿式办公及阅览大楼动工，1935 年 8 月竣工并投入使用。1938 年 2 月新乡沦陷后，河朔图书馆被日本侵略军占领做了兵营。1949 年 9 月建立平原省，在原河朔图书馆舍成立平原省文物管理委员会。同年10月，又成立平原省图书馆。1952年10月，平原省建制撤销，平原省图书馆改为河南省新乡图书馆，现河朔图书馆旧址为新乡市群众艺术馆的办公地址。

该馆原设计为工字型对称的楼阁式建筑，因故只建成一期工程，即前楼。前楼坐北朝南，由主楼和翼楼组成，高三层。主楼居中前凸，面阔三间，重檐四角攒尖顶，覆灰色筒板瓦，脊饰站兽，顶饰宝珠，檐下设斗拱，雀替与上檐平齐，下檐明间采用阑额与平板枋。上层为通间玻璃幕墙，二层明间为门，次间为方窗。主楼前月台由十根汉白玉栏杆围护，正面入口处有抱鼓石栏杆和五级台阶。后部上端为女儿墙，墙头转角设兽头作滴水口。翼楼正面各四间，侧面上下层皆为三间，单檐歇山式屋顶，二层墙面各挑出钢筋混凝土阳台一座，汉白玉雕饰栏杆。楼内梁枋、内檐均饰彩绘，隔断为半虚半实或全实的木隔断，灵活分隔空间。底层及门厅为水磨石地坪，镶边图案。楼梯为木制，设于每层中部的入口，颇富特色，便于阅读人员进入上下厅内借阅。

主楼外观为民族建筑风格，里边是西式设施，光线充足，馆内有新闻杂志社、文物陈列室、演讲室等，可容纳300余人在此阅览。楼前有包台云池，飞檐走兽，雕梁画栋，气势雄伟，所用构件均为特制。屋檐瓦当为“书”字瓦当，制作精美。河朔图书馆属中西合璧式建筑，建筑装饰运用了多姿多彩的民间建筑艺术手法，设计新颖，风格独特，是一处具有代表性的近代优秀建筑。

2.【太平天国英王陈玉成就义纪念地】

太平天国英王陈玉成就义纪念地位于延津县城西街西教场旧址，占地

面积1200平方米，1986年河南省人民政府公布为省级文物保护单位。

陈玉成（1837—1862），广西腾县人，是太平天国后期杰出的军事统帅和青年猛将。陈玉成1837年出生于广西桂平一个贫苦农民家庭，1851年参加太平天国“童子军”，屡立战功。1856年洪秀全加封陈玉成为前军主将，主持太平天国的军事工作。1958年11月在李秀成的配合下，于三河镇大败湘军李续宾部，歼其精锐六千人，李续宾被迫自杀，此役成为太平天国后期军事由衰入盛的转折点。1859年，年仅22岁的陈玉成被封为英王。

1861年太平军第二次西征，他率部迅速到湖北黄州（今黄冈），因故未能攻破武昌，被迫回援安庆，屡遭失败。9月安庆陷落，他退守庐州。1862年5月，退守庐州的陈玉成决定突围北上。正在此时，盘踞在寿州已暗投清军的苗沛霖诱劝陈玉成前往寿州，并许以帮助陈玉成攻取河南。陈玉成不听部下的再三劝阻，决意出走寿州，结果中计遭擒，被送往清帅胜保营中。据《被掳纪略》载，清军想以荣华富贵来诱降，陈玉成喝道“大丈夫死则死耳，何饶舌也”，陈玉成在敌人面前表现出坚贞不屈的英雄气概。据史料记载，1862年陈玉成被清军捕获，胜保欲将陈玉成押解到北京，行至延津县，清军收到密报，得知太平军将领陈得才率部要拦夺囚车，搭救陈玉成。清政府唯恐途中有变，便于1862年6月4日将陈玉成杀害于河南延津，年仅26岁。

陈玉成在延津就义后，当地人偷偷掩埋其尸，并筑土修墓，数月焚香不止，因而其牺牲地遗址也得以保存。1958年，延津县人民政府在陈玉成就义和埋葬地修墓立碑，以表纪念。墓碑为方柱形，通高2.25米，宽、厚各0.5米，上有宇顶式方形碑首，下设正方形碑座，建有碑亭，整体结构严谨古朴。墓碑正面刻“太平天国革命英雄陈玉成墓碑纪念”，右面刻延津县人民委员会为该碑所撰写的序言，左、后两面为中国历史研究所第三所撰写的序言“陈玉成传略”。

3.【太行军区第七军分区司令部旧址】

太行军区第七军分区司令部旧址，位于新乡市卫辉市狮豹头乡柳树岭村，该旧址是抗日战争时期我八路军太行军区第七军分区司令部和汲县抗日民主政府所在地，1986年河南省人民政府公布为省级文物保护单位。

旧址为祖居柳树岭村的咸氏所建，建于19世纪末，坐东面西，主体建筑占地面积225平方米，由东屋、北屋、南屋、过道组成。东屋五间，南北长15米，进深5米。北屋三间，南屋两间，过道一间，过道与南屋连为一体，北屋、南屋东西长均为9米，进深5米。墙体以石料为主，屋顶为小青瓦屋面，属典型的太行山区传统民居建筑风格。

1941年秋，皮定均率领7名地下工作人员，从山西到卫辉西北的太行山区，领导汲、林、淇的抗日斗争。他们先在卫辉拴马的秦皇顶构筑工事，成立临时指挥部，第二天被日伪发现，指挥部被日军炮火摧毁。随即转到青龙山，以青龙山南侧的柳树岭村为根据地，领导豫北地区的抗日斗争。在这里，建立了汲县第一个地下党支部——柳树岭党支部，他们紧紧依靠人民群众，不断壮大武装力量，仅用45天时间，建立了一支由100多人组成的敌后武工队，成立了太行军分区司令部和汲县抗日民主政府。1943年9月，八路军太行军区任命皮定均为第七军分区司令员，领导林县、汤阴、淇县、新乡、辉县、获嘉、汲县（卫辉）7个县的抗日武装斗争。皮定均在此利用青龙山的地理优势，与敌寇展开山地游击战。同时，领导抗日军民进行了减租减息、肃匪反霸、生产度荒等运动，发展了抗日根据地。

据不完全统计，从1943—1944年，皮定均指挥七军分区部队、地方武装和民兵，对日、伪、顽军作战300余次，发动林南战役、薄壁战斗、张村战斗等，沉重地打击了敌人。到1944年9月，七军分区部队兵力已逾8000人，民兵接近3万人，整个豫北广大农村，完全掌握在抗日军民手里。

4.【徐氏家祠】

徐氏家祠位于河南省卫辉市城内贡院街，是民国初年曾任袁世凯的国务卿，后又任中华民国大总统的徐世昌的家祠，2000年河南省人民政府公布为省级文物保护单位。

1917年北洋政府在卫辉拍卖官产，由当时徐世昌在卫辉的堂弟出面，购买了原卫辉府参将衙门旧址，1918年改建为徐氏家祠。徐氏家祠主体建筑占地面积5250平方米，加上后花园，总面积达1万平方米。1921年落成后，已逊位的宣统皇帝溥仪参加了徐祠落成典礼，并亲自为徐氏祖先牌位“点主”。

徐世昌（1855—1939），字卜五，号菊人，又号弢斋、东海、涛斋，晚号水竹村人、石门山人、东海居士，直隶（今河北）天津人。其曾祖父、祖父在河南为官居，出生于河南省卫辉府（今卫辉市）府城曹营街寓所。徐世昌早年中举人，后中进士，任职于翰林院。后结识袁世凯，自袁世凯小站练兵时就为袁世凯的谋士，并为盟友，互为同道。八国联军攻入北京时，慈禧太后与光绪帝西逃西安，徐世昌随行护驾，得到青睐。1905年出任军机大臣，后又担任东三省总督兼管东三省将军事务之职。袁世凯就任中华民国大总统后，任徐世昌为北洋政府国务卿。但在袁世凯称帝时，徐世昌以沉默远离。1916年3月袁世凯被迫取消帝制，起用他为国务卿。1918年10月，徐世昌被国会选为民国第五任大总统，他下令对南方停战，次年召开议和会议。1922年6月通电辞职，退隐天津租界，以书画自娱。

徐氏家祠坐北朝南，共分四进院落，主要建筑依次为照壁、山门、石坊、次门、凉亭、拜殿和大殿。该祠堂建在最前面的照壁为砖石结构，照壁顶部为元宝脊、用灰色筒瓦覆盖，并饰以垂脊、垂兽，檐部用砖雕飞檐斗拱，照壁前后正中镶有五颗谷穗组成的嘉禾图案，为汉、满、蒙、回、藏“五族共和”和“五谷丰登”之音意，这也是北洋政府授予徐世昌的勋章图案。照壁下基座刻有莲花，腹部刻谷穗图案。照壁两侧建有东华门和西华门，皆为砖木结构，前檐两垂莲柱木雕精美。东西华门体现出徐家的名望，也反映出当地的文化。

照壁后为山门，过了山门为第二进院落，在其中轴线上建有牌坊一座，四柱三间，面阔 6.34 米，高 5 米，额坊、石柱上均雕刻有“嘉禾”构成的图案，石柱前后的抱鼓石上，雕有神采各异的石狮，构图新颖，雕刻细致，石坊明问正面额坊上题有“东海世家”四个大字，石柱正面上刻楹联一副，上联是“亭育托燕畿佳气常浮白云观”，下联是“宗支分卫水清波远溯绕湖桥”，为徐世昌墨迹。牌坊后为次门，过了次门便进入第三进院落，中轴线上铺设有 4 米宽的甬道，两侧各建厢房一座，均为面阔三楹，进深二间的硬山式卷棚灰瓦顶。第三进院内原有一凉亭，后被毁，现只存基址。

第四进院落是徐祠的重要部分，在中轴线中央的高台上，建有坐北向南的拜殿和享堂各一座。拜殿为卷棚灰瓦顶，与享堂呈勾连搭结构，周围装有青石雕刻的栏杆。拜殿内部方形石柱落地，柱础也为嘉禾图案。大殿为硬山卷棚式建筑，大殿前出檐廊，后用砖作封檐墙。廊心墙上雕饰几何图案，别有风情。明间和次间装有六抹隔扇门，门上雕刻“五蝠捧寿”图案，取“福”“寿”的吉祥之意。祠内保存有《创建汲县徐氏家祠记碑》一通，螭首，高 3.5 米，宽 1 米，厚 0.3 米。由徐世昌亲自撰文并书写。该碑记述了徐世昌的家史及筹建徐祠的经过，是研究徐氏家族兴衰的重要实物。

徐祠采用我国古代传统式的建筑布局，气势宏伟，厅堂宽敞，庄严肃穆，设计精湛，砌筑工整，既体现了我国清末建筑的传统风格，又具有南方和北方建筑的鲜明特点。且徐祠的建筑装饰多姿多彩，集木雕、砖雕、石雕等传统的装饰工艺于一身，是难得的一处具有代表性的近现代优秀建筑群，具有较高的艺术和科学价值。

5.【中共平原省委旧址】

中共平原省委旧址位于新乡市和平路中段的卫河北岸，坐北朝南，东临市黄河宾馆，南临卫河，西至和平路，北临荣校路，2006年河南省人民政府公布为省级文物保护单位。

平原省是中华人民共和国初期成立的一个省份，自1949年8月成立，到1952年11月撤销，下辖新乡、安阳、濮阳、聊城、菏泽和湖西六个专区，在三年时间里管辖豫北、鲁西南5万多平方公里的土地。平原省成立后，在巩固民主政权、治理黄河、剿匪肃特、组织和恢复社会生产做出巨大贡献，为以后河南省和山东省的部分地区发展奠定基础。平原省人民经过三年的艰苦奋斗和多方面的努力，到1952年医治好了战争的创伤，胜利地完成了恢复国民经济的历史任务，完成了它的历史使命。为了适应1953年即将开始的全国大规模的经济建设与文化建设的新形势、新任务，鉴于平原省缺乏经济中心城市，中央人民政府委员会于1952年11月举行第十九次会议，通过《关于调整省区建制的决议》，决定撤销平原省建制，平原省所属地区自1952年12月1日起分别划归山东、河南省两省。

该建筑群始建于1949年，占地3.1万平方米。1949年8月1日，华北人民政府宣布平原省建立，省会设在新乡市。8月20日，中共平原省委、省人民政府、省军区在新乡正式成立。随后，建造了省委5座办公楼等设施。1952年11月15日，中央人民政府决定撤销平原省建制，12月底，中共平原省委的工作结束。平原省结束后，新乡市豫北宾馆和市委党校将省委旧址用作办公房。

旧址现存五组完整建筑：一座主楼，四座辅楼。主楼为当时省委首长办公楼及省委办公厅所在地。四座辅楼，分别为平原省委组织部、宣传部、农工部、统战部办公楼。四座辅楼结构、形式相同，平面布局呈“凸”形，每座占地面积 597. 77 平方米，建筑面积 814. 51 平方米，除中间主体及楼梯间为两层外，其余均为单层，除楼梯间两侧房子为平屋面，其余均为坡屋面。屋面瓦为机制波形瓦，外墙为青砖清水墙，属于典型的 20 世纪 50 年代仿苏式建筑风格。该建筑群作为原平原省时期遗存在新乡的唯一一处代表性建筑，是新乡人民的骄傲，它有力地证明了新乡这个城市的重要地位，也为我们研究新乡历史提供了很好的实物资料，具有重要的历史价值。

6.【徐世昌公馆】

徐世昌公馆位于辉县市区牌坊街东段北侧公安局院内，为徐世昌在辉县活动期间（1909—1911）的办公场所，创建于民国初年，2008 年河南省人民政府公布为省级文物保护单位。

公馆占地 20 多亩，主体建筑保存完好。原有建筑共有五个院落，正院一座，偏院四座，共设两个大门，南边为前门，西北设一偏门，即后门。现在建筑为正院的主体部分，四合院结构，主要建筑包括过厅、正房、左右厢房等，共 4 座 24 间，皆为硬山顶。正房、过厅均为面阔 5 间，左右两侧均有面阔 2 间的夹屋，正面有副阶，四角有角门。左右厢房均为面阔 5 间，进深 1 间，前面有副阶。

7.【中和镇天主教堂】

天主教堂位于获嘉县中和镇东街村，整个院落南北长 85 米，东西宽

40米，坐北向南，占地面积3600平方米，规模宏大，2016年河南省人民政府公布为省级文物保护单位。

1844年中法签订的《黄埔条约》，开始以不平等的形式赋予天主教在华传播的特权，教堂、教徒遍布各地。据民国《获嘉县志》卷九《宗教》记载："天主教、罗马派耶教之旧教也，元代传入中国。清光绪二十八年（1902）由修武县教徒传入获嘉，就县南中和镇设立天主教堂一所。教士费清霖系意大利国人，县绅南王官营杨守贞时首先奉教，信道极笃，遗经传播，县南一带奉天主教者约二千人。"[①] 1933年，传教士席家录主持进行扩建，获嘉县史庄乡李德福主持设计施工，完成教堂、神父楼、教学楼等项目，为砖木与钢筋混凝土结构。

南山墙面设主出入口，北端设圣坛，西墙开一侧门。主入口上方为一半砌入山墙内的钟楼，钟楼墙面凸出约40厘米，上饰圆形雕花，下有一"凸"形的凹槽，下为拱券尖顶门，用于支撑拱券门两侧的砖柱突出门洞，呈宝塔状，尖顶饰拱顶侧窗，与钟楼上窗遥相呼应，有多层线角与砖雕。其余各门窗洞口为青石拱过梁，周边饰以圈套，双扇平开玻璃窗，半截玻璃方格门。该教堂对研究帝国主义侵华史有重要参考价值。

8.【博济惠民医院旧址】

① 邹古愚：《河南获嘉县志》卷九，民国二十四年版，第415页。

博济惠民医院旧址位于卫辉市健康路新乡医学院第一附属医学院内，西临老卫河，东临“怀盐场”旧址，晚清民国时期所建，现存建筑主要有院史馆楼、西式方形楼等，2016年河南省人民政府公布为省级文物保护单位。

1901年加拿大传教士劳海德牧师、罗伟灵牧师、米吉利牧师等人从内黄县来到卫辉兴办教堂、医院、学校，1902年正式成立基督教会，并开始动工修建医院、住宅，先后用七年时间建成了包括现存的十三座建筑在内的惠民医院和学校教会礼拜堂。

该主体建筑基督教惠民医院楼为西式风格，在二楼腰檐处从右向左书写有七个字，基督教惠民医院，中间部分共分四层，面阔三间，下层为地下室，其余三层在地面之上，两侧为三层，面阔四间，下层为地下室，其余两层在地面之上，此楼正门和后门出入，楼梯各层正中为通道，双面房屋，内设楼梯可踏至各层，现该主体建筑及其13座附属建筑保存完好，主体建筑为新乡医学院一附院院史楼占用，其余建筑为办公和医院家属占用。

博济惠民医院旧址同时在河南医疗卫生事业发展史上占有重要的地位，1930年安阳的齐鲁大学医科毕业生马金堂受聘来院当外科医生，成功地摘除了重达80斤的肿瘤，还去惠民医院道口分院参加会诊，在设备简陋的条件下实施了乳腺癌手术，对于河南医疗卫生事业的发展具有重要的历史参考价值。

建筑集中体现了中西合璧的风格，按照西洋古典的比例、砖石结构再加上传统样式的屋顶，是中国建筑从古建筑到现代建筑过渡的一个典范，在中国建筑史上具有重要的意义。

9.【延浚汲淇抗日办事处旧址】

延浚汲淇抗日办事处旧址，又称四县边抗日办事处旧址，位于延津县马庄乡原屯村，北临村委会和原氏宗祠。2016年河南省人民政府公布为省级文物保护单位。

旧址主要有办事处工委旧址、武装部旧址等。办事处原为一座二层阁楼式建筑，20世纪60年代损坏，现存基址一处，平面三间，坐西向东，周边多为一层砖土平房。东临一座清代二层阁楼式古民居，是当年武装部

旧址。东部和北部还保存有两处清代民居，是办事处其他办公机构，村东部残存有部分城墙和城壕。据调查，村内有通向村外西部的地道。

四县边行政抗日办事处成立于1943年10月12日，1945年底撤销。工委书记李先贤、主任姚步宵，下设四个科，财政科长胡文亮、民政科长刘模先、武装科长刘志诚、教育课长李俊峰，刘耕夫负责四县边抗日游击大队的政治工作。同时还建立三个区，以寇庄为中心为第一区，以班枣为中心为第二区，以沙河为中心的第三区。从此，由共产党领导的延、浚、汲、淇四县边办事处成立了。

四县边办事处的成立，为我党在豫北地区建立基层政权、壮大抗日力量、发展地下武装，巩固红色政权，开辟冀鲁豫西南大门第二条地下交通线，起到了重要作用。四县边办事处还沟通了冀鲁豫和太行两大抗日根据地之间的联系，粉碎了日寇封锁、分割抗日根据地的狂妄野心，保障了华中、华东、冀鲁豫抗日根据地同太行根据地直至延安的主要联络和物资来往，开展了一系列卓有成效的工作，有力地推动了根据地的建设和对敌斗争的顺利开展。

10.【王家大楼日军驻卫司令部旧址】

王家大楼日军驻卫司令部旧址，位于卫辉城内道西街丽湖花园内，2016年河南省人民政府公布为省级文物保护单位。该建筑民国初年建，原为近代民族实业家王锡彤私宅，大楼为砖木结构，青砖墙基，中西式结合，分上、中、下三层，高约15米，占地576平方米，下层为地下室，前面有半月形凉台，四周有双柱走廊，凉台左右侧各有耳房。穿过凉台是宽敞的会客厅，客厅东西各有一室相对，绕过影屏有南北走廊，南北走廊

尽头和东西走廊成“T”字形。所有房间在“T”字形走廊两边，室室相对，20余间，上下两层基本相仿，上下楼梯均在后部。该建筑样式精巧，美观大方，坚固而拥，保存完整，是独具一格的近代优秀建筑。

1938年日本入侵汲县（今卫辉市），次年在县城西门里路北王家大楼设立日本警备司令部，成川为司令，并经常于王家大楼后坑和卫辉市第一高级中学后操场、纱厂木桥附近杀人，日本帝国主义经常在这里审讯杀戮，死伤不计其数。

王家大楼日军驻卫司令部旧址建筑可谓是中西合璧，西洋古典的比例，砖石的维护结构再加上传统样式的屋顶，这些都是清末民国初期建筑的重要设计元素。民国时期建筑在中国近代建筑史上是一个重要时期，它是中国建筑从古建筑到现代建筑的一个过渡时期，在中国建筑史上具有非常重要的意义。王家大楼日军驻卫司令部旧址也系统反映了日军侵华的战争罪恶，进一步揭露日本右翼势力歪曲历史的罪恶企图，对青少年进行最直观的爱国主义教育，都有着十分重要的意义。

11.【三塔沟村传统民居】

三塔沟村传统民居位于卫辉市狮豹头乡三塔沟村，2016年河南省人民政府公布为省级文物保护单位。该民居建于清末民初，为徐家六世同居老宅，形成独立的自然村落。该村独立一体、有着极强防御功能，四周是高高的寨墙。房屋全部由石头砌成，沿河依山而建，错落有致。因村旁有三个天然石柱，好似铁塔，故名三塔沟村。1943—1944年抗日战争时期，曾作为炮楼使用，皮定均司令带领山区人民谱写了一曲曲抗日杀敌的壮烈战歌。现存两处炮楼及周边4个传统民居院落140余间配套建筑。炮楼其

中一处为天然炮楼，依靠山体而建，高 15 米。另一处建于清末民初，共分 5 层，两侧为角楼形制，墙壁四周分布有枪眼若干。该炮楼长约 9 米，宽约 5.5 米，高约 14 米，散发着浓厚的历史文化气息和底蕴。

该炮楼旧址在抗日战争时期为抵制日寇侵略做出了积极的贡献，是日军侵略中国的历史见证，对研究卫辉乃至豫北、豫西北地区的抗战史有重要的史料价值。

12.【王纯等人诉讼碑】

王纯等人诉讼碑立于新乡市北郊分将池村，光绪二十年（1894）立。碑高 1.60 米，宽 0.62 米，厚 0.25 米口碑额刻“永垂不朽”四字。碑文四周线刻花卉、几何纹及八仙。碑文字迹清晰，记述了王纯等人为分将池田亩诉讼经过，对当时分将池田地疮薄及耕地种植情况记述甚详，对研究清末新乡的农业经济有一定价值。拓片今藏新乡市博物馆。

附碑文：

尝闻不愆不忘　率由旧章　非谓前矩往□　后宜遵循也哉　兹村名分将池　肇于明末清初　除平坦丁粮外　有义学田五顷　□系康熙年间邑增生张君养素捐施　每岁租课银三十两　各业户按银时价　赴儒学完纳　为义学修脯之资　此地各段落外　俱系山岭厥后有于石上垫土耕种者　又曰四顷　既系开垦铺垫　一逢水冲　露出石底　即行舍撇　有力之家　纵克重修　大雨时行　亦难无坏　计所获籽粒　尚有未偿开垦工价者　据此地　有无不常　难以定租　因将旧五顷租银

三十两　升价每两折钱两千六百文　分麦秋两季输纳　每季每两银完钱一千三百文　儒学亦给照票　此诚民心好义之举也　至光绪十六七年二十八都李士屯　产行张士敏　见此村民有将自己所租之地　转租他人者　他人出钱若干　旧租户得回工价　亦立租契　产行某欲从中取利　且声言需投行税契　遂诬控王纯等亦匿契不税　适值□李敬亭县尊莅任　王纯等呈禀始末　李县尊将产行某断成诬告　事由旧章此地永不投行税契　产行某具诬告甘结　十九年　儒学徐师爷　欲将义学五顷外四顷　升租归儒学　禀王纯等在案　王纯等以此地原委情形呈禀　曾于九祖台案下　蒙□宪批　查此案据结　该前县李令禀经批饬　确勘断明　详报在案　时隔年余　尚未以结　何以又从儒学生出枝节　殊不可解　仰新乡县立即查照前令情节　确切勘明　禀覆核夺　勿任奸蠹　著端捏讹　致贻讼累　且渝勒石刻铭　以垂永远　王纯　王占　刘贯一　孙正　刘大全 刘德一　刘存明等求余作碑文余笔墨久疏　谨志巅末　不敢以言文也

郡痒生员　张邻笔撰文

大清光绪二十年岁次甲午十二月谷旦

13.【卫辉天主教堂】

卫辉天主教堂位于今卫辉市南门里路西，始建于1882年，1897年意大利籍神父白玉华进行扩建，占地面积达4万平方米，教堂规模宏大，房屋百余间，成为豫北教区总堂，辖3府（彰德、卫辉、怀庆）24个县，教徒达1万多人。教堂内设学堂、修道院、修女院、医院和育婴堂等。

光绪十七年（1882）罗马教廷以黄河为界，把河南牧区分为豫北、豫南两个代牧区，划出卫辉（今新乡市）、彰德（今安阳市）、怀庆（今焦作市）3府所辖汲县、延津、滑县、浚县、淇县、辉县、内黄、汤阴、林县、安阳、临漳、武安、涉县等25县建立北境教区。豫北代牧区刚刚成立时，首任主教司德望把主教座堂设在辉县范家岭村，范家岭教堂建于1884年，义和团运动期间，教堂被义和团烧毁。此后主教座堂迁至林县田家井村，后又迁至林县小庄村，再迁汲县（今卫辉市）城内。因主教座堂设在卫辉府的时间较长，所以北境天主教代牧区也称卫辉教区。

教堂主殿坐西面东，高7米，坐落在一长25米、宽22米、高1米的长方形台基上。由两部分组成：一是中国庑殿顶式的殿身实体，明三暗五，长 19 米，中部对开 1.4 米宽的前后门；各开间设玻璃窗，进深 7.4 米；殿的南北两端各设一房间，中间 3 间为讲厅，室内为梯台形天花板，四周镶白雕花，砖墙体，木梁架，灰瓦覆顶。二是仿古罗马柱廊的殿身虚部，由 22 根石柱环绕殿身实体，形成 3 米宽的拱券式柱廊，石柱有倒曲锥柱头及鼓形柱础，多层线角的拱券自倒曲锥柱头舒展而出，给人以美感。主殿后是神父房，白条石础，红砖墙，宽大玻璃窗，大红瓦屋面，木锥形板。

14.【暴张纪念堂】

暴张纪念堂，位于新乡市卫滨区胜利街武警新乡支队院内，1924 年为纪念同盟会早期会员暴质夫、张宗周烈士所兴建。

暴质夫，名式彬，滑县人，1883 年生，早年参加同盟会，在豫北秘密组织武装进行反清活动。辛亥革命后当选为河南省参议会参议员，不久，任孟县知县，为官清正廉明，人称“暴青天”。后又在陕西参与靖国军领导工作。1923 年孙中山先生在上海策划北伐，暴被委任为两湖宣抚使，因积劳成疾，病逝于宝山医院。孙中山亲至追悼，并派人护送灵柩至原籍安葬。

张宗周，名希圣，浚县人，1885 年生，同盟会会员，与暴质夫共同在豫北进行反清活动。辛亥革命后，被选为河南省参议会议员。1917 年，参加孙中山先生领导的护法战争时牺牲。

1924 年，在于右任、杨虎城、胡景翼、张舫、王纪甫的倡议下，新乡郭仲魄、韩经亚等人集资在卫河河滨购地 30 亩兴建“暴张公园”，暴张纪念堂是其主体建筑，在公园迎门处。纪念堂坐北向南，面阔 5 间，14.4 米，进深 5.3 米。单檐歇山顶，正脊、垂脊、截脊用灰瓦砌成，四面建回廊。四壁用青砖砌墙，檐柱抱在墙内。暴张纪念堂建筑式样别致，与之类似的近现代纪念性建筑并不多见，它对于缅怀革命先烈，进行爱国主义和革命传统教育具有重要意义。

附表一：新乡市国家级文物保护单位

序号	名称	时代	类别	地址	公布批次	公布时间	公布文号
1	潞简王墓	明	古墓葬	凤泉区坟上村	第四批	1996 年 11 月	国发〔1996〕47 号
2	比干庙	明、清	古建筑	卫辉市北	第四批	1996 年 11 月	国发〔1996〕47 号
3	百泉	清	古建筑	辉县市百泉镇	第五批	2001 年 6 月	国发〔2001〕25 号
4	孟庄遗址	新石器时期至商、周	古遗址	辉县市孟庄镇孟庄村	第五批	2001 年 6 月	国发〔2001〕25 号
5	西明寺造像碑	南北朝	石窟寺及石刻	新乡县翟坡镇小宋佛村	第六批	2006 年 5 月	国发〔2006〕19 号
6	望京楼	明	古建筑	卫辉市城内东北角	第六批	2006 年 5 月	国发〔2006〕19 号
7	白云寺	明、清	古建筑	辉县市薄壁镇	第六批	2006 年 5 月	国发〔2006〕19 号
8	共城城址	周	古遗址	辉县市市区	第六批	2006 年 5 月	国发〔2006〕19 号
9	长城遗址	战国	古建筑	卫辉、辉县太行山分界处	在第六批公布，与第五批全国重点文物保护单位长城合并	2006 年 5 月	国发〔2006〕19 号
10	尊胜陀罗尼经幢	唐	石窟寺及石刻	卫滨区平原乡东水东村学校内	第七批	2013 年 3 月	国发〔2013〕13 号

续表

序号	名称	时代	类别	地址	公布批次	公布时间	公布文号
11	河朔图书馆旧址	1935年	近现代重要史迹及代表性建筑	卫滨区一横街北头	第七批	2013年3月	国发〔2013〕13号
12	新乡文庙大观圣作之碑	北宋	石窟寺及石刻	红旗区人民政府内	第七批	2013年3月	国发〔2013〕13号
13	陀罗尼经幢	五代	石窟寺及石刻	卫辉市前街	第七批	2013年3月	国发〔2013〕13号
14	香泉寺石窟	南北朝至清	石窟寺及石刻	卫辉市太公泉镇	第七批	2013年3月	国发〔2013〕13号
15	琉璃阁遗址	商、周至汉	古遗址	辉县市区东南	第七批	2013年3月	国发〔2013〕13号
16	天王寺善济塔	元	古建筑	辉县市市委后院	第七批	2013年3月	国发〔2013〕13号
17	广唐寺塔	宋	古建筑	延津县塔铺乡塔铺村	第七批	2013年3月	国发〔2013〕13号
18	沙门城址	汉、宋、金	古遗址	延津县胙城乡沙门村	第七批	2013年3月	国发〔2013〕13号
19	玲珑塔	宋	古建筑	原阳县原武镇东	第七批	2013年3月	国发〔2013〕13号
20	大运河（包含卫河、小丹河、百泉河河道、百泉、合河石桥、金龙四大王庙、卫辉古城等）	春秋至中华人民共和国	古建筑	获嘉县、辉县市、卫滨区等六个区县	在第七批公布，与第六批全国重点文物保护单位京杭大运河合并	2013年3月	国发〔2013〕13号
21	延津大觉寺万寿塔	明	古建筑	延津县	第八批	2019年10月	国发〔2019〕22号
22	原武城隍庙	明、清	古建筑	原阳县	第八批	2019年10月	国发〔2019〕22号

附表二：新乡市省级文物保护单位

序号	名称	时代	类别	地址	公布批次	公布时间	公布文号	备注
1	太平兴国禅院铭碑	北宋	石窟寺及石刻	辉县市沙窑乡永安山中湖寺下院西侧	第一批	1963 年 6 月		
2	王法明造七级浮图	唐	石窟寺及石刻	延津县小店镇马屯村	第一批	1963 年 6 月		
3	鲁思钦妻浮屠	唐	石窟寺及石刻	新乡市北东鲁堡村	第一批	1963 年 6 月		
4	青堆遗址	龙山时期	古遗址	封丘县留光乡青堆村	第一批	1963 年 6 月		
5	鲁堡遗址	龙山时期	古遗址	新乡市凤泉区西鲁堡村	第一批	1963 年 6 月		
6	千佛碑	明	石窟寺及石刻	延津县西北小店村	第一批	1963 年 6 月		现存河南博物院
7	孝文皇帝造九级一躯碑	北魏	石窟寺及石刻	卫辉市内	第一批	1963 年 6 月		
8	五百罗汉碑	北宋	石窟寺及石刻	辉县西白云寺	第一批	1963 年 6 月		碑所在的白云寺已升为国保单位
9	魏孝文帝吊比干文碑	北魏	石窟寺及石刻	卫辉市西北比干庙	第一批	1963 年 6 月		碑所在的比干庙已升为国保单位
10	石牌坊	明	石窟寺及石刻	延津县城内南大街	第一批	1963 年 6 月		
11	普照大禅师石塔	元	石窟寺及石刻	辉县西白云寺	第一批	1963 年 6 月		碑所在的白云寺已升为国保单位

续表

序号	名称	时代	类别	地址	公布批次	公布时间	公布文号	备注
12	洛丝潭遗址	仰韶、龙山时期	古遗址	卫滨区平原乡洛丝潭村	第二批	1986年11月	豫政〔1986〕110号	
13	李大召遗址	龙山时期至先商	古遗址	新乡县大召营镇李大召村	第二批	1986年11月	豫政〔1986〕110号	
14	凤头岗遗址	龙山时期至商	古遗址	辉县市峪河镇丰城村	第二批	1986年11月	豫政〔1986〕110号	
15	同盟山遗址	龙山时期、商、周	古遗址	获嘉县照镜乡桑庄村	第二批	1986年11月	豫政〔1986〕110号	包含武王庙
16	谷堆遗址	商代晚期	古遗址	原阳县城北谷堆村	第二批	1986年11月	豫政〔1986〕110号	包含清代《汉丞相北平侯张公讳苍之墓》碑
17	小岗遗址	新石器时期至战国	古遗址	长垣县城东北小岗村	第二批	1986年11月	豫政〔1986〕110号	
18	苏坟遗址	新石器时期至战国	古遗址	长垣县城西南苏坟村	第二批	1986年11月	豫政〔1986〕110号	
19	黄池会盟故城遗址	春秋	古遗址	封丘县城南坝台村	第二批	1986年11月	豫政〔1986〕110号	
20	山彪镇墓地	战国	古墓葬	卫辉市唐庄镇山彪镇西南	第二批	1986年11月	豫政〔1986〕110号	
21	太平天国英王陈玉成就义纪念地	清	近现代重要史迹及代表性建筑	延津县城关镇西大街校场	第二批	1986年11月	豫政〔1986〕110号	
22	文庙	元	古建筑	红旗区人民政府内	第二批	1986年11月	豫政〔1986〕110号	
23	七世同居坊	清	石窟寺及石刻	新乡市饮马口南牌坊街	第二批	1986年11月	豫政〔1986〕110号	
24	镇国塔	明	古建筑	卫辉市城外东南方	第二批	1986年11月	豫政〔1986〕110号	
25	大觉寺万寿塔	明	古建筑	延津县城关镇内	第二批	1986年11月21日	豫政〔1986〕110号	已升至国保单位
26	齐州故城遗址	南北朝	古遗址	获嘉县张巨乡杨洛村	第二批	1986年11月	豫政〔1986〕110号	

续表

序号	名称	时代	类别	地址	公布批次	公布时间	公布文号	备注
27	夏言渡河词碑	明	石窟寺及石刻	获嘉县亢村乡亢村西口	第二批	1986年11月	豫政〔1986〕110号	
28	东岳庙（宋太祖黄袍加身处）	清	古建筑	封丘县陈桥镇	第二批	1986年11月	豫政〔1986〕110号	
29	徐氏家祠	民国	古建筑	卫辉市贡院街	第三批	2000年9月		
30	小店河村民居	清	古建筑	卫辉市狮豹头乡小店河村	第三批	2000年9月		
31	老爷顶真武庙	明	古建筑	辉县市上八里镇回龙村	第三批	2000年9月		
32	山西会馆	清	古建筑	辉县市南大街	第三批	2000年9月		
33	灵阳观记碑	元	石窟寺及石刻	辉县市胡桥乡请下佛村	第三批	2000年9月		
34	夏家院民居	清	古建筑	原阳县城南街	第三批	2000年9月		
35	中共平原省委旧址	1949—1952年	近现代重要史迹及代表性建筑	新乡市牧野区和平路大道	第四批	2006年6月	豫政〔2006〕31号	
36	太行军区第七军分区司令部旧址	1943—1944年	近现代重要史迹及代表性建筑	卫辉市狮豹头乡柳树岭村	第四批	2006年6月	豫政〔2006〕31号	
37	合河石桥	明	古建筑	新乡县合河乡合河村	第四批	2006年6月	豫政〔2006〕31号	
38	凌云寺塔	元	古建筑	辉县市高庄镇高庄村	第四批	2006年6月	豫政〔2006〕31号	
39	辉县文庙	清	古建筑	辉县市西大街	第四批	2006年6月	豫政〔2006〕31号	
40	重门城遗址	汉、魏	古遗址	辉县市高庄镇	第四批	2006年6月	豫政〔2006〕31号	
41	徐世昌公馆	民国	近现代重要史迹及代表性建筑	辉县市牌坊街东段	第五批	2008年6月	豫政〔2008〕36号	

续表

序号	名称	时代	类别	地址	公布批次	公布时间	公布文号	备注
42	共城百泉书院	明、清	古建筑	辉县市书院街西段	第五批	2008年6月	豫政〔2008〕36号	
43	高永乐造像碑	东魏	石窟寺及石刻	新乡市卫滨区平原乡李村	第五批	2008年6月	豫政〔2008〕36号	
44	南湖寺	清	古建筑	辉县市沙窑乡南湖村	第五批	2008年6月	豫政〔2008〕36号	
45	文昌阁	清	古建筑	辉县市文昌路东段	第五批	2008年6月	豫政〔2008〕36号	
46	白鹿山寺院群旧址	明、清	古建筑	辉县市上八里镇鸭口村	第五批	2008年6月	豫政〔2008〕36号	
47	凡城遗址	西周	古遗址	辉县市云门镇前凡城村	第五批	2008年6月	豫政〔2008〕36号	
48	封丘城隍庙	清	古建筑	封丘县东大街西段	第五批	2008年6月	豫政〔2008〕36号	
49	陈平祠	清	古建筑	原阳县阳阿乡阳阿中村	第五批	2008年6月	豫政〔2008〕36号	
50	东宁寺	明、清	古建筑	新乡市红旗区东台头村	第五批	2008年6月	豫政〔2008〕36号	
51	店后营遗址	新石器时期至汉	古遗址	新乡县大召营镇店后营村	第七批	2016年1月	豫政〔2016〕4号	
52	王家大楼日军驻卫司令部旧址	1938年	近现代重要史迹及代表性建筑	卫辉市道西街丽湖花园内	第七批	2016年1月	豫政〔2016〕4号	
53	三塔沟村传统民居	清	古建筑	卫辉市狮豹头乡三塔沟村	第七批	2016年1月	豫政〔2016〕4号	
54	白云阁	清	古建筑	卫辉市城郊乡唐岗村	第七批	2016年1月	豫政〔2016〕4号	
55	原武城隍庙	明	古建筑	新乡市平原城乡一体化示范区原武镇东街村	第七批	2016年1月	豫政〔2016〕4号	已升至国保单位
56	合河泰山庙	清	古建筑	新乡县合河村	第七批	2016年1月	豫政〔2016〕4号	

续表

序号	名称	时代	类别	地址	公布批次	公布时间	公布文号	备注
57	延浚汲淇四县边抗日办事处旧址	1943年	近现代重要史迹及代表性建筑	延津县马庄乡原屯村	第七批	2016年1月	豫政〔2016〕4号	
58	中和镇天主教堂	1902年	近现代重要史迹及代表性建筑	获嘉县中和镇东街村	第七批	2016年1月	豫政〔2016〕4号	
59	获嘉文庙	元	古建筑	获嘉县建设街中段路北	第七批	2016年1月	豫政〔2016〕4号	
60	获嘉城隍庙	明	古建筑	获嘉县城关镇四街村	第七批	2016年1月	豫政〔2016〕4号	
61	寂照寺	元	古建筑	获嘉县中和镇后寺村	第七批	2016年1月	豫政〔2016〕4号	
62	刘伶墓（含刘伶寺石刻）	魏、晋、明	古墓葬	获嘉县亢村镇刘固堤村	第七批	2016年1月	豫政〔2016〕4号	
63	崔景荣墓	明	古墓葬	长垣县浦东街道北街村	第七批	2016年1月	豫政〔2016〕5号	
64	学堂岗圣庙	明、清	古建筑	长垣县学堂岗村	第七批	2016年1月	豫政〔2016〕5号	

附表三：新乡市入选中国传统村落名录

县市	乡镇	村落	时间	批次
卫辉市	狮豹头乡	小店河村	2012 年 12 月	第一批
辉县市	沙窑乡	郭亮村	2014 年 11 月	第三批
辉县市	拍石头乡	张泗沟村	2014 年 11 月	第三批
辉县市	沙窑乡	水磨村	2016 年 12 月	第四批
卫辉市	狮豹头乡	土池村	2019 年 6 月	第五批
卫辉市	狮豹头乡	里峪村	2019 年 6 月	第五批
卫辉市	狮豹头乡	定沟村	2019 年 6 月	第五批
辉县市	南村镇	西王村	2019 年 6 月	第五批
辉县市	南村镇	丁庄村	2019 年 6 月	第五批
辉县市	黄水乡	韩口村	2019 年 6 月	第五批
辉县市	张村乡	赵窑村	2019 年 6 月	第五批
辉县市	南寨镇	齐王寨村	2019 年 6 月	第五批
辉县市	沙窑乡	新庄村	2019 年 6 月	第五批